Bei Ling

DER FREIHEIT GEOPFERT

Bei Ling

DER FREIHEIT GEOPFERT

Die Biografie des Friedensnobelpreisträgers
Liu Xiaobo

Übersetzung aus dem Chinesischen von Martin Winter,
Yin Yan und Günther Klotz

Bibliografische Information der Deutschen Nationalbibliothek:
Die Deutsche Nationalbibliothek verzeichnet diese Publikation in der
Deutschen Nationalbibliografie; detaillierte bibliografische Daten sind
im Internet über http://d-nb.de abrufbar.

Für Fragen und Anregungen:
BeiLing@rivaverlag.de

1. Auflage 2011
© 2011 by riva Verlag, ein Imprint der FinanzBuch Verlag GmbH, München,
Nymphenburger Straße 86
D-80636 München
Tel.: 089 651285-0
Fax: 089 652096

Übersetzung: Martin Winter, Yin Yan und Günther Klotz
Manuskriptbearbeitung und Redaktion: Michael Gösele, München
Umschlagabbildung: Picture Alliance/Liu Xia
Satz: Daniel Förster
Druck: CPI – Ebner & Spiegel, Ulm

Printed in Germany

ISBN 978-3-86883-134-4

Weitere Infos zum Thema

www.rivaverlag.de
Gern übersenden wir Ihnen unser aktuelles Verlagsprogramm.

INHALT

VORWORT

Ich versuche ihn mit möglichst neutralen Worten zu beschreiben, denn er ist allzu sehr ein Mensch aus Fleisch und Blut. Ein resoluter Mensch, ein Mann der Tat, der zugleich auch ganz intensiv ins Denken versinkt. Manche kommen ins Gefängnis und hinterlassen draußen vor allem ihre Taten und Meinungen, während ihr Aussehen und ihre Persönlichkeit immer verschwommener werden. Aber er, ein Mensch mit solch starken Meinungen, hinterlässt bei uns draußen vor allem seinen Charakter, seine Geschichten, seinen Geist und bei mir eine Art von schweigender Frustration, wenn ich mich an entspannte Momente erinnere und dann gar nicht mehr entspannt bin. So schilderte ich vor 21 Jahren in meinem Essay »Keine andere Wahl – Liu Xiaobo vor und nach 1989« den jungen Xiaobo.

Er ist mein alter Freund – wir waren einmal Tag und Nacht beisammen und haben über alles gesprochen. Er ist auch mein Kollege im Unabhängigen chinesischen PEN-Club und wir sind immer sehr offen miteinander umgegangen. Leider aber haben wir uns wegen starker Meinungsverschiedenheiten über manche Dinge und Menschen auch immer weiter voneinander entfernt.

7

Der heutige Liu Xiaobo ist von seinem intellektuellen Wissen her geformt, aber auch aus seiner Wildheit und seinem Ehrgeiz. Er ist ein komplizierter Mensch mit heftigen inneren Konflikten zwischen hehrer Sehnsucht und weltlichem Verlangen. Dieses Buch zeichnet seinen Lebenslauf nach, von seinen Jugendjahren bis zu seiner heutigen Situation im Gefängnis. Es ist ein Porträt im Halbprofil, nicht von vorne und auch nicht normgerecht.

Für Liu Xiaobo ist der Nobelpreis zugleich ein Lorbeerkranz und eine Dornenkrone. Alle seine vergangenen, aber auch seine künftigen Worte und Taten werden in aller Welt sowohl vergrößert betrachtet als auch mikroskopisch genau untersucht.

Liu Xiaobo ist ein Gefangener des Staates. Indem ihn die Welt kennenlernt und seine Karriere als Andersdenkender begreift, seine Leiden und seine geistige Entwicklung erkennt, wird sie auch das heutige China begreifen.

Bei Ling

1

DIE ERSTE ZIGARETTE

Wenn Liu Xiaobo an seine frühe Kindheit zurückdenkt und davon erzählt, dann beginnt er immer so: »Unter Mao Zedongs Herrschaft, von 1950 bis 1970, war die Gesellschaft nach strengen Machtverhältnissen eingeteilt. Nicht nur das Einkommen war nach hierarchischen Prinzipien geordnet, sondern auch die Verpflegung mit Lebensmitteln, wie verschiedenen Mehl- und Reissorten, Hirse, Mais und anderen Getreidearten, war schichtspezifisch geregelt. Die Privilegierten und hohen Funktionäre sowie deren Familien bekamen das feinste Mehl, die anderen erhielten nur gröberes Mehl und geringwertige Waren. Mehl und Reis machten etwa dreißig Prozent der Gesamtversorgung mit Getreide aus. Alles war rationiert, selbst für lebensnotwendige Güter wie Kleidung, Stoffe und andere Waren gab es Bezugsscheine. Wohnungszuteilung, Schulbesuch und Krankenversorgung unterlagen ebensolchen Regelungen. Das galt für alle Städte in China, für die ländlichen Bezirke war das anders.«

Am 28. Dezember 1955 wurde Liu Xiaobo in der Stadt Changchun in der nordchinesischen Provinz Jilin als Kind eines Akademikerpaares geboren. Sein Vater lehrte als Professor an der Fakultät für chinesische Sprache und Literatur der Pädagogischen Universität Nordostchina. Ende der 80er-Jahre wechselte er an die Heeresuniversität in Dalian, wo er sich mit der Familie niederließ.

Liu Xiaobos Vater hatte zwar eine angesehene Position und war auch Parteimitglied, aber gedämpftes Brot aus gutem, reinem Weizenmehl gab es nur zum Frühlingsfest. Sonst wurden immer geringwertige Beimischungen hinzugefügt, um das Mehl zu strecken. Da die Lebensmittel rationiert waren, mussten auch grobe Sorten verwendet werden. Nur einmal in der Woche gab es Speisen aus Weizenmehl oder Reis.

Xiaobo war der dritte von fünf Brüdern. Der älteste Bruder, Liu Xiaoguang, arbeitete in Dalian in einer Wohnsiedlung für pensionierte Militärangehörige. Der zweite, Liu Xiaohui, war als Wissenschaftler im Museum der Provinz Jilin tätig. Der vierte Sohn, Liu Xiaoxuan, ist Professor im Institut für Materialien und Energie an der Technischen Universität Guangdong. Der jüngste Bruder, Xiaodong, starb 1997 in einer Polizeistation an einem Herzinfarkt. Er war verhaftet worden, nachdem ein paar Ungereimtheiten in den merkwürdigen Geschäften, die er betrieb, aufgefallen waren. Ein unseliges Thema, über das Liu Xiaobo nicht gerne sprechen mag.

In der Mao-Zeit herrschte große Armut im ganzen Land. Alle Lebensmittel wurden ausschließlich durch das staatliche Versorgungssystem rationiert und verteilt. Daher spielte

Geld eigentlich gar keine so große Rolle. Viel wichtiger war es, Einfluss auf die Verteilung wichtiger Güter zu haben. Die individuelle Zuteilung hing offiziell nur von der Arbeitsleistung ab – in Wirklichkeit aber entschieden Macht und Einfluss. Weil die Position innerhalb der Rangordnung in diesem hierarchischen Macht- und Verwaltungssystem die tatsächliche Lage jeder Familie bestimmte, bildete sich dadurch bald eine neue Schicht von Privilegierten.

Schon während der »revolutionären« Yan'an-Zeit, lange vor der Gründung der Volksrepublik im Jahr 1949, waren diese Strukturen entstanden. Damals befand sich dort, in der Provinz Shaanxi, nach dem Ende des »Langen Marsches« die politische und militärische Basis der Kommunistischen Partei. Es gab in Yan'an Gemeinschaftsküchen für die einfachen Leute, Küchen für mittlere Kader und es gab das Essen für die wenigen ganz hohen Funktionäre. Bei der Kleidung unterschied man zwischen Produkten aus feinstem Stoff, aus mittelgrobem und einfachstem Material.

Liu Xiaobo ärgerte sich sehr, dass sein Vater in der Küche der Privilegierten speiste, während er und die Brüder in die Gemeinschaftsküche gehen mussten. Außerdem störte ihn das niedrige Niveau des Unterrichts in der Schule. Wegen der ständigen Unterforderung konnte er nicht ruhig auf seinem Stuhl sitzen. Einmal kletterte er auf das Fensterbrett, nur um Aufmerksamkeit zu erlangen. Der Lehrer ignorierte ihn völlig, worüber er sich dann noch mehr ärgerte.

Später, als er mit anderen Mittelschülern aufs Land geschickt wurde, war er wieder unzufrieden, diesmal mit dem Parteisekretär des Dorfes. Erst gegen Ende der Kulturrevolution konnten Schüler, deren Eltern über gute Beziehungen verfügten, bereits vorzeitig in die Städte zurückkehren, um beispielsweise in einer Fabrik zu arbeiten. Die anderen mussten bleiben – sie hatten offenbar keine derartigen Beziehungen oder waren durch zu geringen Einsatz aufgefallen. Man erzählt sich, Liu Xiaobo sei eines Tages in das Büro des Parteisekretärs gegangen. Es ging um das Formular für die Rückkehr in die Stadt. In der einen Hand habe er ein blitzendes Küchenmesser, in der anderen eine silbrig glänzende Uhr gehalten. Der Sekretär habe die Uhr genommen und ihm das Formular gegeben. So sei er wieder in die Stadt zurückgekommen.

Seine Grundschulzeit fiel in die Periode der Kulturrevolution. Diese Zeit war geprägt durch die Zerstörungskraft dieser Bewegung sowie durch den Drang der Menschen, andere zu quälen und zu denunzieren, um sich zu schützen und sich selbst einen Vorteil zu verschaffen. Er war noch ein Kind, hatte aber wie alle anderen bereits seine »Zielscheiben«, gegen die er vorgehen und die er bekämpfen konnte. Das waren die Lehrer und das waren die Eltern. Um zu zeigen, wie groß er schon war, fing er in dieser Zeit an zu rauchen.

Da sein Vater Professor an der Pädagogischen Universität Nordostchina war, konnte Liu Xiaobo die angegliederte Grundschule besuchen. Sie galt als die beste in der ganzen Stadt, weswegen auch die Kinder der hohen Funktionäre dort eingeschult wurden. Nach Ausbruch der Kulturrevolution im Jahr 1966 wurde jedoch – wie überall – jeglicher Unterricht eingestellt. Xiaobo war damals als Elfjähriger in der 4. Klasse. In diesem Alter konnte er noch kein Rotgardist werden und sich auch nicht mit aller Kraft an den Aktionen der »Großen Proletarischen Kulturrevolution« beteiligen. Er durfte nur vom Hintergrund aus zuschauen, wie Debatten, Kampfsitzungen und gewalttätige Auseinandersetzungen verfeindeter Gruppen abliefen. Er sah, wie Wandzeitungen angeheftet und Gebäude und Kunstwerke zerstört wurden. Aber er konnte nicht wie die Rotgardisten im ganzen Land herumreisen.

Sein ältester Bruder besuchte zu jener Zeit schon die 10. Klasse des Gymnasiums und durfte an allen Aktionen teilnehmen – einmal war es ihm sogar erlaubt, mit dem Zug nach Peking zu fahren. Xiaobo bettelte, ihn doch mitzunehmen. Er wurde aber nicht ernst genommen und zurückgewiesen. Xiaobo erinnert sich: »Dass ich nicht früher geboren wurde, nicht reif genug war und diese aufregende Zeit daher verpasste, hat mich sehr geärgert. Auch wenn man als Kind nicht voll akzeptiert ist, hat man doch schon eine Menge mitbekommen und wird auch durch relativ kleine Ereignisse ins Gesamtgeschehen hineingezogen.«

Seit dem Ausbruch der Kulturrevolution waren die Erwachsenen nur noch mit dieser Bewegung beschäftigt und mussten ihre Kinder ganz sich selbst überlassen. Diese Kinder wurden auch als »Generation ohne Eltern« bezeichnet. Die guten Schüler wurden zu »Kleinen Rotgardisten«, die schlechten erlebten eine freie, zwanglose Zeit ohne Einmischung der Erwachsenen. Auch wenn kein geregelter Unterricht abgehalten wurde, sollten sich die Kinder in der Schule aufhalten. Es war damals aber üblich, dass Grundschüler und Mittelschüler die Schule schwänzten und sich aus Langeweile prügelten. Rauchen war große Mode. Da die Eltern keine Zeit hatten, spielte Xiaobo den ganzen Tag mit seinem Bruder Xiaoxuan. Er konnte sich ohne Zwänge entwickeln und konnte in seiner selbst erfundenen Welt versinken. Für ihn bestand die Kulturrevolution zuerst einmal aus Neugier, Anreiz, Aufregung, aus Barbarei und Grausamkeit, aber auch aus Freiheit. Er hatte aus Neugier mit dem Rauchen angefangen. Das war zugleich Risiko und Rebellion. Aus Neugier war aber schon bald eine Sucht geworden.

Einer seiner Klassenkameraden war der Sohn eines Generalmajors. Er hatte den Spitznamen Dapang, der »Dicke«, und wurde mit dem Auto zur Schule gebracht und wieder abgeholt – so wie heute die Kinder der Reichen. Dapang war sehr großmütig und brachte häufig leckere Bonbons mit. Er verteilte sie an seine Mitschüler und lud sie zu Eis, Kuchen oder kandierten Früchten ein. Eigentlich war er der Frechste in der Klasse, da sein Vater aber ein hoher Offizier war, durfte er jeden Unfug treiben. Beim Rauchen war er auch immer dabei. Er klaute die Zigaretten zu Hause und verteilte sie großzügig auf dem Pausenhof. Einmal brachte er welche der ausländischen Marke »555« in einer Metalldose mit. Ansonsten wurden nur die erstklassigen inländischen »Päonien« geraucht.

Zum 30. Jahrestag der Kulturrevolution schrieb Xiaobo einen Artikel mit der Überschrift »Mit elf Jahren habe ich das Rauchen angefangen«. Darin schrieb er:
An der Marke der Zigaretten, die ein Mitschüler rauchte, konnte man die Stellung der Eltern ablesen. Wer »Preiswert« rauchte, wurde gemieden. Schon damals war die chinesische Gesellschaft in Schichten gegliedert, die man an der Aufschrift auf den Zigarettenschachteln leicht erkennen konnte. Das prägte die Kinder, die daraus ihre Wertmaßstäbe

ableiteten. Die besonders guten Zigaretten waren nicht frei käuflich, sie waren den Privilegierten vorbehalten. Aus diesem Grund entstand ein regelrechter Schwarzmarkt. Da an solcher Ware großer Mangel herrschte und diese Marken als Statussymbol galten, betrugen die Preise auf dem Schwarzmarkt ein Vielfaches des normalen Entgelts. Die Kinder wollten natürlich angeben und taten alles, um an das Geld für diesen Genuss zu kommen.

Im Jahr 1966 beschloss die Schule, die Xiaobo besuchte, den Unterricht einzustellen und sich ganz der Revolution zu widmen. Am Nachmittag des Tages, an dem das umgesetzt wurde, verließ Xiaobos Lehrer deprimiert und verzweifelt das Klassenzimmer. Dapang sprang auf den Tisch, nahm eine Schachtel Zigaretten der Marke »Päonie« aus der Tasche, schwenkte sie herausfordernd in der Hand und fragte: »Wer traut sich zu rauchen? Die hab ich von meinem Vater geklaut. Ich lade euch alle ein.«

Die meisten nahmen den »Dicken« gar nicht wahr, packten ihre Sachen und gingen einfach nach Hause. Zurück blieben nur die frechsten Schüler und zu denen gehörte natürlich auch Xiaobo. Dapang verteilte großspurig die Zigaretten und gab Feuer. Xiaobo hatte am Anfang etwas Angst, nahm vorsichtig einen Zug, spürte aber außer einem Hustenreiz keinen besonderen Spaß. Dapang blickte auf seine Kumpane hinab und sagte: »Ich zeig euch mal, wie man das macht.« Er demonstrierte, wie man eine Zigarette richtig halten, den Rauch einziehen und ausstoßen müsse und sogar, wie man Rauchringe erzeugen konnte. Er machte das prima, die Ringe stiegen bis an die Decke. Die Jungs waren alle begeistert. Xiaobo unterdrückte seinen Husten und versuchte, das nachzumachen.

Seitdem rauchte man in der Clique – auf der Toilette, in einer Gebäudeecke, auf der Straße oder auch draußen im Freien. Xiaobo lernte, wie man beim Inhalieren den gesamten Rauch verschlucken konnte, wie man sogar verschiedene Ringe blasen und eine Zigarette bis zum allerletzten Ende genießen konnte. Er hatte natürlich auch gelernt, wie man wegen des Kaufs von Zigaretten lügt, für andere Dinge erhaltenes Geld dafür abzweigt und Zigaretten beim Vater stiehlt. Er und Dapang wurden aber irgendwann von ihren Mitschülern verraten. Xiaobo musste Selbstkritik üben – Dapang wurde natürlich verschont.

Die Eltern von Xiaobo waren über die Raucherei ihres Sohnes entsetzt und empört. Sie sahen darin den Anfang vom Ende. Sollte ihr Sohn etwa auf die schiefe Bahn geraten? Dass der Vater selbst rauchte, war das gute Recht eines Erwachsenen, für Kinder und Jugendliche jedoch kam das überhaupt nicht in Frage. Es war ein flegelhaftes Verhalten, das verboten werden musste.

Als meine Eltern erfuhren, dass ich heimlich rauchte, benutzten sie nicht die üblichen aufgeblähten Argumente des Klassenkampfes. Sie reagierten einfach und grob, schimpften und schlugen mich. Mein Vater hatte immer recht. Was er sagte, das galt. Er unterhielt sich nie mit uns, er fragte nie nach unserem Befinden, seine Erziehungsmethode kannte nur die erhobene Stimme oder die erhobene Hand. Er war ein Monster für mich. Ich hasste ihn und wünschte, er sei nicht mein Vater.

Für Xiaobo war das Schlimmste, dass die Eltern unaufhörlich fragten, woher er die Zigaretten hatte. Wenn sie mit seiner Antwort nicht zufrieden waren, ging die Fragerei weiter. Sie erpressten und zwangen ihn geradezu, bis er schließlich die Wahrheit sagte. Er konnte sich später noch genau erinnern, wie er einmal von seiner Mutter beim Rauchen ertappt wurde. Sie roch an seiner Kleidung und fand in seinem Federetui ein Stück einer Zigarette. »Ich werde niemals vergessen, wie wütend meine Mutter damals war. Sie fragte mich mit strenger Mine und ernsten Worten. Als ich nicht antwortete, ergriff sie einen Besen und schlug auf mich ein. Auch nach mehreren Schlägen antwortete ich nicht. Sie nahm daraufhin die eiserne Ascheschaufel und wollte damit auf mich losgehen. Ich war entsetzt vor Angst, stieß sie mit meinem Kopf auf den Boden und rannte aus der Wohnung.«

Es war damals Winter und Xiaobo wusste, dass seine Reaktion ein großer Fehler gewesen war. Wenn er nach Hause ginge, würde man ihn schwer bestrafen. Es war dunkel, es war kalt, und er konnte die Kälte nicht mehr ertragen. Um sich zu verstecken und vor der Kälte zu schützen, schlich er in einen Keller, in dem Gemüse aufbewahrt wurde. Seine Mutter sagte ihm später, dass sie und der Vater ihn in dem Keller gefunden hätten – er habe unter einem Heusack als Decke und auf einem Chinakohl als Kopfkissen wie ein Hund zusammengerollt geschlafen. Seitdem wurden nach seiner Rückkehr aus der Schule jedes Mal die Taschen nach Zigaretten durchsucht und er musste den Mund öffnen, damit die Mutter seinen Atem prüfen konnte. Er putzte sich als Gegenmethode daher entweder die Zähne oder aß ein Stück Knoblauch. Die Zigaretten versteckte er woanders.

2

DER »KLEINE ROTGARDIST« UND DER ALTE MANN

Der Vorsitzende Mao Zedong fasste einmal den Marxismus in einem kurzen Satz zusammen:»Meuterei ist gerechtfertigt.« Weiter sagte er:»Revolution ist keine Dinnerparty. Revolution bedeutet nicht, einen Aufsatz zu schreiben oder ein Bild zu malen. Revolution kann nicht maßvoll, gesittet, höflich, zurückhaltend und großherzig sein. Revolution ist ein Aufstand mit Klassenkampf und Gewalt.« Das sind die Worte aus der Mao-Bibel, die jeder Chinese im Alter von 45 bis 60 Jahren heute noch vorwärts und rückwärts auswendig hersagen kann.

Alle »Kleinen Rotgardisten« stürmen gemeinsam vor.
Sie verurteilen Revisionisten und Konterrevolutionäre
als Rinderteufel und Schlangengeister.

Solche Liedtexte waren in Xiaobos Generation sehr bekannt. Kaum ein Chinese konnte sich dem Geist dieser Zeit entziehen. Xiaobo beneidete seine älteren Brüder, die bereits richtige Rotgardisten waren, denn seine Möglichkeiten waren eingeschränkt und er konnte nicht selbst rebellieren. Ihm blieb nur die Nachahmung der anderen.

Als Xiaobo elf oder zwölf Jahre alt war, ließ er seinen revolutionären Tatendrang an einem alten Mann aus. Yin Hai, so sein Name, war so alt wie seine Großmutter. Er hatte für kurze Zeit in der Guomindang-Armee gedient, desertierte aber später. Als er von der Volksbefreiungsarmee verhaftet und verhört wurde, sagte er, er habe nur die Galle eines Mäuschens – was nichts anderes hieß, als dass er besonders ängstlich sei. Vor lauter Angst hatte er bei jedem Schuss heftig gezittert. Der Offizier habe ihm das Gewehr in den Rücken stoßen müssen, damit er im Kampf nach vorne lief. Seine Desertion hatte ihn trotzdem nicht vor einem schrecklichen Schicksal schützen können – er wurde im Neuen China als Konterrevolutionär abgestempelt. Yin Hai wohnte im gleichen Haus wie die Familie Liu, eine Etage tiefer. Er verdiente sich seinen Lebensunterhalt damit, dass er den Leuten die Haare schnitt. Um sein Kommen anzuzeigen, klapperte er mit zwei an einem Nagel befestigten Metallstreifen und erzeugte damit einen anhaltenden schönen Klang.

Yin Hai unterhielt sich oft mit Xiaobos Großmutter. Die beiden verstanden sich gut, sodass die Söhne der Familie Liu regelmäßig zu dem alten Mann zum Haareschneiden geschickt wurden. Nicht selten machte er es umsonst oder verlangte nur einen geringen Preis.

Als die Kulturrevolution ausbrach, wurde Liu Xiaobos Großmutter in ihre Heimat, auf das Land, zurückgeschickt, damit sie dort von den armen Bauern umerzogen werden könnte. Der alte Yin hatte keine Heimat mehr und wusste nicht, wo er hinsollte. Sein Schicksal war daher noch schlimmer. Der eigene Sohn distanzierte sich von ihm und zwang ihn, die Wohnung zu verlassen. Auf dem Universitätsgelände fand er eine kleine Kammer neben dem Kesselraum. Sie war sehr feucht und bot nur Raum für ein Bett. Er durfte seinen Lebensunterhalt auch nicht mehr mit dem Schneiden von Haaren bestreiten, sondern lebte fortan vom Müllsammeln. Auf dem Campus hauste damals auch eine Japanerin mit dem chinesischen Namen Dong Fang (»aus dem Osten«), die ebenfalls aus der Gemeinschaft ausgestoßen worden war. Die beiden gaben gute Zielscheiben für »Kampfsitzungen« und Schikanen aller Art ab. Es war damals üblich, dem Vorsitzenden Mao mit einem besonderen Tanz die Treue zu bekunden. Während morgens und abends die Angehörigen des Wohnbereiches diesen Tanz aufführten, mussten die beiden mit gesenktem Kopf vor einem Mao-Bild ihre Schuldbekenntnisse ablegen.

Dem alten Yin war der Kopf völlig kahl geschoren worden, sodass sein Schädel glänzte. Als Xiaobo und seine Spielkameraden einmal nichts mit ihrer Zeit anzufangen wussten, entdeckten sie den Mann mit der Glatze über einen Müllhaufen gebeugt. Sie schlichen sich von hinten an, als er gerade mit einem Stab im Müll wühlte, und Xiaobo rief:
»Alter Yin, lass mich mal auf deine Glatze klopfen.«
Der Alte erschrak, drehte sich um. Er sah einige zehnjährige Schulbuben und sagte leise:
»Kleine Nummer drei, ich bin noch älter als deine Großmutter, wir waren doch einmal Nachbarn. Ich habe doch dir und deinen Brüdern die Haare geschnitten, lass mich einfach in Ruhe.«

Der junge Xiaobo blieb hartnäckig:»Nein, du bist ein alter Konterrevolutionär, ich verhandle nicht mit dir. Halt mir deinen Kopf her, damit ich draufklopfen kann.«

Der Alte bettelte weiter, aber er hatte keine Chance und musste alles über sich ergehen lassen. Die Jungen warfen seinen Mülleimer um und drohten ihm, er würde es sehr schwer haben, wenn er ihnen nicht nachgeben würde. Xiaobo wollte unbedingt von der Stirn aus den ganzen Schädel abklopfen. Der Alte sträubte sich, musste es dann aber über sich ergehen lassen. Die Sonne schien, man sah die Schweißtropfen auf seinem kahlen Schädel. Xiaobo entspannte zunächst seine Hand und ließ die Finger dann bong, bong, bong auf den Kopf schnellen, bis er selber Schmerzen empfand. Er wischte den Schweiß von seinen Fingern an dem Gesicht des Alten ab. Dann machte er weiter, bis ihm die Finger taub wurden. Die anderen ahmten ihn nach, bis sie irgendwann die Lust verloren. Das war zwar nur ein Kinderstreich, aber doch eine schwere Entwürdigung eines Menschen.

Der alte Yin wehrte sich nicht mehr und hörte auf zu flehen. Xiaobo schrieb später sinngemäß:
Der Alte ließ alles über sich ergehen, weil er aus Erfahrung wusste, dass die Kinder nicht aufhören, sondern ihn wegen seines Widerstands noch mehr und noch länger quälen würden. Wir verloren auch relativ bald den Spaß an diesem Spiel und hörten auf. Yin Hai senkte den Kopf und wandte sich wieder seinem Müll zu. Er hörte noch, wie gesagt wurde, er sei diesmal noch glücklich davongekommen. Wie Sieger zogen wir davon.

Wenn der Alte später die Kinder kommen sah, rief er schon aus der Ferne:

»Ich lerne von den ›Kleinen Rotgardisten‹, ich begrüße sie, ich gestehe meine Schuld und bitte um Strafe.«
Die Kinder lachten aus vollem Halse. Nach einiger Zeit aber entstand sogar so etwas wie Freundschaft zwischen ihnen und dem alten Mann. Die Schüler rissen abends die Wandzeitungen ab und stopften das Papier in seinen Sammelkorb, damit er es als Altpapier verkaufen konnte. Als Gegenleistung durften sie bei ihm ihre Zigaretten rauchen. Zunächst hatte Yin Sorge vor dem Vorwurf, er verderbe die Kinder. Damit wäre seine Schuld noch größer geworden. Glücklicherweise blieb die Sache aber verborgen.

Zum 35. Jahrestag der Kulturrevolution, im Mai 2001, schrieb Xiaobo einen Artikel mit der Überschrift »Die Grausamkeit der Kinder dieser Zeit«. Darin brachte er seine tiefe Scham und Reue über sein damaliges Verhalten zum Ausdruck:
Vom Alter her konnte er mein Großvater sein. Er war sehr freundlich und auch humorvoll. Immer, wenn er uns damals die Haare schnitt, brachte er uns mit seinen Witzen zum Lachen. Während des für ihn schrecklichen Erlebnisses habe ich keinen einzigen Gedanken an seine Güte und Freundlichkeit verschwendet. Ich hatte kein Mitleid mit seinem schweren Schicksal und konnte mir seine Empfindungen während der Demütigungen nicht vorstellen. Ich fand das Ganze nur lustig, es war ein Vergnügen auf Kosten anderer. Wenn ich jetzt daran denke, wird mir klar, dass er heimlich geweint hat und Tränen innerer Erregung über sein faltiges, vom Leben gezeichnetes Gesicht geflossen sind. Der alte Yin war fast siebzig Jahre alt, er hatte uns die Haare geschnitten, war mit unseren Eltern befreundet und ein guter Nachbar gewesen. Er war von halbwüchsigen Kindern in so grausamer Weise gedemütigt worden. Wenn das Herz eines Menschen überhaupt bluten kann, dann hat das Herz des alten Yin damals geblutet, als ich ihm mit meinen Fingern auf seinen schweißbedeckten Kopf geklopft habe.

Als ich später wieder in die Stadt zurückkehren konnte, war der alte Yin Hai bereits gestorben. Ich wollte die Schuld, die ich auf mich geladen hatte, eingestehen, es war aber bereits zu spät. Ich bin ein Atheist, aber ich hoffe, dass die Seelen doch weiterleben und die Seele des alten Yin meine Beichte vernehmen kann. Mir steht nicht zu, dass er mir verzeiht, ich hoffe nur, dass er mich hört.

Solche grausamen Taten und Vergnügungen auf Kosten anderer habe ich mir nicht selten geleistet. Sie unterschieden sich in keiner Weise von den Zerstörungen von Kulturgütern und den Kampfsitzungen der Roten Garden mit ihrer Massenkritik gegenüber denjenigen Machthabern in der Partei, die den kapitalistischen Weg gehen wollten. Ich habe einen herzensguten, alten, hilflosen Mann so schlecht behandelt und entwürdigt, nur weil er einmal den Truppen der Guomindang angehört hatte. Besteht zwischen dem Klopfen meiner Kinderfinger auf seinen Schädel und dem Abschneiden der Haare von Lehrern durch die Roten Garden wirklich ein Unterschied? Als ich den Alten Yin beleidigte, habe ich nicht an meine Großmutter gedacht, die auf dem Land vielleicht die gleichen Quälereien erdulden musste. Begriffe wie Würde und Ehrfurcht vor dem Alter kamen mir nicht in den Sinn.

Die Schulen waren geschlossen worden, um sich der Revolution zu widmen, dann wurde mit dem gleichen Ziel der Unterricht irgendwann wieder aufgenommen. Damit war die freie, zwanglose Zeit für die Schüler vorbei. Die Anstalt wurde nun durch eine Propagandagruppe aus Arbeitern geleitet und nach militärischen Regeln verwaltet. Hauptziel war die Verbreitung der Mao-Zedong-Ideen und die Erziehung der Kinder in diesem Sinne. Die verfassungsmäßigen Grundlagen der Verwaltung wurden beiseitegewischt und durch Anordnungen lokaler Komitees auf der Grundlage der »Diktatur der

Massen« ersetzt. Die Schulen wurden in Militäreinrichtungen umgewandelt, der Klassenverband aufgelöst. Es gab wie in der Volksbefreiungsarmee Kompanien, Züge und Gruppen. Die Schüler wohnten und aßen in der Einrichtung und mussten unter der Leitung des Propagandateams militärische Übungen abhalten. Das Volkskomitee hatte das Recht, jederzeit Durchsuchungen durchzuführen und Verhöre vorzunehmen. Die frühere Jugendorganisation der »Jungen Pioniere« wurde durch die »Kleinen Rotgardisten« ersetzt. Und um die Schule zu sichern, wurden körperliche Durchsuchungen und Inspektionen vorgenommen. Es wurde geprüft, ob die Knöpfe richtig geschlossen waren und die Schultaschen ordnungsgemäß getragen wurden. Auch das kleinste Messer war verboten, ebenso Schleudern, unerlaubte Bücher und Zigaretten.

In einem Raum wurden die gefundenen Gegenstände unter dem Mao-Spruch »Vergiss niemals den Klassenkampf« ausgestellt. Dort lagen auch Urkunden, in denen das Eigentum von Grundbesitzern und Fabrikanten dokumentiert war, sowie Schriften von »Konterrevolutionären«, »Rechtsabweichlern« und von denen, »die den kapitalistischen Weg gehen«. Der Klassenkampf war daher überall gegenwärtig. Die Feinde waren täglich präsent und die konfiszierten Gegenstände, wie Zigaretten, wurden als deren »Munition mit Zuckerüberzug« deklariert. Wurde solche »Munition« entdeckt, musste Selbstkritik geübt werden. War diese nicht zufriedenstellend, erfolgte eine Wiederholung auf einer sogenannten Kampfsitzung.

Davon gab es je nach dem Grad des Vergehens vier verschiedene Stufen. Die unterste war auf der Ebene des Zuges angesiedelt, die nächste entsprechend bei der Kompanie, dann folgte die Ebene der Schule und als höchste Stufe diejenige, bei der sich mehrere Schulen zu einer gemeinsamen Kampfsitzung zusammenschlossen. Der Schuldige musste mit gesenktem Kopf sein Geständnis ablegen, die Ankläger kritisierten ihn und knirschten laut mit den Zähnen. Nach ihren Anschuldigungen riefen sie gemeinsame Losungen und streckten mit geballten Händen ihre Arme in die Luft. Hierbei handelte es sich meistens noch um die milderen Fälle von »Widersprüchen im Volk«. Wenn sich jemand jedoch trotz mehrfacher Ermahnung nicht besserte, erfolgten ohne jedes rechtliche Verfahren auf Basis der Entscheidungen des Komitees Verhaftung, Verhör und Einkerkerung. Die Familie musste in diesen Fällen dem Inhaftierten täglich das Essen bringen und es gab Verhöre und Folterungen, um ein Geständnis zu erhalten, nach dessen Inhalt dann die Länge der Haft festgesetzt wurde. Der Betroffene wurde zum Klassenfeind, er war ein Verbrecher. Als solcher musste er alle Anschuldigungen eingestehen. Bei einem umfassenden Geständnis konnte eine Rückstufung erfolgen und die Angelegenheit mit einer Selbstkritik auf einer Kampfsitzung beigelegt werden. Liu Xiaobo konnte sich nicht mehr erinnern, wie oft er wegen Rauchen, Prügeleien oder Schuleschwänzen Selbstkritik auf Kampfsitzungen üben musste.

»Noch heute sind bei mir Spuren solcher Sitzungen vorhanden. Ich war damals gerade dreizehn Jahre alt. Weil ich nicht gehorsam war, musste ich mich bei einer Kampfsitzung vor der gesamten Schule verantworten. Ich musste nicht nur die Tat als solche eingestehen. Ich musste schildern, warum es dazu gekommen war, dass ich durch die Ideen des Revisionisten Liu Shaoqi und anderer bürgerlicher Elemente vergiftet war. Die Tat an sich spielte nicht einmal eine große Rolle, der Hintergrund war das Entscheidende.«

Die Kulturrevolution fand in einer entscheidenden Periode während Xiaobos Jugendjahren statt und hat ihn für sein ganzes Leben wesentlich geprägt. Die traditionelle chinesische Erziehung zu Unterwerfung und Gehorsam wurde für diese Generation in das Gegenteil verkehrt. Die Rotgardisten sollten aufbegehren und sogar Revolution machen und diese hatte auch noch aus dem Herzen kommen müssen. Diese Umwandlung der alten Werte hatte einen subtilen Einfluss auf Xiaobos Entwicklung zu einem Andersdenkenden.

3

AUF DEM LAND UND UNFREI

Im Jahr 1969 wurde die Familie Liu zusammen mit anderen Angehörigen von städtischen Behörden und Universitäten aus Changchun in die »Kaderschule des 7. Mai« der Volkskommune Dashizhai, Youyiqianqi, Ke'ermi, Xing'anmeng, Innere Mongolei, verschickt. Das war Xiaobos erster richtiger Kontakt mit dem Land.

Erst 1973 kehrte die Familie wieder in die Stadt zurück, wo Xiaobo nur noch ein halbes Jahr bis zum Abschluss der Mittelschule brauchte. Im Juli 1974 wurde er dann wie die meisten Mittelschulabgänger erneut aufs Land geschickt. Dieses Mal jedoch alleine. Etwa 16,5 Millionen junge Leute waren in jenem Jahr davon betroffen. Xiaobo wurde der Produktionsgruppe »Der Laden der Familie Lin« (Linjiapuzi) der Brigade »Sieg« (Shengli) der Volkskommune Sangang in der Kreisstadt Nong'an, Provinz Jilin, zugeteilt. Dort blieb er für zwei Jahre. In dieser Zeit erlebte er, dass die Ungerechtigkeit bei der Zuteilung von Lebensmitteln, anderen Gütern und auch der Arbeit nicht nur in der Stadt, sondern vor allem auch auf dem viel ärmeren Land existierte. Hier gab es große Unterschiede, was die Lebensbedingungen anbelangte. Die Kader der Volkskommune erhielten ein festes Gehalt und hatten eine geregelte Krankenversorgung. Selbst im Dorf gab es große Unterschiede zwischen den Brigade- und Gruppenleitern auf der einen und den einfachen Bauern auf der anderen Seite − obwohl ihre Leistungen nach Arbeitspunkten bewertet wurden. Am deutlichsten zeigte sich dies bei der Art der Unterkünfte. Die besser gestellten Persönlichkeiten wohnten in Steinhäusern, der Rest in Lehmhütten. Viele Bauern waren so arm, dass sie keine Frau fanden. In Xiaobos Dorf waren das schon fünf oder sechs. So etwas war auf dem Land ganz normal. Im ersten Jahr bekam Xiaobo dreißig Fen Lohn pro Tag, also etwa vier Cent. Im zweiten Jahr fiel die Ernte schlecht aus, man verdiente nur noch 28 Fen pro Tag. Es gab im Dorf nur ein einziges Haus aus roten Ziegelsteinen. Dort wohnte der Parteisekretär Li. Die meisten seiner Familienangehörigen und Verwandten waren Kader. Der Sohn arbeitete bei der Kommune, sein Schwager war Buchhalter der Brigade, sein Neffe Leiter der Produktionsgruppe.

Die älteren Brüder von Liu Xiaobo waren 1968 in die von der koreanischen Volksgruppe autonom verwaltete Präfektur Yanbian geschickt worden. Sie gehörten zu den ersten Jugendlichen, die überhaupt aufs Land kamen. Damals dachte keiner von ihnen an die Rückkehr − sie wollten nur ihrem Land dienen. Nach zwei Jahren kam jedoch eine große Unzufriedenheit bei den Jugendlichen und auch bei ihren Familien auf. Um diese Situation zu entschärfen, wurde eine Rückkehr für diejenigen ermöglicht, die schon länger als zwei Jahre von zu Hause weg waren. Von denen, die durch gute Arbeit aufgefallen waren, konnten von den Bauern aus jeder Brigade pro Jahr sogar ein oder zwei für die Aufnahme in einer Universität, für die Arbeit in einer Fabrik oder zum Eintritt in die Armee vorgeschlagen werden. Auch Krankheiten waren als Antragsgrund für die Rückkehr anerkannt. Am Anfang wollte keiner gehen, zwei Jahre später wollte jedoch kaum noch jemand auf dem Land bleiben. Die Entscheidung trafen die Leiter der Brigaden und Produktionsgruppen, die Beauftragten in den Aufnahmestellen der Armee, die Zuständigen für den Zugang zu Universitäten und Fabriken sowie die Mitarbeiter des Büros für die Rückkehr der Jugendlichen. Diese Personen wurden umworben, zum Essen eingeladen und mit Geschenken bedacht. So etwas war früher nur bei der Armee und in der Stadt üblich, nun zog diese Mode jedoch auch auf dem Land ein. Die Angehörigen der Jugendlichen übernahmen das und bedachten die Entscheidungsträger mit Geschenken.

Als Xiaobo 1974 aufs Land geschickt wurde, war das bereits keine Ehrensache mehr, sondern längst ein Zwang geworden. Jeder, der nur die geringste Möglichkeit hatte, versuchte sein Kind in der Stadt zu behalten. Wenn jemand doch verschickt wurde, begann er bereits am ersten Tag darüber nachzudenken, wie er möglichst bald zurückkommen könnte.

Die Jugendlichen durften nur einmal pro Jahr, zum Frühlingsfest, in ihre Heimatstadt zurückfahren. Wenn sie danach auf das Land zurückkehrten, waren sie mit Geschenken für die Leiter der Brigaden und Produktionsgruppen bepackt. Xiaobo lebte mit sieben Jungen und sechs Mädchen in einer Gemeinschaftsunterkunft. Die Eltern eines Mädchens mit Namen Miao arbeiteten in Changchun in der Zigarettenfabrik.

Sie brachte für jeden der Kader eine Schachtel der besonders teuren Marke »Weiße Karte« mit. Die Jungs aus der Gruppe durften auch ein paar von diesen Zigaretten rauchen.

Jeder, der einmal auf dem Land gewesen war, hatte gelernt, dass es letztlich nur von den Beziehungen und dem Einfluss der Familie abhing, wie schnell man wieder nach Hause konnte. Wer solche Möglichkeiten nicht hatte, war auf eine anerkannte Erkrankung angewiesen. Es wurden Atteste besorgt und aus kleinen Krankheiten große gemacht. Wenn jemand überhaupt nicht krank war, dann wurde einfach etwas erfunden. Wer keine Beziehungen zu Ärzten hatte, stahl Krankenakten und fälschte Unterschriften. Solche Akten und falsche Diagnosen waren die häufigsten Unterlagen, die bei Rückkehranträgen vorgelegt wurden. Andere benutzten alle ihre Ersparnisse, um durch Bestechung der Kader ihre Rückkehr zu erkaufen. Für eine Bescheinigung und einen erforderlichen Stempel wurde alles getan. Manche injizierten sich Benzin in die Adern oder erhöhten die Dosierung von Medikamenten, um vorhandene Symptome zu verschlimmern. Andere schluckten Metallteile, um Schatten im Röntgenbild zu erzeugen. Diejenigen, die in entlegene Grenzgebiete gebracht worden waren, schrieben Petitionen oder führten trotz des Risikos, ins Gefängnis zu kommen, Demonstrationen oder Hungerstreiks durch – nur, um wieder nach Hause zu kommen.

Im November 1976 kehrte Liu Xiaobo in seine Heimatstadt Changchun zurück. Er hatte durchgehalten. Xiaobos Vater bot seinem Sohn eine Zigarette an und zum ersten Mal durfte dieser offen rauchen. Das war der Moment, in dem er glaubte, zum ersten Mal auch die Liebe seines Vaters verspürt zu haben.

4

EIN EIGENER KOPF

1977 fanden nach dem Ende der Kulturrevolution zum ersten Mal wieder Hochschulaufnahmeprüfungen statt. Liu Xiaobo, sein zweitjüngster Bruder Liu Xiaoxuan und Xiaobos Freundin Tao Li bestanden alle zur gleichen Zeit ihre Aufnahmeprüfungen. Liu Xiaoxuan wurde in die Technische Universität Dalian aufgenommen, Tao Li kam ins Seminar für Chinesische Philologie an der Pädagogischen Universität Nordostchina, und Liu Xiaobo studierte dasselbe Fach an der Universität der Provinz Jilin. Das war damals die beste Universität der Provinz. Am Institut für Chinesische Philologie gab es nur einen Studiengang, der Jahrgang 1977 bestand aus ungefähr achzig Studenten.

Liu Xiaobo hat sich später einmal an jene Zeit erinnert:
Das war eine ganz eigene Stimmung in den 80er-Jahren, besonders unter uns, die wir gleich nach der Kulturrevolution als Erste wieder studieren durften. Viele hatten zuvor gearbeitet, viele waren aufs Land verschickt worden und die meisten von uns waren eigentlich ziemlich alt für Studenten. Wir waren uns dieser einmaligen Chance bewusst und studierten alle

sehr, sehr fleißig. Außerdem interessierten wir uns für jene Dinge, die heute als unnötig erachtet werden: Poesie, Literaturtheorie und geistige Aufklärung.

Im April 1979 gründete Liu Xiaobo mit einigen Kommilitonen den Poesieclub »Treuherzigkeit«. Der Club hatte zwischenzeitlich bis zu vierundzwanzig Mitglieder – am Ende blieben sieben übrig: Liu Xiaobo und sechs weitere Studenten. Bis zum Februar 1982, als sie ihren Bachelor-Abschluss machten, hatten sie zehn Ausgaben ihrer Poesiezeitschrift auf Wachsmatrizen vervielfältigt. Xu Jingya, heute Professor für Poetologie an der Universität Hainan, sagte unlängst zu einem Freund: »Wir früheren Kommilitonen von Xiaobo sind alle sehr stolz, dass er den Nobelpreis gewonnen hat. Abgesehen von seinen Beiträgen zu unseren Gedichtveranstaltungen war er für sein scharfes Denken, seine Belesenheit und seine gründliche Theorienbildung bekannt. Viele suchten ihn auf, um mit ihm zu plaudern, also um ihn über alles Mögliche auf der Welt sprechen zu hören.«

Im Juli 1982 begann Liu Xiaobo an der Pädagogischen Universität in Peking sein Magisterstudium. Über diese Zeit schrieb er einmal:

An der Pädagogischen Universität in Peking machte ich bei Professor Huang Yaomian meinen Magisterabschluss. Danach begann ich unter ihm zu unterrichten und schrieb meine Dissertation. Professor Huang war auch mein Doktorvater. 1986 veröffentlichte ich mehrere längere Artikel, die sich kritisch mit der aktuellen Literatur der »Neuen Epoche« unter der 1978 begonnenen Reformpolitik auseinandersetzten, und auch einen Essay, in dem ich Prof. Li Zehou, den berühmten Philosophen, scharf angriff. Diese Arbeiten wurden in der damaligen Kulturszene heftig diskutiert und brachten mir den Beinamen »Dark Horse« ein. Darunter versteht man im landläufigen Sinne einen zwar noch wenig bekannten, aber vielverprechenden Newcomer. Im Zuge der »Kampagne gegen die Liberalisierung« von 1987 wurde ich von He Dongchang, dem damaligen Chef der Staatlichen Erziehungskommission, persönlich gerügt. Er wollte, dass mich die Pädagogische Universität nicht als Doktorand zulässt und mir die Lehrbefähigung entzieht. Aber Professor Huang war nicht umsonst 1957 als einer der sechs großen »Rechtsabweichler«-Professoren verfolgt worden. Nach seiner Rehabilitierung genoss er an der Pädagogischen Universität enormen Respekt und saß auch im Ständigen Ausschuss der Politischen Konsultativkonferenz, die sich aus verschiedenen staatlich genehmigten Repräsentativorganisationen außerhalb der KP zusammensetzt. Deshalb konnte die Erziehungskommission ihn nicht umgehen, wenn sie einen seiner Doktoranden ausschließen wollte. Also schickte das Erziehungsministerium jemanden zu ihm, und Professor Huang hat diesem Abgesandten der Erziehungskommission ungefähr so geantwortet: »Ich habe die Arbeiten von Liu Xiaobo gelesen und finde sie von der fachlichen Auseinandersetzung her interessant. An unserer Universität herrscht immer noch eine gedrückte akademische Atmosphäre. Mein Student Liu Xiaobo hat viel Echo hervorgerufen und die akademische Atmosphäre dadurch deutlich belebt. Das ist sehr vorteilhaft für die Reichhaltigkeit der Forschung und des Kulturlebens.« Nur weil ich unter dem Schutz der Professoren Huang Yaomian und Tong Qingbing stand, wurde ich nicht hinausgeworfen und schließlich im Juni 1988 erfolgreich promoviert.

Aber es gab auch noch ein Leben außerhalb der Hochschule. Kurz nach seinem Magisterabschluss 1984 heiratete er noch im selben Sommer seine Freundin Tao Li. Sie war damals gerade dem Peking-Sprachinstitut als Lehrkraft zugeteilt worden. Xiaobo wohnte zunächst über ein Jahr bei ihr im Wohnheim des Sprachinstituts, das eigentlich Unverheirateten vorbehalten war. 1984 erhielt Xiaobo die Magisterwürde und begann offiziell, im Institut für Chinesische Philologie an der Pädagogischen Universität zu unterrichten. Daher bekam er später auch ein Zimmer in einem alten Lehrerwohnheimgebäude mit dem Spitznamen »Röhrenhaus« zugewiesen. Tao Li zog nun zu ihm. Ungefähr zu dieser Zeit qualifizierte sich Xiaobo auch als Doktorand.

Die später eingestellte Zeitschrift *Der Universitätsstudent* enthielt in ihrer Erstnummer 1989 den Artikel »Der verrückte Liu Xiaobo«. Der Stil dieses Textes war noch ziemlich unreif, gleichwohl will ich aus der Beschreibung von Xiaobos damaligem Leben als Universitätslehrer und Doktorand ein paar Zeilen zitieren:

Liu Xiaobo ist ein zügelloser Charakter: Seine Gesichtshaut ist ganz braun und verrät seine Sturheit – hinter seinen dicken Brillengläser blitzen zwei gierige Augen hervor, als ob sie einen zu irgendetwas nötigen wollen. Er ist ein ganz normaler Mann, aber seinen Stolz kann man ihm von der Stirn ablesen. Beim besten Willen kann man jedoch von seinem Aussehen her keine besonderen Fähigkeiten an ihm entdecken. Er sieht überhaupt nicht wie ein Gelehrter aus. Wenn er nicht spricht, wirkt er eher wie ein kräftiger Lokomotivführer oder Weichensteller. Liu Xiaobo ist es noch nie in seinem Leben in den Sinn gekommen, einen Anzug zu tragen. Oft erscheint er in alten Jeans und Pantoffeln, als ob er sich damit aufspielen wollte.

Der Zeitschriftenkolumnist Wang Xiaoshan, ein früherer Student von Liu Xiaobo und auch einer der 303 Erstunterzeichner der Charta 08, des Demokratisierungsmanifests, weswegen Liu Xiaobo heute eine 11-jährige Haftstrafe ableisten muss, erinnert sich: »1986 war mein erstes Jahr an der Universität. Damals unterrichtete Liu Xiaobo nicht in unserem

Jahrgang, aber alle Kommilitonen wussten, dass Liu Xiaobo als Einziger sowohl hoch qualifiziert war als auch mit den Studenten zusammen Spaß haben konnte. Er kam oft ins Studentenwohnheim, um sich mit allen zu unterhalten. Er kam sogar auf den Sportplatz und machte bei den Ringkämpfen mit. Andere beliebte Lehrer wie Wang Furen, Ren Hongyuan und Lan Lizhi luden uns auch gerne auf ein Glas ein, aber auf den Sportplatz wären sie nie gekommen.

Damals war Liu Xiaobos Gesundheit ausgezeichnet und er galt als ein guter Ringer. Später war er ja oft im Gefängnis, und seine Gesundheit lange nicht mehr so gut wie früher. Aber er hat eine gute Konstitution, und sein Optimismus ist ungebrochen.«

5

DAS SCHWARZE PFERD

Die Literaturzeitschrift *China* brachte in ihrer Ausgabe vom April 1986 Liu Xiaobos literaturkritischen Aufsatz »Unumgängliche Überlegungen«. Darin zeigte sich bereits die charakteristische Schärfe seiner Kritik. Er analysierte einige literarische Werke, die damals in China sehr bekannt waren. Der Mathematiker Chen Jingrun in Xu Chis Reportage *Die Goldbach'sche Vermutung* war laut Liu Xiaobo nur an der Wissenschaft und überhaupt nicht an Politik interessiert. Dadurch wurde diese Gestalt definiert. Lu Wenting war in Chen Rongs Erzählung *In mittleren Jahren* als gute Ärztin, gute Ehefrau und gute Mutter definiert. Xu Lingjun in Zhang Xianliangs Erzählung *Geist und Fleisch* sowie Tan Yonglin in der Erzählung *Aufforstung* desselben Autors galten als unkonventionelle beziehungsweise in Not geratene Talente.

All diese Werke glorifizierten intellektuelle Gestalten – es geschah also genau das Gegenteil zum herrschenden Trend in der Kulturrevolution, in der gebildete Menschen grundsätzlich zur Hölle verdammt waren.

Allerdings muss man sehen, dass all diese Intellektuellen in der Literatur der Neuen Epoche keineswegs bewusst eine bestimmte Rolle oder gar eine Mission in dieser neuen Zeit übernahmen und sich auch nicht mit den tieferen Ursachen des tragischen Schicksals der Intellektuellen in der Kulturrevolution beschäftigten. Liu Xiaobo schrieb dazu:

Schon an der Oberfläche lässt diese Blindheit der jetzigen Intellektuellen erkennen, dass der Einfluss der in der Kulturrevolution vorherrschenden extrem linken Parteilinie immer noch existent ist. Auf einer tieferen Ebene zeigt sich, dass das traditionell feudale Bewusstsein nicht nur in anderen Gesellschaftsschichten, sondern gerade auch in der gebildeten Klasse im Hintergrund weiterhin stark spürbar ist.

Anfang September 1986 hielt das Forschungsinstitut für Literatur an der Chinesischen Akademie für Sozialwissenschaften gemeinsam mit der Zeitschrift *Literary Reviews (Wenxue Pinglun)* die »Tagung zur Diskussion der ersten zehn Jahre in der Literatur der Neuen Epoche (1976–1986)« im Pekinger Freundschaftshotel ab. An diesem signifikanten Ereignis nahmen etablierte Kritiker aus allen Landesteilen und viele berühmte Schriftsteller teil – insgesamt wohl etwa 300 Menschen. Man wollte die Entwicklung der chinesischen Literatur in den zehn Jahren seit dem Ende der Kulturrevolution, also 1976 bis 1986, beleuchten und zusammenfassen. Allgemein wurden praktisch alle literarischen Werke, die nach der Kulturrevolution in China erschienen sind, der Neuen Epoche zugerechnet. Die meisten Teilnehmer betonten am ersten Kongresstag die enormen Errungenschaften dieser Neuen Epoche. Oft wiederholte Sätze waren: »Die Literatur der Neuen Epoche knüpft an die Zeit der Moderne nach dem 4. Mai 1919 an« und »Es handelt sich hier um eine weitere tief greifende Revolution in der Geschichte der modernen chinesischen Literatur«.

Der Höhepunkt des Kongresses war der dritte Tag. Zuerst sprach der Kritiker Li Jie, Dozent für Chinesische Philologie an der Pädagogischen Universität Ostchina in Schanghai, über Humanismus in der Literatur. Dann kam Liu Xiaobo an die Reihe. In scharfen Worten kritisierte er die gesamte moderne und zeitgenössische Literatur in China. Außer Lu Xun habe es in dieser ganzen Zeit kaum wirklich gute Schriftsteller gegeben.

Der Titel von Liu Xiaobos Präsentation war »Die Krise der Literatur der Neuen Epoche«. Als Maßstäbe galten ihm einerseits Lu Xun und die von ihm repräsentierte Literatur nach dem 4. Mai 1919 und andererseits die westliche Moderne. Er negierte praktisch alles, was seine Vorredner an der Neuen Epoche gelobt hatten. Ein derart extremer und dabei sehr selbstbewusst vorgetragener Standpunkt wirkte erstaunlich und aufrüttelnd.

Stockend und mit einem Akzent, der seine Herkunft aus dem Nordosten verriet, sagte Liu Xiaobo auf dieser Tagung: »Die aktuelle chinesische Literatur ist eine plumpe Nachahmung der klassischen Literatur.« Es war ein Sturmangriff auf die Ohren der versammelten Kritiker, Schriftsteller und Literaturwissenschaftler. Andererseits waren die 80er-Jahre ja durchaus eine Zeit von Sturm und Drang, die eine »tief gehende Einseitigkeit« geradezu förderte. Liu Xiaobos unerschrockene, radikale Kritik machte ihn jedenfalls zum Brennpunkt der Tagung. Einer der Anwesenden lobte »seinen festen Standpunkt und seine ehrliche Sorge«.

Der damals ebenfalls anwesende Schriftsteller Li Qingxi erinnert sich:»Wäre da nicht Liu Xiaobo vorgeprescht, den man danach sofort als ›Dark Horse‹ bezeichnete, wäre es eine ziemlich uninteressante Tagung gewesen. Liu Xiaobo war damals noch Doktorand, aber er sprach völlig unerschrocken und hatte den Kopf voll mit grandiosen Ideen. Zuerst hatte er ja nur in seinem Fach im relativ kleinen Kreis seine»Krise der Neuen Epoche« vorgetragen, aber dann ließ man ihn auch vor der großen Versammlung reden.

Ich weiß nicht, ob Liu Zaifu, der damalige Leiter des Forschungsinstituts für Literatur an der Akademie der Sozialwissenschaften, wusste, dass Liu Xiaobo die Tagung derart durcheinanderbringen würde. Und wenn er etwas ahnte, wollte er es vielleicht gar nicht verhindern. Möglicherweise war seine Absicht, dass jemand einmal kräftig umrührte. Liu Xiaobo sagte damals, die ersten zehn Jahre dieser Neuen Epoche seien voller Krisen gewesen und die Literatur dieser Zeit sei gar nicht so glorreich, wie einige behauptet hatten. Viele Schriftsteller würden fortdauernd wiederholen, was andere oder sie selbst bereits gemacht hätten. Und die Hauptströmung der Neuen Epoche sei keineswegs eine Fortführung der Neuen Literatur der Moderne nach dem 4. Mai 1919, sondern ein stümperhafter Abklatsch der klassischen Literatur – das zielte natürlich auf die sogenannte Suche nach den Wurzeln.

Ich finde Liu Xiaobos Gedankengänge von damals sehr klar und gut strukturiert. In seinem extemporierten Vortrag über die Krisenhaftigkeit der Neuen Epoche postulierte er, wenn man über diese Neue Epoche nachdenke, dürfe man nicht nur die aktuelle Entwicklung der Literatur berücksichtigen.

Ebenso wichtig sei die allgemeine kulturelle Entwicklung. Es gehe darum, ob die zeitgenössischen Intellektuellen dazu fähig seien, die Tradition fortzusetzen, die nach dem 4. Mai 1919 begonnen habe, nämlich die geistige Aufklärung, die tausende Jahre voller feudaler Traditionen hinwegfegen und die tief verwurzelten schlechten Gewohnheiten der Chinesen gründlich verändern müsse.

Die etablierten Kritiker sprachen damals von den »zehn glorreichen Jahren« der »Neuen Epoche«, von einem »neuen Gipfelpunkt in der chinesischen Literatur, vergleichbar mit der Moderne nach dem 4. Mai 1919«. Das war nicht nur eine Selbstbeweihräucherung, sondern eine Fortsetzung der Tradition einer Literatur, die den offiziellen Erwartungen entsprach. Liu Xiaobo hatte dagegen zwei definitive Maßstäbe verwendet, um die Literatur der Neuen Epoche zu beurteilen: die Werke von Lu Xun und die aktuellen Werke der Weltliteratur.

In Liu Xiaobos Augen hatte die Neue Epoche in ihren ersten zehn Jahren die Neue Literatur nach der 4.-Mai-Bewegung in keinem Aspekt übertroffen. In der Diskussion über den moralischen Charakter der Menschen in China sei Gao Xiaosheng nicht über Lu Xun hinausgekommen. Wenn es um Sex und Geschlecht gehe, könne Zhang Xianliang dem Modernisten Yu Dafu ganz klar nicht das Wasser reichen. Auf dem Gebiet moderner literarischer Techniken wie dem »Stream of Consciousness« und anderen Verfahren des 20. Jahrhunderts sei der Romancier Wang Meng (der damals gerade Kulturminister wurde) kaum mit Erzählern wie Shi Zhecun und Mu Shiying zu vergleichen, die im Schanghai der 30er-Jahre aktiv gewesen waren.

Liu Xiaobo schrieb:

Die Krise, die ich in der Literatur der Neuen Epoche bemerke, sehe ich nicht deshalb, weil sie die Literatur der 5.-Mai-Bewegung fortführen will. Ich sehe vielmehr eine plumpe Nachahmung der klassischen Literatur. Diesen Schluss ziehe ich aus zwei Gründen. Wenn man die letzten zehn Jahre in Längsrichtung durchgeht, ist die »Suche nach den Wurzeln« der markanteste Trend. Für mich zeigt sich darin ein rückwärtsgewandtes Bewusstsein, eine Regression, gerade von den Überzeugungen her. Wenn man querdurch blickt, sind die Werke der meisten Schriftsteller zu sehr durch Rationalität eingeschränkt, die künstlerische Fantasie ist zu schwach. Es fehlt an einer Schaffenskraft, die direkt vom Leben und von den Dingen an sich ausgeht. Wir haben die Techniken der westlichen Moderne kopiert, aber wir gehen dabei nicht von unserer eigenen Erfahrung aus, deshalb ist es nicht Fisch noch Fleisch.

Liu Xiaobo kritisierte besonders ein bestimmtes Bewusstsein, das er hinter der »Suche nach den Wurzeln« vermutete. Die Literatur der Neuen Epoche wende sich zwar gegen die Kulturrevolution, sagte er, aber gleichzeitig kehre sie in die 1950er- und 1930er-Jahre zurück, denn damals habe man sich ebenfalls der Tradition zugewandt.

Der Erzähler Wang Zengqi, der schon zu den älteren Schriftstellern gerechnet wurde, habe die Suche nach den Wurzeln begründet. Der junge Autor A Cheng treibe nun die Propagierung von Taoismus und Chan(Zen)-Buddhismus auf die Spitze, das sei nichts anderes als eine blinde Rückkehr zu traditionellen Werten. Einige Schriftsteller, die bereits gute Werke hervorgebracht hätten, würden nun zurückstecken, und dieses Zurückstecken zeige die übergroße Lebenskraft der traditionellen Kultur. Wenn man in der Tradition einen Ausweg suche, verursache man damit eine Krise in der literarischen Produktion. Die traditionelle Kultur sei gegen Sinnlichkeit und Spontanität und habe daher eine allgegenwärtige Impotenz verursacht. Das äußere sich in einer Verhärtung der Überzeugungen in der Literatur und in einer Austrocknung der Kunst. Chinesischen Schriftstellern fehle es an Bewusstsein für das Geschlecht, ihre Lebenskraft sei verkümmert und zurückgebildet. Außerdem fehle es ihnen meist an Empfindsamkeit für wirkliche Not. Die Erfahrungen der Autoren seien zu sehr von den Moralvorstellungen der Gesellschaft geprägt. Deshalb könne man auf die Errungenschaften der Literatur der Neuen Epoche keineswegs stolz sein, es würden sich vielmehr zahlreiche krisenhafte Erscheinungen hinter den angeblichen Erfolgen verbergen.

Liu Xiaobo meinte, es komme schließlich darauf an, welche Sorte von Mensch man sei. Das lief sogar auf Zweifel am eigenen Volk hinaus. »Wenn wir diese Krisen überwinden wollen, müssen wir zugeben, wir haben nicht nur Probleme mit unserer Nation, sondern auch damit, welche Sorte von Mensch wir denn sind. Es wird deshalb sehr schwierig sein, die angesprochenen Krisen zu überwinden.«

Zuletzt kam Liu Xiaobo auf seine Einstellung zur Literatur und auf seine Werte zu sprechen. Er sagte: »Zugespitzt formuliert halte ich überhaupt nichts von Rationalität. Jede Beimischung von irgendwelchen rationalen Faktoren in der Beurteilung von Literatur kann nur der Reinheit des ästhetischen Urteils schaden. In China hat es keinen Zweck, von einer Einigung zwischen Sinnlichkeit und Vernunft zu sprechen. Diese Kämpfe zwischen Sinnlichkeit und Vernunft, Geist und Fleisch, Instinkt und Zivilisation, Natur und Gesellschaft etc. hat es in der ganzen Menschheit immer schon gegeben. Vermittlung hat überhaupt keinen Zweck. Wenn man mit einer traditionellen Kultur im Dialog steht, muss man einige Dinge einfach auf die Spitze treiben: Sinnlichkeit, Unvernunft, Instinkt und Verlangen. Gier und Verlangen haben mit Sex und mit Geld zu tun; Verlangen assoziiert man mit Geschlecht, Gier eher mit Geld. Geld ist doch etwas Gutes. Jeder, der Geld sieht, kriegt leuchtende Augen. Und Geschlecht, das ist doch auch nicht schlecht, egal wie viele Moralapostel oberflächlich die Nase rümpfen.«

Der Schriftsteller Li Qingxi erinnert sich, wie er am Tag nach Liu Xiaobos Vortrag gerade mit zwei Redakteuren der Zeitschrift *Freies Gespräch über Literatur* in seinem Zimmer sprach. Sie hatten die Tür nicht geschlossen und deshalb sei Liu Xiaobo einfach in seinen Pantoffeln zu ihnen hineingeschlurft. Li Qingxi fragte ihn: »Findest du deine Überzeugungen nicht selbst etwas übertrieben?« Liu Xiaobo lächelte und sagte: »Lu Xun hat ja auch gemeint, die Chinesen seien so verstockt, dass dich niemand beachtet, wenn du ein Fenster aufmachst. Du musst gleich das ganze Haus abreißen, bevor dich irgendjemand wahrnimmt.«

2007, also über zwanzig Jahre später, hielt der damals von Liu Xiaobo kritisierte Schriftsteller und Kulturminister (1986–1989) Wang Meng an der Meeres-Universität Qingdao eine Vorlesung über Literatur. Dabei konnte er sich einen Seitenhieb auf Liu Xiaobo nicht verkneifen – offenbar, weil es ihn immer noch ärgerte, wie er damals von diesem jungen Kritiker abqualifiziert worden war. »Wo ist denn heute dieses ›Dark Horse‹, wo galoppiert es denn herum? Hört man denn überhaupt noch etwas von ihm?«

Der Anwalt Liu Luzheng, ein guter Freund von Liu Xiaobo, war zufällig auch unter den Zuhörern. Er schrieb etwas auf einen Zettel und ließ ihn weiterreichen. Wang Meng empfing den Zettel und bekam sofort einen starren Blick – wollte den Wortlaut aber offenbar nicht vorlesen. Im Licht der Lampe wurde sein Gesicht ganz weiß, er versprach sich mehrmals, nur um das vorgezogene Ende seiner Vorlesung zu verkünden. Dann verließ er wutentbrannt den Saal. Auf dem Zettel stand: »Verehrter Herr Exminister, Liu Xiaobo ist in Peking und veröffentlicht jeden Tag einen Artikel gegen das despotische System. Und was machen Sie? Während seine Stimme gelöscht wird, reden Sie hier Quatsch mit Soße und werden nicht einmal rot!«

Liu Xiaobos Vortrag auf dem Kongress wurde noch am selben Abend zu seinem Kommilitonen Xu Jingya in die Redaktion der Zeitung *Shenzhen Youth Daily* gefaxt und auf der Titelseite unter der Schlagzeile »Krise! Krise der Literatur der Neuen Epoche!« veröffentlicht. In einem »Kommentar der Redaktion« wurde Liu Xiaobo zum ersten Mal als »Dark Horse« bezeichnet – das blieb von nun an sein Spitzname.

Xu Jingya schrieb:
Auf der Anfang September veranstalteten »Tagung zur Diskussion der ersten zehn Jahre in der Literatur der Neuen Epoche« preschte auf einmal von irgendwoher ein schwarzes Pferd herein. Dieses »Dark Horse« war der junge Doktorand Liu Xiaobo, und sein Ruf war: »Krise! Die Literatur der Neuen Epoche steht vor einer Krise!«

Anfang September 1986 veranstaltete das Forschungsinstitut für Literatur an der Chinesischen Akademie für Sozialwissenschaften die »Tagung zur Diskussion der ersten zehn Jahre in der Literatur der Neuen Epoche (1976–1986)«. Auf dieser Tagung überraschte der junge Kritiker Liu Xiaobo mit seinem spontan gehaltenen Vortrag»Die Krise der Literatur der Neuen Epoche« und wirkte wie eine kalte Dusche auf die zuvor gehaltenen Lobeshymnen. Deshalb wurde er von den bereits etablierten Theoretikern, die sich nicht aus der Ruhe bringen ließen, als dahergelaufenes»Dark Horse« bezeichnet. Solche schwarzen Pferde, solche Geheimtipps, sind in den letzten Jahren immer wieder ganz plötzlich in der literaturwissenschaftlichen Szene aufgetaucht. Alle wohlmeinenden»alten Rösser« sollten nicht nur überrascht, sondern auch froh sein, wenn sich die Szene belebt.

Dieser Zeitungsartikel rief ein ungeahnt großes Echo hervor und wurde von vielen offiziellen Medien übernommen. Liu Xiaobo war über Nacht berühmt geworden.

Der Poesiespezialist Xu Jingya kannte seinen Kommilitonen Liu Xiaobo sehr gut und fasste dessen Vortrag sogleich ganz praktisch in 17 Punkten zusammen

1) *Der Literaturszene in China fehlt es an herausfordernden Gestalten.*

2) *Die sogenannten obskuren Dichter um Bei Dao und der Modernismus, den sie vertreten, sind der einzige Hoffnungsschimmer.*

3) *Ich habe einst ebenfalls Lobeshymnen auf die Literatur der Neuen Epoche gesungen, aber das tue ich jetzt nicht mehr.*

4) *Die blinde Glorifizierung der Literatur der letzten zehn Jahre rührt daher, dass wir Chinesen gerne bittere Speisen essen.*

5) *Bis heute hat noch niemand Lu Xun übertroffen.*

6) *Die Tragödie der Chinesen ist ihr mangelndes Gefühl für Krisen und ihre fehlende Desillusionierung.*

7) *Wenn man heute über Literatur spricht, kann man sich überhaupt nicht auf die Literatur konzentrieren, denn die Trägheit der chinesi-*

schen Intellektuellen ist viel schlimmer als alle schlechten Gewohnheiten im Volk.

8) Die Literatur der Neuen Epoche wird von der »Suche nach den Wurzeln« repräsentiert, dabei zeigt sich ein rückwärtsgewandtes Bewusstsein. Das ist die Krise, von der ich spreche.

9) Wenn man von einem bahnbrechenden Werk der Neuen Epoche ausgeht, also etwa von Liu Xinwus Klassenlehrer, dann sieht man gleich, dass diese Literatur ihr Heil in den 50er-Jahren sucht. Wenn man dieses Gleis verlängert, sieht die Strecke ungefähr so aus: »demokratische Revolution« der 50er-Jahre – Geistergeschichten aus der Ming- und aus der Qing-Dynastie – urtümlicher Stil der Alten – Taoismus und Zen-Geschichten – Schöpfungslegende und die mythischen ersten Kaiser von China.

10) Im Westen wendet man sich dem eigenen Erbe zu, um sich gegen die Tradition zu stellen. Bei uns wird sie nur bejaht.

11) Das Ziel der »Suche nach den Wurzeln« sollte darin bestehen, mit einer scharfen Axt Wurzeln zu kappen. Frühere Strömungen ähnlicher Art liefen auch nur auf irgendwelche Arten von Neokonfuzianismus hinaus.

12) Einige Schriftsteller, die bereits etwas geleistet haben, beginnen zurückzustecken. Das ist eine große Enttäuschung.

13) Wenn wir uns nach rückwärts wenden, bleibt die chinesische Kultur in einem Kreislauf innerhalb ihres eigenen abgeschotteten Systems gefangen. Der Ausweg kann nur in einem Streben nach Abweichung bestehen, indem man sich an dem orientiert, was von außen heranstürmt.

14) Die traditionelle chinesische Kultur unterdrückt Sinnlichkeit und Spontanität, damit erzeugt sie geistige Impotenz. Daraus resultieren folgende krisenhafte Erscheinungen in der Literatur: verhärtete Überzeugungen und ein Austrocknen des Formenbewusstseins, Konflikte finden nur modellartig statt, überall gibt es unzulässige Vereinfachungen und Klischees im Detail.

*15) Den chinesischen Autoren fehlt es an Empfindsamkeit für Not und
Elend. Sie sind auch nicht fähig, das Leben auf eine metaphysische
Ebene der Vitalität zu heben.*

*16) Die Krise der heutigen Schriftsteller besteht darin, dass sie sich stän-
dig selbst wiederholen.*

*17) In der Literatur der Neuen Epoche aus den letzten zehn Jahren gibt
es kaum etwas, worauf wir besonders stolz sein können. Auf einer
höheren Ebene der Betrachtung können wir die Krise nicht überwinden, wenn wir nicht so wie nach dem 4. Mai 1919 die traditionelle
alte Kultur vollkommen verneinen und uns zugleich von den Fesseln
der dogmatischen Rationalität befreien.*

Auf die Veröffentlichung von Liu Xiaobos Vortrag in der
Shenzhen Youth Daily folgte eine ganze Reihe von Artikeln, die
seine Thesen debattierten. Liu Xiaobos »Krisenthese« wirkte tatsächlich aufrüttelnd auf die Kulturszene in China.Er
war wie eine Fackel, die plötzlich die ganze Szene mit einem
Mal heftig entflammte. Die Ausgabe der *Shenzhen Youth Daily*
mit der krisenhaften Schlagzeile auf dem Titel wurde zu einem teuer gehandelten Sammlerstück. Die Käufer mussten
aus dieser einen Schlagzeile etwas Erregendes heraushören,
das sich von den tausenden gleichgeschalteten Stimmen unterschied, die sie ansonsten gewohnt waren.

Später hieß es, Liu Xiaobo habe in diesen Tagen seine erge-
benen Jünger mit vervielfältigten Exemplaren jener Titelge-
schichte an alle Hochschulen der Hauptstadt geschickt und
deshalb sei sein Name unter den Studenten in Peking damals
so rasch bekannt geworden.

6

GEGEN DIE GROSSEN DENKER

Es war die Zeit, in der sich die Literatur einerseits mit dem Personenkult Maos und andererseits mit der Aufarbeitung der jüngeren Geschichte zu beschäftigten begann. Gleichzeitig standen sich Parteikultur und traditionelle Kultur feindlich gegenüber. Das führte zu einem absoluten Stillstand. In dieser Situation konnte das »Dark Horse« Liu Xiaobo – die Ausnahmeerscheinung in den Kreisen der chinesischen Literaten – so richtig losstürmen. In der zehnten Ausgabe des Jahres 1986 der Monatszeitschrift *China* veröffentlichte er den Artikel »Dialog mit Li Zehou – Wahrnehmung, Individuum und persönliche Entscheidung«. Dieser erregte auf dem ganzen chinesischen Festland großes Aufsehen und führte zu zahlreichen Diskussionen. Die traditionelle chinesische Kultur stand damals im Mittelpunkt von Debatten, die durch diesen Artikel vehement verstärkt wurden. Liu Xiaobo war mit einem Schlag zum Hauptvertreter der Kritik geworden und zog viel Aufmerksamkeit auf sich.

Einige Doktoranden von Li Zehou luden Xiaobo zu einer Diskussion ein. Der Professor selbst hielt sich allerdings zurück und vermied den direkten Kontakt mit dem streitbaren Heißsporn. Die Situation, in der sich Liu Xiaobo befand, lässt sich gut mit dem alten chinesischen Bild des am Firmament galoppierenden Himmelsrosses beschreiben. Nach den ebenso alten Strategien – den Kriegs- und Überlebenslisten – sollte man die persönliche Begegnung besser vermeiden und sich indirekt mit dem Gegner auseinandersetzen.

Die Diskussion fand in der Mensa des Instituts statt und fast alle Studenten kamen zu dieser Veranstaltung. Die fünf Doktoranden von Li Zehou waren wütend. Sie meinten, Liu Xiaobo habe ihren Professor beleidigt, und legten es auf ein richtiges Wortgefecht an. Am Abend fand man jedoch bereits die ersten kleinen Wandzeitungen an den Brettern der Mensa, in denen geschrieben wurde, dass die Mitarbeiter ihren Chef nicht verteidigt, sondern eher blamiert hätten. Die Teilnehmerin Cheng Yinghong erinnerte sich noch ein Jahr später an den »Pulverdampf«, der über der Debatte gehangen habe.

Der Impuls, der damals von Liu Xiaobos Ideen ausging, war enorm. In China konnte man in der Regel schon an der Sprache, der Wortwahl, der Ausdrucksweise oder dem Schreibstil auf die Herkunft des Autors schließen. Liu Xiaobo kam aus dem Nordosten, wo man offener, direkter, vielleicht auch etwas gröber sprach. Diesen Eindruck vermittelte er bei allen seinen Äußerungen und machte dadurch die Besonderheiten des Nordens etwas bekannter. Zu jener Zeit war der kulturelle Einfluss Hongkongs und Taiwans noch nicht spürbar und so wurden die Unterschiede in Liu Xiaobos Stil als sehr deutlich empfunden. Sie schienen sogar willkommen zu sein.

Der Geisteswissenschaftler Huang Yang hat zehn Jahre später den philosophischen Hintergrund des »Phänomens Liu Xiaobo« in einem Artikel unter der Überschrift »Gao Ertai, der Vertreter der neuen Strömung der modernen chinesischen Ästhetik« wie folgt analysiert:

Liu Xiaobo behauptet in seinem 1986 erschienenen Artikel »Dialog mit Li Zehou – Wahrnehmung, Individuum und persönliche Entscheidung«, Li Zehous theoretische Grundlage der Bewertung traditioneller Kultur sei ein »unbrauchbarer Bodensatz«. Die traditionelle Kultur sei aber ein Produkt eben dieses Bodensatzes. Die Gedanken von Li Zehou beruhten auf der Vernunft als Grundlage der Gesellschaft, dem Wesen der konfuzianischen Erziehung und den Konzepten der Philosophen Kant und Hegel. Liu Xiaobo hat dazu eine Reihe von mutigen Gegenthesen aufgestellt.

Liu Xiaobo sagte sinngemäß Folgendes:
Für Li Zehou seien Gesellschaft, Vernunft und konfuzianische Erziehung das Wichtigste in der Philosophie und Ästhetik, während er, Liu, das Individuum, dessen Wahrnehmung und Erscheinung für unwesentlich halte.

Li Zehou sehe nur das Ganze, er das Individuelle.

Li Zehou gehe über den unbrauchbaren Bodensatz in die Vergangenheit zurück, er, Liu, suche den Durchbruch in die Zukunft.

In Bezug auf traditionelle Kultur gelte für Li Zehou: Eins teilt sich in zwei, gut und schlecht sind deutlich voneinander getrennt, man kenne nur entweder höchste Vollendung oder Abschaum. Für ihn selbst müsse alles verneint werden, es gebe nichts Gutes, sondern nur Schlechtes.

Li Zehou erkenne das Wertvolle der chinesischen Kultur an und gehe davon aus, dass die Herrscher das Volk achten. Er glaube an die konfuzianischen Werte, trete für deren Wiederbelebung ein und meine, dass Teile dieser Lehre durchaus anwendbar seien. Er jedoch stehe auf den Ruinen des Konfuzianismus, verneine ihn komplett – selbst eine Teilbelebung dürfe es nicht geben, sie sei letztlich doch eine volle Wiedereinsetzung.

Für Li Zehou gelte der Bezug auf traditionelle Werte mehr als Selbstbestätigung denn als Reflektion und es gebe in beidem einen Hoffnungsschimmer für die Welt. Für ihn, Liu, aber gelte eher Selbstverneinung. Was man sehe, sei nur Dunkelheit. Die Tradition führe zum Ersticken – alles sei nur Illusion, sei kaputt und hoffnungslos.

Durch Liu Xiaobos »Sturm« wird der »unbrauchbare Bodensatz« weggewischt. Nur ein kräftiger Stoß bringt die Gesellschaft voran. Es erfolgt eine Gleichsetzung von Bodensatz und Tradition. Damit werden alle traditionellen Werte verneint. Die Chinesen sollten endlich darüber nachdenken und Schlussfolgerungen ziehen.

Durch solche Thesen machte Liu Xiaobo die Gesellschaft auf sich aufmerksam. Das war das »Liu-Xiaobo-Phänomen«. Es brachte eine breite Diskussion über kulturelle Werte in Gang. Vielen wurde dadurch klar, welche Bedeutung Humanismus und Demokratie für den chinesischen Staat haben müssten. Andere meinten, dass das »Dark Horse« eines Tages durchgehen werde. Das würde der Preis sein für das Hochhalten der Fahne des 4. Mai 1919 und für die Fortführung der Ideen seines literarischen Vorreiters Lu Xun, der das Volk schon am Anfang des 20. Jahrhunderts hatte aufwecken wollen.

Liu Xiaobo konnte seine Ideen und Gedanken kaum noch zügeln. Er griff auf seinen Artikel »Dialog mit Li Zehou – Wahrnehmung, Individuum und persönliche Entscheidung« zurück und machte ein ganzes Buch daraus. Es wurde 1987 vom Volksverlag Schanghai unter dem Titel *Die Wahl der Kritik – Im Dialog mit Li Zehou* herausgebracht und erschien 1989 im Fengyun-Verlag in Taiwan in einer Neuausgabe. Das Buch bestand aus drei Teilen: einer Einführung »Die chinesischen Intellektuellen als Gegner der Tradition«, dem zweiten Teil »Wahrnehmung, Individuum und persönliche Entscheidung« und dem dritten Teil »Herrscher und Volk sind eins – eine Form extremer Versklavung«. Im Vorwort schrieb er:
Für mich ist dieses Buch nicht nur ein Dialog mit Herrn Li, sondern auch ein Dialog mit der chinesischen traditionellen Kultur und den heutigen Intellektuellen. Dadurch möchte ich mich als Individuum mit meinem Recht auf Existenz darstellen. Es ist höchste Zeit, mit der Heuchelei, dem Personenkult und der Angst vor Autorität im Bereich der Wissenschaft Schluss zu machen.

Dieses Buch war keine wissenschaftliche Untersuchung, sondern eine Dokumentation der Dialoge. Es enthielt allerdings kein einziges wörtliches Zitat von Li Zehou. Der Autor wies in seinem Vorwort darauf hin und sagte, dass es sich bei einem solchen Werk auch bei umfangreichen Verweisen nicht vermeiden lasse, dass jedes Zitat von den Kritikern aus dem Zusammenhang gerissen werde. Aus diesem Grund habe er ganz darauf verzichtet.

Im Internet findet man immer noch Kommentare zu diesem Buch. Eine dieser Kritiken entzündet sich bereits am Vorwort:

Was Liu Xiaobo mit dem Vorwort bezweckt, ist doch nur eine eitle Selbstdarstellung.

Zur Verdeutlichung wird das bekannte chinesische Bild eines Marktstandes geschildert, an dem ein Fleischer unter einem aufgehängten Lammkopf nur billiges Hundefleisch auslegt. *In dem Buch will Liu seine Gedanken unter der Marke Li verkaufen. Es geht dem Autor nicht um ein persönliches Gespräch, sondern um das gesamte Gedankengebäude des Philosophen Li Zehou – deswegen wird er die Zitate unterschlagen haben.*

In China wird man als Neuling nur dann bekannt, wenn man den ersten Vertreter eines Faches in einer wissenschaftlichen Auseinandersetzung direkt angreift – dadurch erregt man Aufmerksamkeit. Liu Xiaobos Entscheidung, den bekanntesten Vertreter seines Faches anzugreifen, war taktisch zweifellos richtig. Er fürchtete natürlich, von Li Zehou einfach ignoriert zu werden. Mit seiner Bemerkung »Wenn man selbstständig denken kann, dann muss man auch die Meinung anderer zur Kenntnis nehmen« brachte er Li Zehou allerdings in Zugzwang. Dieser musste nun die Herausforderung annehmen. Selbstständiges Denken ist in jeder Wissenschaft wichtig – wenn Li darauf nicht eingehe, würde er gegenüber seinen Kollegen das Gesicht verlieren.

7

DAS »LIU-XIAOBO-PHÄNOMEN«

Liu Xiaobo wurde von den jungen Studenten als Idol betrachtet und zu vielen Vorträgen eingeladen. Im privaten Gespräch sprach er meistens nur stotternd, wenn er aber auf dem Podium vor einem aufmerksamen Publikum stand, sprudelte es nur so aus ihm heraus. Er faszinierte seine Zuhörer und zog sie in seinen Bann. Auf einem Künstlerfest auf dem Campus der Peking-Universität begeisterte er die Zuhörer derart, dass sie ihn als einen »geistigen Führer« feierten – die Hörsäle waren bei seinen Auftritten bis auf den letzten Platz gefüllt.

Einmal wurde ein Zettel durch die Menge bis nach vorne auf das Podium gereicht. Er öffnete das Papier und las laut vor: »Liu Xiaobo, ich werde dich verprügeln.« Der Satz war kaum zu Ende gesprochen, da sprangen die Studenten, die in den ersten Reihen gesessen hatten, erregt auf und stürmten auf das Podium, wo sie ihn unter dem Ruf »Xiaobo, wir verteidigen dich!« mit ihren Körpern wie mit Schutzschilden in mehreren Reihen umgaben. Xiaobo krempelte die Ärmel seines

Hemdes hoch und rief:»Komm doch her, wenn du Mut hast!
Ich brauche gerade ein bisschen Übung.«

Am 12. Dezember 1986 stellte er in einem Vortrag an der
Qinghua-Universität erneut die traditionelle chinesische Kultur an den Pranger. Sie habe die Intellektuellen geistig kastriert, war eine seiner Kernaussagen. Die Intellektuellen hätten keine Menschlichkeit mehr, sondern übten sich nur noch
in Servilität. Tradition solle nicht nur zwischen höchster Vollendung und Abschaum unterscheiden, denn das führe nur zu
extremen Vorurteilen. Man könne nicht das Gute behalten
und das Schlechte wegwerfen. Also: Alles müsse weg. Die Welt
sei nun mal nicht harmonisch. Lebenskraft könne nur in extremen Situationen ihren Glanz entfalten. Keine Theorie sei
umfassend. Auch Vordenker wie Rousseau, Marx, Freud oder
Nietzsche seien entweder einseitig oder extrem gewesen.

Liu Xiaobo begann in jener Zeit von sich selbst so überwältigt zu sein, dass er in manchen Momenten seine Urteilsfä-
higkeit verlor. Einmal sagte er sogar:»Die chinesische Literatur ist auf Qu Yuan und Du Fu ausgerichtet; erst wenn sie
diese beiden überwunden hat, kann sie ihren eigenen Weg
finden. Nur auf einem Müllhaufen kann man Dinge ratio-
nal betrachten und in Zweifel ziehen, erst dann ist ein Neuanfang möglich.«

Langsam meldeten sich auch Gegenstimmen: Er sei zu großspurig und würde sich überall einmischen. Solche Kritik war
oft zu hören. Viele Fachleute empfanden Liu Xiaobos Kritik
an Li Zehou als äußerst unpassend. Sein Artikel sei geradezu niveaulos, es lohne sich kaum, darüber zu reden. Er wolle

nur seiner Unzufriedenheit Luft verschaffen. Manche waren sogar der Meinung, er sei kleinlich, habe Komplexe, liebe nur das Geld, möchte nur über Sex reden und gebrauche vulgäre Ausdrücke. Sein Doktorvater, Professor Huang Yaomian, hielt zu ihm und hob lobend hervor, dass er in Diskussionen auch kontroverse Standpunkte vertrat. Ein Wissenschaftler müsse in der Lage sein, seine eigenen Ansichten zu äußern und sachkundig zu argumentieren. Huang räumte ein, dass diese Meinungen gelegentlich zu einseitig und extrem seien. Er habe Xiaobo aber nicht davon abbringen können.

Der taiwanesische Geschichtsprofessor Lin Yusheng beurteilte Liu Xiaobo einmal so: »Auf dem Festland gibt es immer noch viele Intellektuelle, die die Ideen des 4. Mai hochhalten und die traditionelle Kultur ablehnen. Liu Xiaobo ist wohl einer ihrer Vertreter. Ich habe einiges von ihm gelesen, Essays und Kritiken. Sie erinnern mich an Bo Yang.«

Der australische Sinologe Geremie Barmé – ein guter Freund von Liu Xiaobo – hatte mehrfach in Taiwan und Hongkong Artikel über ihn veröffentlicht. Er beschrieb Xiaobos Stil als noch von der Kulturrevolution beeinflusst. Wenn Xiaobo jemanden als Weltverbesserer kritisiere, könne man seiner Einstellung entnehmen, dass er selbst auch als Erlöser auftreten möchte.

Ein anderer Betreuer seiner Doktorarbeit, Professor Tong Qingbing, meinte, Xiaobo werde zu Unrecht als einer bezeichnet, der nur eine große Klappe habe, nach Effekten hasche, angeberisch sei und zu Extremen neige. Er führte aus: »Ich kann mit gutem Gewissen sagen, Liu Xiaobo ist ein ehrlicher

Mensch. Er weiß nicht, was Marktschreierei ist und was die anderen Vorwürfe bedeuten. Er betreibt seine Wissenschaft so ehrlich und direkt, wie er sein Leben führt. Er ist geradlinig in den Inhalten und der Form seiner Artikel, ohne darauf zu achten, sich selbst zu schützen. Aus diesem Grund wird er so häufig angegriffen. Um sich der Wahrheit wegen nicht zu verbiegen, schaut er nicht wie die anderen nach links oder rechts und ist nicht ständig auf den eigenen Gewinn aus. Natürlich ist er emotional – er ist eben ein Dichter, daher ist er zuweilen einseitig und extrem. Aber er folgt nur seinem Gefühl. Das Schreiben und Reden erfordert bei ihm viele Emotionen. In der Tiefe spürt er, wie die feudale Tradition und der Konfuzianismus die chinesische Kultur ersticken und die Kraft der Chinesen verbiegen. Er hasst dies und gerät beim Reden darüber leicht aus der Fassung. Seine tiefgründigen Ansichten und seine oft einseitige und extreme Sprache werden aus einer einzigen emotionalen Quelle gespeist, führen aber in entgegengesetzte Richtungen. Sie sind wie die zwei Seiten einer Medaille. Er lässt keine Vorsicht walten, sonst würde er all seine Gedankenschärfe, seine Kritikfähigkeit und sein Talent einbüßen. Welcher große Kenner der chinesischen Geschichte und der übrigen Welt ist denn in seiner Ansicht nicht auch extrem gewesen? Ob einmal etwas aus ihm werden wird, hängt nur davon ab, wie er seinen eigenen Weg findet.«

Im Juni 1989 habe ich in einem Artikel unter der Überschrift »Keine andere Wahl – Liu Xiaobo vor und nach 1989« Folgendes geschrieben:

Damals war Liu Xiaobo ein Geheimtipp, schreckte jedoch rasch mit seinen kritischen Theorien die etablierte Literaturwissenschaft auf und mischte genauso schnell mit seinem gründlichen Rüstzeug an klassischer westli-

cher Philosophie die Gelehrtenwelt auf, die sich nach der Kulturrevoluti-
on gerade erst wieder formte. Bald sprach man vom »Liu-Xiaobo-Schock«
oder vom »Liu-Xiaobo-Phänomen«. An den Bücherständen der Haupt-
stadt war Lius Buch Die Wahl der Kritik – Im Dialog mit Li Zehou *so gefragt, dass man es nur für ein Vielfaches des ursprünglichen*
Preises bekam, und auch dann musste man zwangsweise noch zwei La-
denhüter dazunehmen.

1988 wurde Liu Xiaobos Doktorarbeit im Verlag der Pädagogischen Universität Peking unter dem Titel *Ästhetik und Freiheit*
veröffentlicht. Ein anderes Werk, *Im metaphysischen Nebel*, erschien 1989 im Volksverlag Schanghai. Nach der Verleihung
des Nobelpreises wurden diese Bücher im Internethandel unter dem Autor »Großer Stotterer« zu Raritäten und brachten viel Geld. Der Preis für die Doktorarbeit stieg von 2,8 (30
Cent) auf 110 Yuan (12,50 Euro), der des zweiten Werkes gar
auf 800 Yuan, was etwa 90 Euro entspricht.

1986 prangerte der Chef des Büros des Erziehungsministeri-
ums, He Dongchang, namentlich Liu Xiaobos kritische Äußerungen und seine Gedanken zur traditionellen chinesischen
Kultur an. Seiner Meinung nach sollten Leute wie Liu nicht
mit einem Doktortitel ausgezeichnet werden. Liu Xiaobos
Betreuer jedoch, die Professoren Huang Yaomian und Tong
Qingbing, beugten sich dem Druck von oben nicht und bestanden darauf, dass dieser die Arbeit beenden und verteidigen könne.

1987 übernahm Zhao Ziyang den Posten des Generalsekretärs
des Zentralkomitees der KPCh von Hu Yaobang und stoppte
die von Deng Xiaoping angeordnete »Antiliberalisierungsbe-

wegung«. Propagandaminister Zhu Houze erließ die Bestimmung der »Drei Tolerierungen« und entschärfte so die Spannung in der Gesellschaft. In dieser Zeit konzentrierte sich Liu Xiaobo ganz auf seine Doktorarbeit. Nach der Promotionsordnung für chinesische Universitäten musste die Dissertation von anderen Professoren begutachtet und bewertet werden. Im Frühling 1988 wurde ein Entwurf an die Gutachter übergeben. Die Beurteilung war positiv und Liu Xiaobo wurde zugelassen. Er bat den in China sehr bekannten und von Kollegen geschätzten Professor Wang Yuanhua von der Pädagogischen Universität Ostchina (Huadong) in Schanghai, als Vorsitzender des Promotionsausschusses zu agieren. Zu seiner Überraschung stimmte dieser ohne zu zögern zu.

Am 25. Juni 1988, einem schwülen Tag in Peking, fand die Verteidigung von Xiaobos Dissertation im Sitzungsraum des Unterrichtsgebäudes statt. In der Ankündigung am Eingang wurde auf das Promotionsverfahren des Doktoranden Liu Xiaobo mit dem Titel »Ästhetik und Freiheit« hingewiesen.

Fast einhundert Studenten drängten in diesen nicht sehr großen Raum und besetzten sogar die Stühle, die für die Prüfer vorgesehen waren – unzählige andere standen im Gang. Ein Kommissionsmitglied, Professor Gao Ertai, erinnerte sich später:»Der Kandidat war ja schon wegen seiner unbändigen Art bekannt. Um ihn etwas einzuschüchtern, hatte man die Zahl der Prüfer verdoppelt. Das erregte natürlich noch mehr Neugier, sodass die Prüfung in einen Hörsaal im achten Stockwerk verlegt werden musste, da zwischenzeitlich mehrere Hundert Zuhörer erschienen waren. Die Studenten rannten die Treppen hinauf, um einen Platz zu ergattern. Unter den Zuhörern befanden sich achtzigjährige Professoren und Studenten des ersten Jahrgangs genauso wie ausländische Wissenschaftler und Studenten. So etwas hatte die ehrwürdige Pädagogische Universität seit ihrer Gründung nicht erlebt.«

Die Prüfungskommission war erstaunt, dass ein vor nicht allzu langer Zeit noch unbekannter Kandidat so viel Aufmerksamkeit erhielt. Die Mitglieder der Kommission galten aber als liberal und daher wurden vom Ministerium weitere parteitreue Professoren in das Prüfungskomitee entsandt.

Der Doktorand Liu Xiaobo saß etwas verunsichert auf seinem Stuhl. Er hatte nicht damit gerechnet, dass der Saal so voll werden würde. Zusätzlich zu den vier neu ernannten linientreuen Mitgliedern waren vom Ministerium zwei weitere Zuhörer in den Saal geschickt worden. Das verunsicherte sogar die Prüfer. Die Prüfung verlief aber gut, sodass die Kommission schnell zu einem positiven Ergebnis kam – von den beiden »offiziellen« Zuhörern gab es keine Einwände.

Xiaobo hatte sehr flüssig und ohne zu stottern den Inhalt seiner Arbeit vorgestellt und bekam großen Applaus. Nach intensiver Befragung des Kandidaten war die Kommission zufrieden. Professor Wang verkündete das Ergebnis und teilte mit, dass alle Mitglieder einstimmig die Verleihung des Titels eines Doktors der Philosophie befürworteten.

In der Bewertung wurde hervorgehoben, dass Liu Xiaobo in seiner Arbeit das Thema breit behandelt habe, dass er die Beziehung zwischen Ästhetik und Freiheit aus der Perspektive der Anthropologie, der Psychologie und der Soziologie umfassend dargestellt habe. Diese Doktorarbeit habe zu einer neuen These geführt und der Kandidat habe seine Fähigkeit zu selbstständiger Arbeit unter Beweis gestellt sowie das Wissen und die Theorien der bisherigen Erkenntnisse berücksichtigt. Er habe viele Fragen seines Forschungsbereichs beantwortet und neue, zeitgemäße Ergebnisse erzielt. Die Aussagen der Arbeit seien umfassend, kraftvoll, emotional und poetisch, sie hätten sogar einen gewissen Charme und Stil, obwohl einige Aspekte einseitig dargestellt worden seien. Die Anforderungen an eine Doktorarbeit seien aber zweifelsfrei erfüllt. Diese Bewertung wurde von Professor Gao Ertai verlesen. Er fügte als Schlusswort hinzu:

»Heute ist zwar nicht mehr die Zeit des 4. Mai. Es ist aber trotzdem noch nötig, das Vaterland vor dem Untergang zu retten. Damals wurde es vor dem ausländischen Imperialismus bewahrt, heute müssen wir uns selbst retten. Für diese kulturelle Bewegung brauchen wir viel mehr selbstständig denkende Menschen, die so sind wie Liu Xiaobo.«

Unzählige Blitzlichter zuckten auf, denn die Zuschauer wollten dieses Ereignis in Bildern festhalten. Liu Xiaobo lächelte schüchtern, fast verlegen in die Kameras. Es war eigentlich nur seine Disputation ...

Am 30. Juni 1988 wurde in einer Fakultätssitzung über die Promotion diskutiert. Am 4. Juli trat die Promotionskommission abschließend zusammen und beschloss in geheimer Abstimmung die Verleihung des Doktortitels an Liu Xiaobo. Am 24. August bestieg dieser bereits das Flugzeug nach Norwegen, um einer Einladung der Universität Oslo zu einem

Aufenthalt als Gastwissenschaftler zu folgen. Er hatte einige weitere, besonders kritische Artikel bereits fertiggestellt, zögerte aber mit der Veröffentlichung, da seine Familie noch immer auf dem Universitätsgelände wohnte. Auch er wollte ja wieder nach China zurückkehren und hatte aus diesem Grund diese »Bomben« dann doch nicht gezündet.

8

MARX, ENGELS, LENIN
UND EINE EHE

In Liu Xiaobos Jugend stand China unter der totalen Kontrolle der KPCh. Gemeinhin waren nur die Bücher von Marx, Engels, Lenin, Stalin und Mao zugänglich. Die hatte er alle geradezu verschlungen wie ein Hungriger. *Das Manifest der Kommunistischen Partei* war dabei von allergrößter Bedeutung für ihn und er konnte viele Teile des Textes vorwärts und rückwärts aufsagen. Das Buch war auch die Grundlage für seine Kritik an der traditionellen chinesischen Kultur.

Während des Interviews in Hongkong sagte der Journalist: *Na, das ist ja schon Landesverrat!* Liu antwortete: *Soll ich mal Marx zitieren? Er sagt, die Arbeiter haben kein Vaterland. Das, was sie nicht haben, kann man ihnen auch nicht wegnehmen. Mir geht es nicht um Landesverrat oder Patriotismus. Wenn man mir das vorwirft, dann bin ich eben ein Verräter. Ich habe keinen Respekt vor meinen eigenen Vorfahren und bin sogar noch stolz darauf.*

Auch in seiner Biografie erinnert er sich an die Zeit, in der er sich mit diesen Büchern beschäftigt hatte:

In der Mittelschule las ich in den Werken von Marx, Engels und Lenin. Das Wissen aus diesen Büchern war für mich das erste und es wird mich mein ganzes Leben begleiten. Es war keine Religion für mich, sondern Gegenstand einer kritischen Auseinandersetzung.

Die marxistischen Ideen sind ihm ins Blut übergegangen, trotzdem ist er ihnen gegenüber kritisch geworden. Und geblieben. Er sagte einmal:»Ich hoffe, der von mir in der Jugendzeit vergötterte Marx ist in meinem Herzen gestorben und nur derjenige Marx, mit dem ich mich kritisch auseinandergesetzt habe, lebt weiter fort. Das sollte für alle Chinesen gelten. Der Marxismus sollte neu betrachtet und bewertet werden.«

Die Begegnung Xiaobos mit Tao Li, die später seine erste Frau und Mutter seines Sohnes Liu Tao werden sollte, war sogar der eigentliche Anlass, sich mit Karl Marx zu beschäftigen. Liu Xiaobo und Tao Li sind in Changchun geboren. Die Eltern der beiden waren Dozenten an der Pädagogischen Universität Nordostchina und beide gingen in dieselbe Schule.

Eines Tages sah der 15-jährige Xiaobo auf dem Heimweg zwei miteinander tuschelnde Mädchen vor sich. Sie brachen plötzlich in lautes Gelächter aus. Das kam ihm vor wie das Klingen silberner Glöckchen. Besonders fiel ihm das Mädchen auf, das am lautesten und hellsten lachte. Er dachte:»Gibt es wirklich so glückliche Mädchen? Die möchte ich kennenlernen.«

Das war Tao Li. Sie war die beste Schülerin ihrer Klasse. Er war der schlechteste in seiner eigenen. Er hoffte, besser zu werden, wenn er sich von ihr ein paar Bücher ausleihen könnte, und sie gab ihm Karl Marx zu lesen. Er wollte ihr natürlich imponieren, verschlang alles und beschrieb die Ränder der Buchseiten mit seinen Gedanken und Kommentaren. Als er die Bücher zurückgab, bat er sie, mit ihm über die Texte zu reden. Seine Meinungen erregten Neugier bei ihr und schließlich Sympathie. Und das war der Beginn ihrer Beziehung.

Tao Li nahm nach ihrem Studium an der Pädagogischen Universität Nordostchina eine Stelle an der Sprachhochschule Peking an. Xiaobo entschloss sich zu einem Magisterstudium in Peking, um dort wieder mit ihr zusammen zu sein. Er las die Informationsblätter der verschiedenen Universitäten durch und suchte nach einem interessanten Studienfach. Dabei stieß er auf einen besonderen Namen. Es war der des Literaturwissenschaftlers Professor Huang Yaomian. Weil der Vorname im Chinesischen auch die Bedeutung »Schlafmittel« haben kann, war er ihm aufgefallen. Xiaobo legte bei ihm eine Aufnahmeprüfung ab und bestand sie. Durch Zufall ist er zu diesem Fach gekommen, und so ging das auch später weiter. Im Jahr 1985 suchte er eine Doktorandenstelle und folgte schließlich dem Rat seiner Kommilitonen. Auf einem unaufgeräumten Schreibtisch im Zimmer des Wohnheims wurde das Bewerbungsblatt ausgefüllt.

Im Juli 1984 hatte er seinen Magister gemacht und heiratete im selben Jahr Tao Li. Der Sohn Liu Tao kam ein Jahr später auf die Welt. Die beiden hatten sich also als 15-Jährige kennengelernt. Tao Li kannte ihren Mann im Grunde sehr gut, seinen Charakter, seinen Arbeitsstil und seine Launen. Mit ihrer Meinung über Xiaobo traf sie auch immer den richtigen

Punkt. In seinem Buch *Zeitgenössische Politiker und Intellektuelle in China* gab Xiaobo einen Brief von Tao Li an ihn wieder. Dort heißt es:

Xiaobo, oberflächlich gesehen bist du in der Gesellschaft als pflichtvergessener und missratener Sohn bekannt, in Wirklichkeit aber bist du von ihr akzeptiert. Als ob es einen Vertrag gebe, sind beide Parteien damit einverstanden. Die Gesellschaft stempelt dich ab, toleriert, akzeptiert, lobt und beflügelt dich sogar. Sie trägt dich als Schmuckstück und benutzt dich zugleich als Beweis ihrer Toleranz. Was dagegen bin ich? Mich kennt keiner. Mir ist die Gesellschaft egal. Ich verschwende nicht einen einzigen Gedanken, um sie zu beschimpfen. Ich bin mit ihr absolut unvereinbar. Was mich traurig macht, ist, dass du mich nicht verstehst und nur duldest.

Den Brief kommentierte er in dem Buch wie folgt:
Diese Sätze haben mich damals überhaupt nicht berührt. Wenn ich sie heute wieder lese, muss ich ihr in allen Punkten recht geben. Ich bin ihr dankbar. Sie war nicht nur meine Frau, sie war auch meine treffsicherste Kritikerin. Vor ihr konnte ich mich mit meiner Schande nicht verstecken.

9

EINE REISE IN DEN WESTEN

Liu Xiaobo wurde am 25. Juni 1988 an der Pädagogischen Universität Peking zum Doktor der Literaturwissenschaften promoviert. Bereits zwei Monate später wurde er von Professorin Bonnie S. McDougall, der Vertreterin des Faches Sinologie der Universität Oslo, angesprochen. Sie hatte sich auf moderne chinesische Gegenwartsliteratur spezialisiert und lud Liu Xiaobo als ersten Gastprofessor vom chinesischen Festland für ein Semester ein. Damals war es noch sehr ungewöhnlich, zum Studium ins Ausland zu gelangen. Noch seltener war es, als Gastprofessor eingeladen zu werden. Deng Xiaoping hatte zu dieser Zeit gerade Hu Yaobang, den Generalsekretär der Kommunistischen Partei, entlassen. Der hatte die Öffnung Chinas gewollt, war aber gleichzeitig bestrebt gewesen, die Intellektuellen von den westlichen bourgeoisen Gedanken abzuschirmen.

Um seine Chance auf einen Auslandsaufenthalt nicht zu schmälern, verhielt sich Xiaobo ein halbes Jahr sehr vorsichtig und hielt keine Reden mehr, in denen die Partei oder Persönlichkeiten des öffentlichen Lebens angegriffen wurden. Nachdem er seinen Reisepass vergleichsweise problemlos erhalten hatte, verließ er China. Das erste fremde Land, das er besuchte, war also Norwegen, das Land des Friedensnobelpreises. Die Universität Oslo ist die größte und älteste des Landes. Im Rahmen der sinologischen Veranstaltungen hielt Liu Vorträge über moderne Literatur und trug zum akademischen Leben und zum Unterricht bei.

Am 27. November 1988 befand sich Liu Xiaobo in Hongkong. Dort suchte ihn Chefredakteur Jin Zhong von der Monatszeitung *Befreiung*, die heute *Kaifang*, also »Öffnung« heißt, für ein Interview auf. Liu berichtete in dem Gespräch, dass er seinen Pass ohne große Schwierigkeiten bekommen habe. Der Antrag habe zwar wie üblich von der Fakultät und der Universität genehmigt werden müssen. Er habe aber nur ein- oder zweimal die Erziehungskommission aufsuchen müssen und dann sei auch schon alles erledigt gewesen. Das erschien eigentlich ganz normal, war aber für chinesische Verhältnisse doch eher ungewöhnlich. *Viele mussten für ihre Ausweispapiere unzählige Male zum Amt gehen und hatten fast schon ihre Haut dabei verloren, wie man in China sagt. Ich brauchte nicht einmal zur Botschaft zu gehen, alles erledigte sich von selbst. Und dabei war ich der erste Chinese, der von einer norwegischen Hochschule eingeladen wurde.*

Liu Xiaobo berichtete in dem Interview weiter:
Die Universität hatte Mittel zur Verfügung, um fünf Gastwissenschaftler einzuladen. Der erste war ich, der zweite der Essayist und Lyriker Bei Dao. Außerdem standen der Regisseur Chen Kaige, der Schriftsteller Wan Zhi und der Künstler Mi Qiu auf der Liste. Ich habe mehrfach Vorlesungen gehalten und entsprechendes Unterrichtsmaterial über chinesische Literatur im Umfang von 30 000 Schriftzeichen zur Verfügung gestellt.

Die Einladung nach Norwegen galt eigentlich für ein halbes Jahr. Da es aber im Institut Auseinandersetzungen aufgrund interkultureller Differenzen gab und Xiaobo sich der dominanten Betreuung einer norwegischen Professorin erwehren musste, verließ er Oslo bereits wieder nach drei Monaten. Später ließ sich Xiaobo ironisch über die Themen »Kennenlernen einer norwegischen Professorin« und »Arbeiten und Leben im Ausland« aus: Er illustrierte dies mit der Geschichte des Pferdekenners Bo Le, der es im alten China stets schaffte, aus sehr vielen Pferden das allerbeste herauszufinden.

Als sich China von einem totalitären zu einem autoritären Staat wandelte, hatten die chinesischen Schriftsteller viele Träume. Der allergrößte war, dass ihre Bücher in fremde Sprachen übersetzt und sie selbst ins Ausland eingeladen würden. Dadurch entstand eine eigenartige Beziehung zwischen ausländischen Sinologen auf der einen Seite und chinesischen Schriftstellern und Wissenschaftlern auf der anderen. Es war nicht reine Abhängigkeit – auf beiden Seiten war vieles sehr übertrieben und sogar absurd. Und das ist zum Teil heute noch so. So hat der deutsche Sinologe Professor Wolfgang Kubin, der sich selbst für einen großen Pferdekenner – »Bo Le« – hält, ein Urteil über die zeitgenössische chinesische Literatur gefällt, das die Chinesen in Zukunft stets mit ihm in Verbindung bringen werden. Er hat behauptet, das »alles Schrott und Müll« sei …

Nach dem Ende seiner Tätigkeit in Oslo unterbrach Liu Xiaobo am 27. November 1988 seinen Rückflug nach China, um einige Tage in Hongkong zu verbringen. Er musste dort umsteigen und erlebte die Stadt nicht nur als blühend und frei, sondern auch als einen durch Ordnung und Zivilisation geprägten Ort. Das zumindest war sein Eindruck. In seiner typischen Art zu reden äußerte er sich dann später: *Hongkong ist durch eine hundertjährige Kolonialherrschaft so geworden. China indes ist so groß – es werden vielleicht 300 Jahre nötig sein, um so weit zu kommen. Und selbst das bezweifele ich: Vielleicht reichen auch 300 Jahre nicht aus.* Dieser Satz des Interviews wurde später von vielen Kritikern aufgenommen. Sie zogen mit Beschimpfungen über Xiaobo her. Er aber wurde noch deutlicher: *Die Zeit der Kolonialreiche ist vorbei, die Geschichte wird China diese Chance nicht mehr geben. Wer möchte sich eine solche Last heute noch aufhalsen?*

Jin Zhong befragte Xiaobo auch nach seinen Promotionsverfahren: *Sie haben doch im Juni den Doktortitel erworben, ist das eine offizielle Bestätigung für Sie und Ihre Gedanken?*
Liu Xiaobo antwortete: *Ein Titel sagt nicht viel über die wissenschaftliche Qualität. Es kommt auf die Person an. Wenn jemand gut ist, braucht er keinen Titel. Meiner Meinung nach gibt es nur sehr wenig gute Leute. Ich sage mal, 95 Prozent aller Hochschulabsolventen taugen nichts. Bei den Magisterstudenten sind es sogar 97 Prozent. Bei den Doktoren sind nur 1 Prozent oder 2 Prozent wirklich gut. Man sollte nicht allein nach dem Titel urteilen. Ich lasse mich von meinem Gefühl leiten.*

Jin Zhong fragte weiter: *Das westliche Bildungssystem ist eine der wichtigsten Säulen der Gesellschaft, die Bildung entscheidet über die Stellung. Wie beurteilen Sie den Wert chinesischer Hochschulabschlüsse im internationalen Vergleich?*
Darauf sagte Liu: *Darüber möchte ich mich nicht äußern. Unser Bildungssystem ist jedoch auf der ganzen Welt einmalig. Unsere Bildung macht den Menschen zum Sklaven.*
Jin Zhong fragte: *Gilt das für früher oder für heute?*

Liu: *Das ist doch genau das Gleiche.*

Jin Zhong: *Gibt es denn überhaupt keine Veränderungen?*

Liu: *Nein, die Art und Weise, wie das chinesische System den Menschen zum Sklaven macht, ist geradezu perfekt. Ich bin zum Beispiel von der Grundschule bis zur Universität wie ein Baum zwischen zwei Brettern gewachsen. Jeder herausragende Zweig wurde sofort abgeschnitten.*

Das Interview offenbarte auch Liu Xiaobos damalige Einschätzung der ausländischen Sinologen. Der Redakteur Jin Zhong fragte ihn in Hongkong nach seinen Eindrücken, die er in den drei Monaten über die europäische Chinaforschung gewonnen hatte.

Liu antwortete: *Ich muss ehrlich sagen, 98 Prozent aller westlichen Sinologen taugen nichts. Sie haben keine Ahnung, sie wollen sich nur bei der chinesischen Regierung beliebt machen. Ihre Beziehung zu China entspringt reinem Nützlichkeitsdenken, sie sind keine Wissenschaftler. Ich schätze den australischen Sinologen Pierre Ryckmans und den Amerikaner John King Fairbank, die beiden sind neutral und beschäftigen sich ernsthaft mit China. Sinologen aus Deutschland, Schweden und Nordeuropa kennen weder die eigene Kultur noch die aus China. Sie haben wenig von der Gesamtliteratur gelesen und befassen sich nur mit einzelnen Schriftstellern. Ich kann insbesondere von der Sinologie in Oslo sagen, dass das Niveau sehr niedrig ist und dass die Studenten deswegen die chinesische Sprache nicht erlernen und anwenden können. Ich habe das norwegische Niveau der Beschäftigung mit China mit dem chinesischen Niveau verglichen, über Vietnam und Korea zu urteilen. Und die Sinologin, die mich nach Oslo eingeladen hatte, sagte über mich, ich sei der erste chinesische Gastwissenschaftler und außerdem noch der unhöflichste.*

Was von Xiaobo in diesem Interview gesagt wurde, entsprach tatsächlich seiner damaligen Meinung über die europäische Sinologie. Ende November 1988 flog Liu Xiaobo von Hongkong nach Hawaii. Bis Februar 1989 war er dort Gastwissenschaftler am China-Forschungszentrum der Universität Hawaii in Honolulu. Die Einladung war von Professorin Elisabeth Wichmann-Walczak erfolgt, die sich auf die Pekingoper spezialisiert hatte. Diese wunderbare Insel, auf der das ganze Jahr über Sommer ist, erschien ihm wie ein Paradies. Drei Monate lang war er richtig frei und hat auf Hawaii ohne jeglichen Zwang gelebt, gelesen und auch geschrieben.

Das Jahr 1989 war für China das Jahr des Widerstandes des Volkes gegen die Regierung und zugleich auch das Jahr des Eingreifens der chinesischen Intellektuellen in die Politik. Am 6. Januar hatte der Stellvertretende Rektor der Chinesischen Universität für Wissenschaft und Technologie, Fang Lizhi, in einem offenen Brief an Deng Xiaoping eine Amnestie für Wei Jingsheng, den seit dem Ende der sogenannten Demokratiemauer 1979 in Peking inhaftierten Dissidenten, und alle anderen politischen Gefangenen gefordert. Diese Forderung kam, wie Fang betonte, aus Anlass des 40. Jahrestags der Gründung der Volksrepublik China, des 70. Jahrestags der 4.-Mai-Bewegung von 1919 und des 200. Jahrestags der Französischen Revolution. Am 13. Februar richteten Bei Dao, Chen Jun, Lao Mu und weitere Intellektuelle einen gemeinsam unterschriebenen Brief mit der gleichen Forderung an den Ständigen Ausschuss des Nationalen Volkskongresses und an das Zentralkomitee der Kommunistischen Partei Chinas. Die in Amerika lebenden Studenten und Intellektuellen verfolgten diese Entwicklung mit großem Interesse. Liu Xiaobo war zu jener Zeit noch in Hawaii – sein politisches Bewusstsein war jedoch längst voll erwacht.

Im März 1989 beendete Liu Xiaobo seinen dreimonatigen Aufenthalt als Gastprofessor an der Universität Hawaii. Danach setzte er zum ersten Mal einen Fuß auf den amerikanischen Kontinent. Nach einem Sturmlauf durch Harvard, Columbia und andere Universitäten, an denen er Vorträge über zeitgenössische chinesische Literatur hielt, landete er eines Tages in meinem Zimmer im New Yorker Stadtteil Flushing. Nach der Erledigung einiger Formalitäten erhielt er eine Zusage für einen unbezahlten Forschungsaufenthalt an der Columbia-Universität. Ich war nur zwei Monate vor seinem Eintreffen in die USA gekommen. Als Mitglied der Universität von Shenzhen im Fach Betriebswirtschaft war ich der Einladung einer chinesischen Zeitung in Amerika gefolgt und wurde als Untergrundschriftsteller aus Peking vorgestellt. Mein Besuch wurde als kurzzeitiger Aufenthalt eines Literaturwissenschaftlers deklariert.

Ich konnte für 250 Dollar ein schönes Zimmer in der Dreizimmerwohnung von Fräulein Pei aus Taiwan mieten. Sie war eine frühere Freundin des taiwanesischen Schriftstellers Chen Yingzhen, sehr hilfsbereit und aufrichtig. In den vier Monaten, die ich dort wohnte, war nicht nur Liu Xiaobo mein Gast. Es kamen auch andere Pekinger Freunde, die von der Regierung vertrieben worden waren – unter anderem Dissidenten wie das Ehepaar Chen Jun. Fräulein Pei duldete das alles ohne ein Wort der Klage. Meine Freunde waren auch ihre Freunde. Pei nahm nicht nur an unseren Gesprächen teil, sondern kochte auch immer wieder für alle zusammen. Sie war überdies Angestellte in einer Bank und konnte deshalb auch Xiaobo und mir dabei helfen, unsere ersten Konten in den USA zu eröffnen. Liu Xiaobo und ich waren zu jener Zeit von morgens bis abends beisammen, wir sprachen über alles und hielten nichts voreinander verborgen.

In meinem Essay »Keine andere Wahl – Liu Xiaobo vor und nach 1989«, den ich im Juni 1989 schrieb, nachdem ich von seiner Verhaftung erfahren hatte, habe ich seine Persönlichkeit so geschildert: *Das ist mein Freund, mein guter Freund Liu Xiaobo. Er ist ein manischer Held, der den ganzen Tag mit der Zigarette im Mund im Zimmer auf und ab geht, während er sich mit einer Hand unbewusst ein bisschen Schmutz vom Hemd bürstet und mich mit einem einfältigen Ausdruck im Gesicht mustert, wenn er mir Fragen über die trivialsten Dinge des Lebens stellt. Er geht mir auf die Nerven, aber ich gehe auf ihn ein – vielleicht kann ich in meinen Antworten zu seinen stotternden Fragen auch irgendwie ausdrücken, was mich bedrückt. Oder vielleicht kann ich das Thema wechseln und ihm einige metaphysische Fragen stellen, denn dann wird er erst recht wie ein Wasserfall reden. Wenn du mit ihm beisammen bist, hast du auf jeden Fall keinen Frieden. Du musst seinen Gedankensprüngen folgen – zuerst erklärt er dir Kant, dann springt er zu Camus und zitiert aus dem Mythos des Sisyphus: »Ich habe noch niemanden gesehen, der für die Ontologie starb.« Er erzählte mir auch, dass er in seiner Wohnung in Peking seiner Frau Tao Li, seinem Sohn Liu Tao und den vier Wänden seine Lieblingsstellen aus den Werken europäischer Philosophen vortrage. Den Roman* Hundert Jahre Einsamkeit *von Gabriel García Márquez habe er schon dreimal vorgelesen. Er erzählt es so, dass du ihm einfach glauben musst. Er kann dich sogar glauben machen, dass er Schopenhauers* Die Welt als Wille und Vorstellung *drei Mal vollständig vorgetragen hat.*

Bevor Xiaobo und ich nach Amerika kamen, hatten wir natürlich vieles gehört über dekadente Lebensart, bizarre Kleidung,

heruntergekommene Häuser und die bedrückenden Lebens-
umstände in Manhattan. Die schrille und groteske Situation
New Yorks hat uns beide damals zunächst fasziniert, aber zugleich auch erschüttert. Es war wie die Liebe zu einem Dra-
chen des in der chinesischen Mythologie bekannten Adligen Ye
Gong, der zu Tode erschrak, als der Drache tatsächlich bei ihm
auftauchte.

Wir erkannten diese geheimnisvolle Diskrepanz zwischen Fas-
zination und Schock, konnten aber nicht damit umgehen. Der
Ankömmling Liu Xiaobo trat wie immer in billigen chinesischen Jeans auf und hatte stets seine Zigarette im Mundwinkel.
Der New Yorker Stadtteil East Village, der Treffpunkt der Bo-
hemiens, wo der Aktionist Ai Weiwei den ganzen Tag durch die
Straßen schlenderte, erweckte so viel Neugier in Xiaobo, dass er
das alles selbst auch ausprobieren wollte. Wir durchstreiften ta-
gelang Greenwich Village, East Village und Little Italy. Wir stö-
berten in Galerien und Boutiquen herum und probierten eine
Lederjacke nach der anderen. Einmal waren wir zusammen in
einem Ledermodeladen am Broadway. Liu Xiaobo gefiel eine
besonders feine schwarze Jacke aus Lammleder. Sie hatte einen
hohen Kragen, fasste sich gut an, war warm und sehr leicht. Ich
wollte ihn vom Kauf abhalten und empfahl ihm eine preiswer-
tere. Aber er ließ sich nicht beirren, holte ohne zu zögern 300
Dollar aus der Tasche und kaufte sie. Das war mehr, als meine
gesamten Ersparnisse betrugen.

Xiaobo ist ein impulsiver Charakter. Eine Zeitlang trieben wir
uns gern in der Stadt herum. Nach einem Vormittag erregter
Gespräche nahmen wir am Nachmittag an der U-Bahn-Station
Flushing die Linie 7 bis zur 42. Straße, der Endstation in Man-

hattan, stiegen dort in die Linie R oder N in Richtung Downtown um, machten lange Spaziergänge und kehrten erst spät in der Nacht zurück. Manchmal gingen wir auch zu Ai Weiwei. Er hatte einen Keller an der East 4th Street gemietet, diese Gasse liegt zwischen der Second Avenue und der Third Avenue. Wir klopften vorsichtig, um ihn nicht zu stören, wenn er zum Beispiel gerade eine Kamera, die ihm irgendein Dieb verkauft hatte, an einen seiner Kunden weiterverkaufte. Wenn er spazieren ging, trug er meistens seinen grünen chinesischen Armeemantel. Und so schlenderten wir dann zu dritt durch die Straßen, im East Village oder im Greenwich Village – bis früh in die Morgenstunden.

Auf den New Yorker Straßen konnten wir unsere Augen nicht von den gut aussehenden jungen Männern und Frauen abwenden. Ich höre Liu noch sagen, »Ach, die sind alle so verdammt schön!« Die Augen sind ja eigentlich zum Sehen da, sogar zum Empfinden von Ästhetik, aber sie können auch zum Abgleiten in lustvolle Gedanken führen. Es waren nur drei Monate in New York. Aber es war die totale Freiheit, ein vollkommenes Durcheinander in so kurzer Zeit. Keine andere Stadt hatte in diesem über dreißig Jahre alten Literaturkritiker eindrucksvollere, anregendere und stimulierendere Eindrücke hinterlassen. Vorahnungen finden sich aber bereits in dem Titel seiner Doktorarbeit *Ästhetik und Freiheit*. Die Dissertation wurde von Liu Xiaobo im Juni 1988 an der Beijing Normal University verteidigt und im selben Jahr im Universitätsverlag veröffentlicht. Es war seine zweite Publikation in China.

Es war nicht zu übersehen, dass er seine neue Lederjacke sehr liebte. Außer zum Schlafen oder Waschen oder wenn wir länger im Zimmer waren, legte er sie nie ab, von seiner Ankunft in New York, bis er wieder das Flugzeug nach Peking bestieg. Genau wie ich trug er damals gerne schwarz, ganz im coolen Stil des Big Apple. Außerdem liebte er Levi's-Jeans. Er passte sich immer mehr seiner Umgebung an. Zigarette im Mundwinkel, Bürstenhaarschnitt, schwarze Lederjacke, schwarze Jeans, schwarze Lederschuhe und eine schwarze Rindsledertasche. Damit sah er gar nicht mehr wie ein Gelehrter aus. Ich wollte ihn sogar dazu bringen, dass wir uns beide als »last angry young men« ausstaffierten, mit Goldrandbrillen und echten Punk-Irokesen-Haarschnitten. Er überlegte eine Weile und lehnte dann entschieden ab: »Na, na, dann wäre ich ja wirklich ein Monster.«

Egal ob als Gelehrter oder als »Ausgeflippter«, für mich war er immer völlig ungekünstelt – das blieb mir am meisten im Gedächtnis, auch nach über zwanzig Jahren. In den letzten Jahren sah ich ihn nur noch auf Fotografien, da sah er viel »politischer« aus als früher, auf jeden Fall nicht im Stile von New York, sondern »den breiten Volksmassen angeglichen«.

Als Liu Xiaobo bei mir eingezogen war, kam der Dichter Jiang He (Yu Youze) über einen Zeitraum von zwei Wochen jeden zweiten Tag bei uns vorbei. Er nahm in Brooklyn die U-Bahn und brauchte etwas mehr als eine Stunde zu uns nach Flushing. Er hatte im Oktober 1988 eine Einladung von Allen Ginsberg erhalten, da ging es um einen Dialog zwischen chinesischen und amerikanischen Dichtern mit einer Lesereise. Jiang He wollte nicht nach China zurückkehren. Also mietete er nach der Lesereise ein Zimmer in New York und beschäftigte sich damit, ein Gesuch um politisches Asyl einzureichen. Wir sprachen wohl über die sich zuspitzende Lage in China, aber noch mehr über die chinesische Literaturszene. Fräulein Pei, unsere Vermieterin, gesellte sich oft zu unseren Gesprächen und erzählte uns über die oppositionellen Bewegungen in Taiwan in den 1970er- und 1980er-Jahren. Sie war ja die Exfreundin des taiwanischen Schriftstellers Chen Yingzhen, der vom antikommunistischen Regime in Taiwan wegen »marxistischer Propaganda und Verbreitung des Buches *Das Kapital*« zu einer Gefängnisstrafe verurteilt worden war.

Ihre Geschichte machte uns schlagartig klar, wie erschreckend ähnlich die Diktaturen auf beiden Seiten der Taiwanstraße waren. Deshalb wollten auch wir gerne mit Chen Yingzhen Kontakt aufnehmen. Eines Nachts rief Fräulein Pei deshalb für uns in Taipeh an. Sie erreichte Chen Yingzhen in seiner Wohnung und sagte ihm, sie habe gerade »drei Literaten aus China mit widerspenstigen Schädeln« bei ihr. Sie teilte ihm unsere Namen mit und ließ uns schließlich mit Chen sprechen. Xiaobo nahm als erster den Hörer – er war sehr nervös und stotterte noch mehr als sonst: »Herr, Herr, Herr Chen, Herr Chen Yingzhen, nicht wahr, ich, ich bin Liu, Liu Xiaobo, ah, Ihr Ro …, Ihr Roman, ist wirklich …« Inzwischen hatte ihm Chen seinerseits schon gesagt, er habe Liu Xiaobos Aufsätze zu neuen Erzählern in China gelesen und habe auch schon davon gehört, dass Herr Liu allerorts über Gott und die Welt debattiere. Sie plauderten noch ein wenig, dann gab Xiaobo mir den Hörer.

Ich begrüßte Herrn Chen, spürte aber sofort eine Kälte in seinem Ton, als wäre er nicht allzu erfreut darüber, dass seine Exfreundin diese Anti-Literaten aus China bei sich wohnen ließ. Damals gab es ja zwischen China und Taiwan infolge der verfeindeten Regierungen noch wenig persönlichen Kontakt, obwohl die Menschen auf beiden Seiten der Taiwanstraße größtenteils Chinesisch in ähnlichen Dialekten sprachen und auch teilweise miteinander verwandt waren.

Das war also unser erster Übersee-Anruf nach Taiwan, unser erster Kontakt zu einem chinesischsprachigen Schriftsteller aus einem anderen Staat. Wir waren sehr, sehr aufgeregt und bewegt, während Pei endlich auch ihre Frustration über die Trennung von Chen und seine Haftzeit, die nun vorbei war, zeigen konnte. Jiang He ist sechs Jahre älter als Liu Xiaobo und über zehn Jahre älter als ich. Er hatte seine ganze Jugend in der Kulturrevolution verbracht, daher waren Bücher für ihn noch kostbarer als für uns. Er war sehr belesen, seine Gedanken kamen im persönlichen Gespräch immer sehr klar heraus, da sprach er wie ein Wasserfall und er wusste einen leicht zu überzeugen. Nur sobald er vor Publikum auftrat, brachte er vor Aufregung kein kluges Wort mehr heraus.

Liu Xiaobo war das genaue Gegenteil: Im kleinen Kreis stotterte er und konnte sich nicht richtig ausdrücken, aber auf der Bühne und besonders bei großen Anlässen war sein Stottern plötzlich verflogen und er war gar nicht mehr zu stoppen. Und auch wenn ihn ein Gesprächspartner angriff, ihn gleichsam herausforderte, dann lebte er erst richtig auf.

Zu uns dreien gesellte sich manchmal auch Chen Jun, der den von 33 Intellektuellen unterschriebenen offenen Brief mit der Forderung nach Freilassung von Wei Jingsheng und anderer po-

litischer Gefangener organisiert hatte und dafür gerade erst vom
Regime in Peking außer Landes deportiert worden war. Mit
ihm plauderten wir regelmäßig bis in die Morgenstunden. Ende
März diskutierten wir drei, was wir als chinesische Literaten tun
sollten, wenn wir in Amerika blieben. Ich glaube, es war meine
Idee, eine Literaturzeitschrift herauszugeben, die sich der Ästhetik der offiziell genehmigten und von staatlichen Organisationen
betriebenen Magazine entgegenstellen sollte – auf Chinesisch,
aber weit offen für die Literatur auf der ganzen Welt.

Dieser Vorschlag begeisterte uns alle drei. Xiaobo meinte sogar, wir könnten die Zeitschrift einfach zu dritt machen. Wir
würden so viele interessante Artikel schreiben, dass die Zeitschrift allein dadurch schon gesichert sei. Einige Tage diskutierten wir Tag und Nacht über diese Sache. Unsere
gemeinsame Verachtung des offiziellen chinesischen Literatur-
betriebs war nicht die einzige Inspiration – wir dachten auch an
Joseph Brodsky, Milan Kundera und Czeslaw Milosz, die im
Exil sehr erfolgreich geworden waren. Im Detail waren diese
Gedanken sehr unausgegoren, aber wir glaubten, nur wenn wir
uns selbst in eine extreme Situation brächten, könnten wir das
Beste aus uns herausholen. Deshalb wollten wir es gleich von
Anfang an richtig aufziehen und entschieden uns für eine Pres-
sekonferenz, auf der wir gleichzeitig verkünden wollten, dass wir
um politisches Asyl ersuchten und dass wir eine neue, unabhän-
gige chinesische Zeitschrift in den USA herausgeben würden.
Wir wollten öffentlich mit dem Regime in China brechen, um in
Amerika bleiben und weiter literarisch tätig sein zu können.

Zu jener Zeit hatte Jiang He schon mehrmals mit dem Rechts-
anwalt Alan Lee verhandelt, der auf Emigration und politisches

Asyl spezialisiert war. Jiang He erzählte ihm von unseren Plänen, und eines Tages besuchten wir ihn alle drei zusammen in Manhattan in seinem Büro in Chinatown. Lee fragte Liu Xiaobo und mich nach unseren Lebenshintergründen. Er meinte, wir hätten alle gute Chancen, politisches Asyl zu erhalten. Am besten sollten wir tatsächlich eine Pressekonferenz abhalten, auf der wir verkündeten, dass wir eine neue Zeitschrift herausbringen wollten. Sein chinesischer Assistent könne uns bei den notwendigen Dokumenten behilflich sein, und er kümmere sich schon mal um einen baldigen Termin für die Pressekonferenz.

Als wir das Anwaltsbüro verließen, schlenderten wir noch ein wenig durch Chinatown und vereinbarten, dass Jiang He uns am nächsten Tag zu Mittag in Flushing besuchen würde, um die Sache im Detail zu besprechen. Dann nahm Jiang He die U-Bahn und kehrte nach Brooklyn zurück, während Xiaobo und ich in die Linie R einstiegen, die uns nach Flushing brachte. Die ganze Fahrt hindurch spürten wir die Last dieser schweren Entscheidung, die plötzlich alles in unserem Leben umwerfen würde. Xiaobo fragte mich:»Wer… werden wi… wir wirklich ni… nie me… mehr na… nach Chi… China zurückkönnen? So… sollen wir di… diese Aktion wi… wirklich durchziehen?« Mit klopfendem Herzen saßen wir nebeneinander in der U-Bahn und dachten nach. Wir begannen zu zweifeln und unser Enthusiasmus kühlte schon merklich ab. War alles vielleicht nur ein unüberlegter Impuls gewesen?

Anfang 1989, noch vor der Studentenbewegung, war das, was wir vorhatten, zwar mutig, aber es war vor allem auch eine Entscheidung, die viele schwere persönliche Folgen für uns drei nach sich ziehen würde. Jiang Hes Ehefrau war damals noch in Peking, Xiaobo hatte seine Frau Tao Li und seinen Sohn Liu Tao zu Hause. Ich war zwar ungebunden, aber wir wussten beide, dass uns diese Sache auf Dauer von unseren Angehörigen in China trennen würde – eine riesige, schwerwiegende Veränderung.

Ein weiterer wichtiger Grund gegen unser Vorhaben war, dass wir alle drei kaum Englisch konnten. Xiaobo hatte chinesische Literatur studiert. Er konnte mit einem Wörterbuch zur Not auch englische Bücher lesen, aber sprechen konnte er diese Sprache nicht. Ich kam aus der Betriebswirtschaft und hatte in China nie daran gedacht, Englisch zu lernen. Jiang He war als Dichter zwar ein berühmter Autodidakt und beherrschte auch viele englische Wörter, nur, wenn er in New York nach dem Weg fragen wollte, fiel ihm plötzlich überhaupt nichts davon ein. Diese alte Strategie von Sun Tsu, seine Truppen in eine ausweglose Situation zu bringen, damit sie noch verzweifelter kämpfen und dadurch vielleicht doch überleben würden, sollte das für uns wirklich die passende Lösung sein? Konnte das überhaupt funktionieren?

Am folgenden Tag, als Jiang He zu Mittag mit der U-Bahn aus Brooklyn zu uns kam, erzählten wir ihm, dass wir beide nun doch nicht bereit seien, um politisches Asyl zu ersuchen. Xiaobo und ich befanden uns zwar nicht in derselben Lage, aber unsere Gründe glichen sich: Wir wollten beide irgendwann zurück nach China. Ein Antrag auf politisches Asyl war für uns ein zu schwerer Schritt, den wir nicht so einfach gehen wollten.

Aber Jiang He hatte im Grunde recht. Wenn wir drei als chinesische Schriftsteller, die gerade erst nach Amerika gekommen waren, jetzt zusammen um politisches Asyl angesucht hätten, wäre das ein historisches Ereignis gewesen, und vielleicht hätte das mit der Exil-Zeitschrift auch funktionieren können. Jiang He war bitter enttäuscht von uns und wir hatten darüber noch eine sehr lebhafte Diskussion. Jiang He und Xiaobo überboten einander an Redekunst, aber keiner von uns dreien änderte seine Meinung. Jiang He sagte, er könne uns zwar irgendwie verstehen, aber er selbst werde auf jeden Fall um politisches Asyl ersuchen und in Amerika bleiben.

Die gemeinsame Pressekonferenz mussten wir abblasen, denn fortan ging es unter politischen Aspekten nur noch um Jiang He allein. Später ereilte jeden von uns ein ganz anderes Schicksal. Jiang He sagte nach einigen Jahren im Scherz, er hätte es wissen müssen, wenn zwei so inkonsequente Kerle zusammen wohnten, könne das die gemeinsamen Pläne nur ruinieren.

Xiaobo und ich haben damals nicht mitgemacht, aber was uns später zustoßen würde, konnten wir natürlich zu jener Zeit nicht ahnen. Wären wir damals nicht vom gemeinsamen Plan abgekommen, dann wären Xiaobo und ich gar nicht mehr nach China zurückgekehrt. Er wäre nicht am Tian'anmen-Platz aufgetaucht, und ich wäre im Jahr 2000 nicht verhaftet und deportiert worden. Aber so war es nun mal. Die Pressekonferenz fiel ins Wasser, weil Xiaobo und ich kalte Füße bekommen hatten.

Später haben Xiaobo und ich noch einige Male über diesen Tag gesprochen. Wären wir damals beisammen geblieben, als wir aus dem Anwaltsbüro in Manhattan hinausgingen, und hätten dieselbe U-Bahn genommen, oder hätte ich bei Jiang He gewohnt oder Xiaobo und Jiang He hätte zumindest einen von uns überzeugt ... Wäre. Hätte. Könnte. War es Schicksal, war es Zufall? Vielleicht war es so etwas wie ein notwendiger Zufall.

Sein freies Temperament und seine politische Begeisterung waren bei Liu Xiaobo immer schon in Konflikt geraten. Aber jetzt zog ihn die Politik noch mehr an. Im März 1989 war er gerade erst einige Tag in New York, da wollte er schon Hu Ping kennenlernen, den Vorsitzenden der Federation for a Democratic China − damals die größte Gruppe chinesischer Dissidenten in Amerika. Hu Ping war seit 1987 in den USA im Exil. Ich rief ihn an und brachte Xiaobo noch am selben Tag zu Hu Ping, damit er ihn und andere Exilchinesen kennenlernen konnte. Hu Ping lebte in einer Mietwohnung in Elmhurst im Stadtviertel Queens. Es wurde ein sehr langes Gespräch. Zu späteren Treffen brachte Xiaobo immer ein bisschen frische Wäsche in seiner Ledertasche mit, denn er übernachtete häufig bei Hu Ping, weil es dort bei den vielen Reden und Diskussionen immer sehr spät wurde.

Ende März und Anfang April schlief Liu Xiaobo fast jeden Tag woanders, bis ihn Hu Ping eines Tages davon überzeugen konnte, die Chefredaktion des konterrevolutionären Exilantenmagazins *Beijing Spring* (Chinese Spring, Chinesischer Frühling) zu übernehmen. Von da an übersiedelte er ganz zu Hu Ping. Er nahm seinen Reisekoffer aus meinem Zimmer mit, in dem sich 30 Bände mit Werken der klassischen westlichen Philosophie befanden, die im Verlag Commercial Press in Peking in chinesischer Übersetzung publiziert worden waren. Ein Freund kam mit einem Auto, um Xiaobo mit seinen Büchern abzuholen. Denn das war sein Rüstzeug, seine Munition, die er auf seinen Fahrten brauchte, um mit Gebildeten aller Couleurs zu debattieren.

Damals schon konnte ich sehen, dass er im Begriff war, voll ins »politische Leben« einzusteigen. Er war auf dem Papier noch Gastprofessor an der Columbia-Universität, aber die meiste Zeit verbrachte er in den Redaktionen chinesischer Zeitschriften. Er wollte den bezahlten Posten des Chefredakteurs von *Beijing Spring* von Hu Ping übernehmen, und Anfang April hatte er dort schon fest zugesagt. *Beijing Spring* war das Zentralorgan der »Federation for a Democratic China«, deshalb musste der Chefredakteur ein wichtiges Mitglied dieser Exilchinesen-Vereinigung sein.

Damals konnte ich mir kaum vorstellen, wie Liu Xiaobo in dieser Szene existieren wollte. Seine direkte Art, sein scharfzüngiges Temperament – wie sollte das jemand auf lange Sicht aushalten, der nicht sehr eng mit ihm befreundet war? Ein derartiger Charakter eignete sich meiner Meinung nach sehr wohl zum prominenten Intellektuellen, der seine Individualität zur Schau trug, aber keinesfalls für irgendeine politische Gruppierung oder Organisation. Ich riet ihm mehrmals, sich das Ganze nochmals zu überlegen, aber er hatte sich offenbar schon fest entschieden.

Am 15. April starb Hu Yaobang, der reformfreudige ehemalige Generalsekretär der KPCh, der 1986 von Deng Xiaoping abgesetzt worden war. Drei Tage nach dem Tod Hu Yaobangs erschienen in der Peking-Universität und an vielen anderen Unis in Peking hunderte Wandzettel, die zur Trauer um Hu Yaobang aufriefen und die »Altherrenpolitik« Deng Xiaopings angriffen. Es kam zu unzähligen Studentenversammlungen, und bald gingen über 100 000 Studenten auf die Straße und forderten demokratische Reformen.

1989 begeisterten sich auch die chinesischen Studenten und Akademiker im Ausland für Politik. Auch Liu Xiaobos politisches Denken kam in dieser Zeit zum Vorschein. Er schrieb drei längere Aufsätze – zwei befassten sich mit Hu Yaobang, seinem Leben, seinem Tod und den Folgen, und in einem dritten analysierte er die Reaktionen von Chinesen im Ausland.

Hu Ping erinnerte sich später an einige Sätze von Liu Xiaobo, die ihm damals besonders aufgefallen waren. Liu schrieb: *Wir müssen uns vom Reformmodell eines aufgeklärten Fürsten verabschieden und einen Weg der Reform des politischen Systems in China versuchen.* Weiter heißt es: *Wenn die Studenten in China und jene Akademiker, die für Demokratie sind, nicht nur die aufgeschlossenen Elemente in der KP öffentlich unterstützen könnten, sondern sich auch öffentlich für Wei Jingsheng und für exilierte Chinesen einsetzen würden, wäre das ganz sicher eine große Beschleunigung auf dem Weg zur Demokratie.*

In diesen Schriften beschäftigte sich Liu Xiaobo vor allem mit den Zielen der Demokratie sowie den Prozessen und Methoden, auf die es in diesem Zusammenhang ankomme. Und genau in dieser Zeit bildete sich Liu Xiaobos charakteristischer Stil allmählich heraus.

10

DER ABSCHIED VON NEW YORK

Ende April, nachdem die Studentenbewegung in Peking nicht mehr zu überhören war, entschied sich Liu Xiaobo zur Rückkehr nach China, um seinen Studenten beizustehen. Aber zuvor wollte er noch die Gelegenheit wahrnehmen und einen ganzen Tag im New Yorker Metropolitan Museum verbringen – das hatte er sich schon jahrelang gewünscht.

Der Dichter und Künstler Yan Li begleitete ihn. Xiaobo war völlig überwältigt von den großartigen Sammlungen. Er berichtete mir ganz aufgeregt von den perfekten und makellosen Statuen aus der griechischen und römischen Antike. Aber die ursprüngliche Lebenskraft und die keineswegs perfekte Schönheit der afrikanischen Skulpturen hatte ihn noch tiefer beeindruckt, denn das war etwas völlig Neues für ihn. In meinem Essay »Keine andere Wahl – Liu Xiaobo vor und nach 1989«, den ich im Juni 1989 schrieb, habe ich auch beschrieben, wie sich Liu Xiaobo zur Rückkehr nach Peking entschied:

Es war April in New York, als er mich anrief und mir sagte, dass er nach China zurückkehren werde. In zwei Tagen breche er auf, und um sich jede

Möglichkeit des Zögerns zu nehmen, habe er einfach ein Ticket gekauft, dessen Gültigkeitsdatum man nicht mehr ändern konnte. Ich legte den Hörer auf und eilte sofort zu seiner Bude. Als er die Tür aufmachte, sagte ich: »Xiaobo, ich bin stolz auf dich. Geh nur zuerst, ich komm bald nach.«

Die Verwirrung der Tage davor war für ihn bereits weggefegt. Er war auf eine für ihn seltene Art sehr ruhig und stotterte ein bisschen: »Bei Ling, wi… wir kkönn… können jetzt nicht in New York sitzen bleiben, hhab… haben wir nicht unser ganzes Leben auf einen solchen Augenblick gewartet?«

Damals saßen wir Tag und Nacht vor dem Fernseher. Wir sahen Tausende und Abertausende von jungen, heißblütigen Studenten auf die Straße gehen, um für eine bessere Zukunft unserer Volksrepublik zu demonstrieren. Sie meinten es ernst, sie waren so aufrichtig – was taten wir noch in New York? Wir waren zu Tränen gerührt, wir mussten einfach zurück – das war unser Peking, wir mussten mit unseren Studenten zusammen sein.

Als Liu Xiaobo New York verließ, sorgte ich mich, die Regierung würde vielleicht annehmen, er komme als »Drahtzieher« mit politischen Absichten nach China. Zu jener Zeit hatte er erklärt: *Ich kehre zurück, um meine Pflicht als Hochschullehrer wahrzunehmen. Alle meine Aktivitäten in den USA sind öffentlich zugänglich. In einigen Aufsätzen habe ich die Unabhängigkeit betont, die man als Intellektueller bewahren sollte – die Distanz zu jeglichen politischen Vereinigungen. Ich habe mich für demokratische Prozesse und gewaltlose Prinzipien ausgesprochen. Außerdem eigne ich mich schon von meinem Temperament her nicht für politische Organisationen.*

Hu Ping erinnerte sich: »Als die Studentenbewegung in Peking immer lebhafter wurde, konnte Xiaobo einfach nicht mehr sitzen und warten, er wollte zurückfliegen und an den

Protesten teilnehmen. Manche sorgten sich und meinten, er würde vielleicht gleich bei der Ankunft verhaftet werden, weil er im Ausland bei »konterrevolutionären Organisationen« eifrig mitgemacht hatte. Ich war der Meinung, er hätte gute Chancen, unbehelligt ins Land zu kommen, und er glaubte dies auch. Also kauften wir ein Ticket für ihn, und am 26. April 1989 flog Liu Xiaobo zurück nach China.«

Zu dieser Zeit saßen die Akademiker, Künstler und Dissidenten in New York Tag für Tag zusammen und diskutierten über die Lage in China. Aber wann immer die Rede darauf kam, wer denn zurückkehren könne und wer als Erster die Heimreise antreten solle, begannen die Ausflüchte. Denn da war natürlich die Angst, verhaftet zu werden. Obwohl ich heute sagen muss, dass die Gefahr, bei der Einreise festgenommen zu werden, damals gar nicht so groß war. Zehn von uns hatten ein Papier unterschrieben, das überall im Ausland und in China nicht nur an den Universitäten, sondern auch in anderen Kreisen publik gemacht wurde. Wir hatten unsere politischen Ansichten klar deklariert, und wenn einer von uns zurückkehrte, mussten wir in der damaligen politischen Situation mit Verhaftung und Verschleppung rechnen. Gleichwohl wurde Liu Xiaobo in China zunächst nicht behelligt.

An demselben Tag, an dem Liu Xiaobo Amerika verließ, bezeichnete die chinesische Regierung die Protestbewegung im KP-Parteiorgan *Volkszeitung* als einen Aufruhr, den man rücksichtslos niederschlagen werde. Aufruhr − ein Begriff, der es noch gefährlicher erscheinen ließ, zurück nach China zu gehen. Aber Xiaobo hatte sein One-Way-Ticket gekauft − er dachte offensichtlich nicht an eine Rückkehr ins Ausland.

Es war Du Nianzhong, damals Redakteur der chinesischen Ausgabe eines amerikanischen Wochenmagazins und heute Chef der Tageszeitung *Apple Daily* in Taiwan und Hongkong, der Liu Xiaobo mit dem Auto zum Flughafen brachte. Als er Xiaobo bei Hu Ping abholte, schenkte er ihm noch die wichtigsten Werke von Gene Sharp, dem berühmten Theoretiker des gewaltlosen Widerstands, darunter *The Politics of Nonviolent Action*.

Ich war auch unter jenen Freunden, die Xiaobo damals zum Flughafen begleiteten. Er trug Jeans und seine schwarze Lederjacke, die Zigarette im Mundwinkel. Man sah ihm an, dass er sich zusammennehmen musste. Aber ihm war klar, dass er in seinem ihm naturgemäßen Sinn handelte: eigensinnig und mutig. Er hatte nicht viel übrig für Leute wie mich, die es nicht wagten, zurückzukehren. Und so verabschiedete er sich auch von mir und ging durch den Zoll.

Damals am Flughafen sagte ich noch einmal:»Geh nur zuerst, ich komme bald nach.« Aber ich folgte ihm im Jahr 1989 nicht nach China – ich hatte einfach zu viel Angst.

Wir waren beide hin- und hergerissen. Da war die Literatur und da die Politik. Da unsere Sehnsucht nach Freiheit und dort das System in China. Liu Xiaobo wandte sich schließlich dem Land zu – seine Begeisterung für Politik wurde stärker als seine ästhetische Leidenschaft. Bei mir verlief es genau umgekehrt und es war Ironie des Schicksals, die sich in Xiaobos Leben zeigen sollte. Liu Xiaobo, dieser äußerst eigenwillige Mensch, der nach seinem Glauben an die Freiheit des Individuums handelte – ihm gehörte sein Leben längst nicht mehr alleine und es würde nicht mehr nur von ihm selbst bestimmt werden.

11

HIMMLISCHER FRIEDEN

Das Jahr 1989 ist als Symbol in das Bewusstsein sehr vieler Menschen eingegangen. 1989 jährte sich zum vierzigsten Mal die Beherrschung Chinas durch die Kommunistische Partei. Am 15. April verstarb Hu Yaobang, der 73 Jahre alte ehemalige Generalsekretär des Zentralkomitees, nach einem Herzinfarkt. Hu Yaobang war 1986 von Deng Xiaoping abgesetzt worden und galt als Hauptvertreter der aufgeschlossenen Fraktion. Spontan versammelten sich an seinem Todestag mehrere zehntausend Menschen auf dem Tian'anmen-Platz – dem Platz des Himmlischen Friedens – und legten Blumen am Fuß des Denkmals der Volkshelden nieder.

Peking war seit 800 Jahren die meiste Zeit die kaiserliche Hauptstadt. Der Tian'anmen-Platz liegt in der Stadtmitte, die Chang'an-Straße durchquert ihn. Er ist mit fast 40 Hektar Fläche der wohl größte städtische Platz der Welt. Und weil er vor dem Südtor der Verbotenen Stadt liegt, heißt er eigentlich »Platz außerhalb des Tores des Himmlischen Friedens«.

Dort haben im zwanzigsten Jahrhundert viele wichtige Ereignisse der chinesischen Geschichte stattgefunden. Im Jahr 1919 sah er die Studentenbewegung des 4. Mai mit dem Motto »Rettet das Vaterland und klärt das Volk auf«. Es folgte das Massaker des 30. Mai 1925 an Arbeitern und Studenten in Schanghai, das von antiimperialistischen und patriotischen Demonstrationen in Peking begleitet wurde. Am 18. März 1926 demonstrierten Studenten und Arbeiter gegen die ultimativ geforderte Überlassung des Hafens Dagu in der Nähe von Tianjin an Japan und acht andere imperialistische Mächte durch die lokalen chinesischen Truppen. Am 9. Dezember 1935 demonstrierten mehrere Tausend Schüler und Studenten zum ersten Mal unter der Führung der kommunistischen Partei mit dem Motto »Schluss mit dem Bürgerkrieg, alle Kraft gegen die Japaner«. Ende Mai 1948 hieß das Motto: »Gegen den Hunger, den Bürgerkrieg und die Verfolgung«.

Schließlich wurde am 1. Oktober 1949 die Gründung der Volksrepublik China auf dem Tian'anmen-Platz durch Mao Zedong verkündet. Seit diesem Ereignis ist Peking wieder die Hauptstadt, und der Tian'anmen-Platz gilt als Symbol des modernen China. Am nördlichen Ende des Platzes, der sogar im Staatswappen abgebildet ist, wird täglich in einer Zeremonie die Nationalflagge gehisst. Mao und alle seine Nachfolger haben vom Tor aus den Vorbeimarsch der Paradetruppen abgenommen. Von den Tribünen aus hat Mao zwischen 1966 und 1968 achtmal viele Millionen jubelnde Rotgardisten aus allen Landesteilen begrüßt.

Hu Yaobang also, der wegen seines Reformwillens abgesetzte ehemalige Vorsitzende der KPCh, starb am 15. April 1989.

Nur zwei Tage später, am 17. April, gingen einige Tausend Studenten aus mehreren Universitäten auf die Straße und veranstalteten einen Trauerumzug. Sie versammelten sich am Tian'anmen-Platz und führten einen Sitzstreik durch, um ihren Protest gegen die Politik des Diktators Deng Xiaoping auszudrücken.

Weitere zwei Tage danach, am 19. April, begannen die Studenten nach dem Vorbild der polnischen Gewerkschaft Solidarność Widerstand gegen die Regierung zu leisten. An den Universitäten wurden studentische Organisationen gegründet – an der Peking-Universität (»Beida« genannt) entstand beispielsweise ein Komitee zur Vorbereitung koordinierter Aktionen. Studenten aller Pekinger Universitäten schlossen sich unter dem Namen »Autonome Vertretung« zusammen und die Komitees waren zuständig für die Kommunikation, für Hungerstreiks und andere Aufgaben.

Am 22. April 1989 strömten mehr als hunderttausend Studenten von ihren Universitäten aus auf den Platz. Sie riefen nach Demokratie und Freiheit. Drei Studentenvertreter, Zhang Zhiyong, Guo Haifeng und Zhou Yongjun, knieten ungefähr 45 Minuten lang mit einem Bittschreiben auf den Stufen der Großen Halle des Volkes auf der Westseite des Platzes, ihre Kommilitonen im Rücken, um von Premierminister Li Peng empfangen zu werden. Aber kein einziger Vertreter der Regierung erschien, um das Schreiben entgegenzunehmen. Da die Halle des Volkes auch »das Parlament« genannt wird und damit der Arbeitsplatz der Vertreter des Volkes ist, hatten die Studenten genau diesen Ort gewählt. Und als niemand sie anhören wollte, riefen sie an mehreren Universitäten nacheinander einen generellen Boykott von Vorlesungen aus. Der Platz des Himmlischen Friedens war besetzt – von hunderttausend Studenten.

Peking verfiel in Unruhe. Die Bürger in Peking und anderen Städten riefen jetzt ebenso nach Demokratie, sie wandten sich gegen Korruption und forderten mit zunehmender Dringlichkeit die Ablösung von Deng Xiaoping.

Am 26. April erschien im offiziellen Parteiorgan *Volkszeitung* ein Leitartikel, der in ernstem Ton die Studentenbewegung als Aufruhr einstufte. Am Ende stand ein folgenschwerer Satz: Die Regierung werde diesen Aufruhr niederschlagen – ohne zu zögern.

Am selben Tag tauchte ein offener Brief an den Anschlagbrettern in der Nähe eines Eingangs zur Peking-Universität (Beida) auf, in dem sich mehr als zehn Intellektuelle, die sich im Ausland befanden, an die chinesischen Studenten wandten. Es waren dies unter anderem Hu Ping, Chen Jun, Liu Xiaobo und ich. Der Brief wurde sofort kopiert und an anderen Universitäten Pekings verbreitet. Die Autoren bestätigten den Studenten, dass ihre Aktionen bereits einen Einfluss auf Chinas Gegenwart und Zukunft ausüben würden.

Wir empfahlen den protestierenden Studenten, die bestehenden Kontakte untereinander zu festigen, Anschriften, Telefonnummern und schriftliches Material auszutauschen und Kontakte zu anderen Gruppen wie Arbeitern und Bauern aufzubauen, um deren Unterstützung und Teilnahme zu gewinnen. Überdies sollte innerhalb der Universitäten größtmögliche Freiheit bestehen, studentische Vereinigungen und Zusammenschlüsse zu gründen und die Kommunikation durch Wandzeitungen und Anschlagbretter, öffentliche Vorträge und Diskussionen zu intensivieren, um jederzeit Demonstrationen und Universitätsstreiks organisieren zu können. Dieser Brief wurde in vollem Umfang in den chinesischen Zeitungen in den USA veröffentlicht und war unter chinesischen Intellektuellen weit verbreitet. Er wurde später von der chinesischen Regierung als Beweis für die subversive Tätigkeit von Liu Xiaobo verwendet und begründete letztlich auch die Bezeichnung »Drahtzieher der Studentenbewegung«.

Als Xiaobo New York verließ, brachte ich ihn zusammen mit einigen Freunden zum Flughafen. Wir sagten ihm, er solle uns sofort informieren, falls ihm bereits am Flughafen Peking etwas zustoßen sollte. Noch während er im Flugzeug saß, rief ich unseren gemeinsamen Freund, Zhou Duo, in Peking an. Er war früher Dozent an der soziologischen Fakultät der Beida gewesen und arbeitete nun als Planungschef eines großen privaten Konzerns. Ich teilte ihm die Ankunftszeit mit und bat ihn, Xiaobo vom Flughafen abzuholen. Es war der Versuch, möglichst viele Informationen über die Reise Liu Xiaobos nach China zu erhalten.

Liu Xiaobo erreichte am 27. April Tokio. Um nach Peking zu fliegen, musste er in der japanischen Hauptstadt umsteigen. Auf dem Flughafen dort machte er die zufällige Bekanntschaft eines chinesischen Studenten, der auf dem Weg in die USA war. Er berichtete ihm von der ernsten Situation und insbesondere von dem Leitartikel in der *Volkszeitung*. Xiaobo war sehr besorgt und verunsichert, als er erfuhr, dass die Regierung die Bewegung der Studenten als Aufruhr einstufte. Er erkundigte sich sogar am Schalter, ob es am selben Tag noch Flüge nach Amerika gebe. Die Antwort war »Nein«. In diesem Moment kam der Aufruf an die Passagiere, an Bord des Flugzeugs nach Peking zu gehen. Mit bangem Gefühl, aber doch ganz automatisch folgte er der Stimme und ging zu seinem Gate.

Das Flugzeug mit Liu Xiaobo an Bord landete am 27. April 1989 kurz nach 22 Uhr in Peking. Unser gemeinsamer Freund Zhou Duo und Xiaobos Frau Tao Li warteten schon am Ausgang nach der Zollkontrolle. Tao Li war Xiaobos Kollegin am Seminar für Chinesische Literatur an der Pädagogischen Universität und dort hatten die beiden einander kennengelernt. Nach Zhou Duos Erinnerung fuhr er mit einem Wagen seiner Firma, der Sitong Stone Group, bis zur Zollkontrolle. Tao Li sah abgehärmt aus, sie umarmte ihren Mann sehr fest und sagte zugleich: »Du hättest wirklich nicht zurückkehren dürfen!« Es war eine wohl gemeinte Warnung, die jedoch zu spät kam.

Auf der Fahrt in die Stadt erzählten Zhou Duo und Tao Li von den neuesten Entwicklungen in der Studentenbewegung und von der großen Demonstration, die gerade an diesem Tag, am 27. April, stattgefunden hatte. Eine Veranstaltung mit mehr als 100 000 Teilnehmern – nicht nur Studenten, sondern auch immer mehr anderen Pekinger Bürgern und Stadtbewohnern. Auf ihrem Weg durch die Stadt begegneten sie mit dem Auto noch einigen Kolonnen von Studenten, die nach der Demonstration zu ihrem Campus zurückkehrten. Liu Xiaobo gewann dadurch mit eigenen Augen erste Eindrücke von der aktuellen Situation in der Stadt. Sie fuhren auf direktem Weg zu Tao Lis Wohnung auf dem Campus der Pädagogischen Universität, wo sich Liu Xiaobo zunächst einmal bis Anfang Mai zurückzog, ohne an der Protestbewegung teilzunehmen. Während dieser Tage versuchte Tao Li immer wieder, ihn davon abzubringen, sich überhaupt in die Angelegenheiten der Studenten einzumischen. Aber sie wurde nicht erhört ...

Zu jener Zeit hatte Xiaobo bereits Kontakt zu verschiedenen Studenten aufgenommen und lernte einige ihrer Führungspersönlichkeiten kennen, Leute wie Wang Dan, der an der Peking-Universität Geschichte studierte, und Wu'erkaixi, der im Seminar für Pädagogik an der Pädagogischen Universität eingeschrieben war. Am 3. Mai hörte er, wie seine Studenten an der Pädagogischen Universität ihr »Neues Manifest zum 4. Mai« debattierten und am folgenden Tag fuhren Tao Li und er mit ihren Fahrrädern hinaus, um die Demonstrationen in der Stadt mit eigenen Augen sehen zu können. Dort angekommen, erlebten die beiden, wie Wu'erkaixi um drei Uhr nachmittags bei der Statue von Sun Yatsen vor der Großen Halle des Volkes das »Neue Manifest zum 4. Mai« verlas. Xiaobo war erschrocken und meinte später, er habe »außer Slogans und Gefühlsausbrüchen keinerlei Inhalt« bemerkt und sei von den Demonstrationen enttäuscht gewesen.

Nur drei Tage später, am 7. Mai, klebte Liu Xiaobo seinen Aufruf »Unsere Forderungen − freie Diskussionen auf dem Campus« an das Anschlagbrett für Zeitungsartikel der Pädagogischen Universität. Er erhielt jedoch keine konkreten Reaktionen von seinen Studenten, und schon am folgenden Tag hatte jemand einen großen Teil des Aufrufs wieder abgerissen.

Am Morgen des 13. Mai erhielt Zhou Duo einen dringenden Anruf von Tao Siliang, der Vizedirektorin des Büros für den Umgang mit Intellektuellen in der »Abteilung für die Arbeit der Einheitsfront« des Zentralkomitees der Kommunistischen Partei Chinas. Diese Abteilung entspricht einem Ministerium, das direkt dem Zentralkomitee unterstellt ist. Direktorin Tao bat Zhou Duo an einer Diskussion im Ministerium teilzunehmen, die das Büro veranstaltete, um die Meinung von gebildeten Persönlichkeiten außerhalb der Partei zu der Studentenbewegung einzuholen. Als der Einheitsfront-Minister Yan Mingfu zu dieser Runde erschien, schlug ihm Zhou Duo vor, doch das direkte Gespräch mit Vertretern der Studenten zu suchen. Der Minister war sofort einverstanden und wollte noch am Nachmittag erstmals mit den Studenten verhandeln. Doch die anderen Sitzungsteilnehmer hatten für diesen Tag andere Pläne und schlugen vor, das Treffen auf den Abend zu verlegen. Der Minister fragte daraufhin, wer denn mit den Studentenvertretern in Kontakt treten könne. Als Zhou Duo merkte, dass sich niemand meldete, sagte er: »Ich will es versuchen, stellen Sie mir bitte drei Wagen zur Verfügung.«

Der Minister willigte ein und wenig später raste Zhou Duo zur Peking-Universität, zur Qinghua-Universität und zur Pädagogischen Universität, um dort die jeweiligen Vertreter der unabhängigen Studentenorganisationen zu finden. An der Pädagogischen Universität traf er Liu Xiaobo, der gerade mit seinem Freund Geremie Barmé sprach. Der australische Sinologe war eigens nach Peking gekommen, um Liu Xiaobo und andere Freunde zu besuchen. Barmé muss zu jener Zeit knapp 40 Jahre alt gewesen sein. Von 1974 bis 1977, also teilweise noch während der Kulturrevolution, hatte er an der Renmin-Universität in Peking studiert. Barmé sprach nicht nur fließend Chinesisch, sondern konnte auch sehr gut Chinesisch schreiben.

Nachdem Liu Xiaobo Zhou Duo und Barmé einander vorgestellt hatte, bat Zhou Duo Liu sogleich ihm zu helfen, Wu'erkaixi und die anderen Vertreter der unabhängigen Studentenorganisationen zu finden, um sie kurzfristig für den Abend zum Gespräch ins Ministerium zu bitten. Xiaobo ließ Wu'erkaixi über das Informationssystem der Studenten an der Pädagogischen Universität ausrufen. Als Wu'erkaixi in Liu Xiaobos Wohnung erschien, war es schon fast sieben Uhr abends und er war auf seine Art auf das Treffen in dem Ministerium vorbereitet: Er trug ein weißes Stirnband mit der Aufschrift »Hungerstreik«.

Als Zhou Duo Wu'erkaixi zum Wagen brachte, um mit ihm ins Ministerium zu fahren, fragte er aus Höflichkeit seinen Freund Xiaobo, ob nicht auch er an dem Gespräch mit der offiziellen Seite teilnehmen wolle. Zhou Duo hatte wohl gedacht, Liu Xiaobo würde diesen Vorschlag ablehnen, weil Liu seit seiner Rückkehr aus Amerika stets betont habe, die Protestbewegung müsse vollkommen unabhängig bleiben. Doch Liu Xiaobo sagte zu. Zhou Duo brachte die beiden zum Wagen. Innerlich muss er ratlos und verzweifelt gewesen sein, denn er wusste, dass Minister Yan Mingfu nicht wollte, dass Leute wie Liu Xiaobo, der bereits als »Drahtzieher« der Studentenbewegung verdächtigt wurde, an dem Vermittlungsgespräch teilnahmen.

Am selben Tag, dem 13. Mai 1989, hielten um sechs Uhr abends die Studentenvertreter Wang Dan, Wang Chaohua und Ma Shaofang auf den Stufen an der Westseite des Museums für chinesische Geschichte auf dem Tian'anmen-Platz eine Pressekonferenz mit Reportern von inländischen und internationalen Medien ab. Sie verkündeten:»Dieser Hungerstreik hier auf diesem Platz zur Unterstreichung unserer Petitionen ist der feste Entschluss der Kommilitonen; wir werden nicht aufhören, bevor wir unsere Ziele erreicht haben.« Zu Beginn des Hungerstreiks nahmen nur etwas mehr als 300 Studenten teil, aber bald kamen ständig mehr Studierende und weitere Pekinger Bürger dazu. Und bereits in dieser Nacht war die Zahl der Hungerstreikenden auf mehr als 3000 Menschen angewachsen.

Um acht Uhr abends waren alle Teilnehmer zu dem Verhandlungsgespräch im Ministerium der Einheitsfront eingetroffen. Minister Yan Mingfu hatte über Zhou Duo Vertreter aus allen unabhängigen Studentenorganisationen hinzugebeten, auch jene der Hungerstreikgruppe, und verschiedene Hochschullehrer.

Zwei Ziele sollte das abendliche Treffen haben. Es ging einerseits darum, überhaupt mit den Studenten ins Gespräch zu kommen, um deren Beweggründe und Forderungen zu erfahren. Andererseits sollten die Studenten aber auch dazu gebracht werden, den Platz zu räumen, bevor der sowjetische Staatschef Michail Gorbatschow zum Besuch in Peking eintraf. Nur dann könnte dieses Gipfeltreffen auch tatsächlich ungestört ablaufen, glaubte man in der Pekinger Regierung.

Die führenden Studentenvertreter bildeten eine Gruppe von etwa dreißig Personen, darunter Wang Dan, Chai Ling, Zhou Yongjun, Wu'erkaixi, Xiang Xiaoji, Feng Congde, Wang Chaohua und andere. Der Generalsekretär des Kommunistischen Jugendverbandes, Liu Yandong, brachte Mitglieder seines Verbandes und weitere regimetreue Studenten, etwa zwanzig Personen, zu dem Treffen mit. Hinzu kamen Angehörige verschiedenster intellektueller Bereiche Pekings, die als Vermittler vorgesehen waren. Dazu gehörten Zhou Duo, Chen Xiaoping, Min Qi, Zheng Yefu, Wang Juntao, Deng Zhenglai – und Liu Xiaobo. Im Laufe des Abends kamen noch mehr als siebzig Mitarbeiter des Ministers hinzu, sodass der Sitzungsraum Nr. 6 des Ministeriums brechend voll war.

Nach Zhou Duos Erinnerung hatte Minister Yan Mingfu den Vorsitz an einem langen Tisch. An seiner rechten Seite saß die bereits erwähnte Vize-Bürochefin Tao Siliang, während an der linken Seite ein Platz frei war. Als Minister Yan sah, dass Zhou Duo hereinkam, deutete er auf den freien Sitz an seiner linken Seite. Aber Zhou Duo wehrte mit der Hand ab und setzte sich neben Liu Xiaobo. Das Gesicht des Politikers verfinsterte sich zusehends.

Minister Yan Mingfu moderierte das Gespräch. Gleich zu Beginn sicherte er zu, dass die Regierung bereit sei, angemessene Forderungen der Studenten in Erwägung zu ziehen. Die Auseinandersetzung darüber müsse aber ausschließlich auf der Basis von Demokratie und Verfassung erfolgen. Es sei nicht zu erwarten, dass in einer Nacht alle Probleme gelöst werden könnten. Er berichtete, dass am selben Nachmittag der Generalsekretär der KPCh, Zhao Ziyang, und andere hochrangige Funktionäre Gespräche mit Arbeitervertretern geführt hätten. Weiter versicherte er den Studenten, dass die genannten Politiker am folgenden Montag auch mit ihnen Gespräche führen würden. Er forderte die Studenten auf, den Hungerstreik schnell abzubrechen und alles zu unterlassen, was Wohlgesinnte bedauern und Feinde freuen würde.

Es gab eine quälend stille Pause und dann kamen die Studenten zu Wort. Sie forderten die Rücknahme und Annullierung des Leitartikels der *Volkszeitung* vom 26. April. Es handele sich nicht um einen Aufruhr, sondern um eine patriotische und demokratische Studentenbewegung. Werde diese Forderung nicht erfüllt, könne der Hungerstreik nicht abgebrochen werden. Der Minister versuchte noch einmal, die Studenten dazu zu bewegen, das Interesse der Allgemeinheit und des Vaterlandes an vorderste Stelle zu setzen und den Hungerstreik abzubrechen. Aber seine Appelle sollten nicht erhört werden.

Entgegen der Erwartungen von Zhou Duo und anderen Teilnehmern erwies sich Liu Xiaobo an diesem Abend als gemäßigt. Er rückte drei Punkte in den Vordergrund: Erstens solle die Regierung die Protestbewegung als patriotisch und demokratisch anerkennen. Zu diesem Zeitpunkt bestehe für sie noch die Möglichkeit, den oben genannten Leitartikel als inhaltlich falsch zu erklären und ihn zurückzuziehen. Je früher, desto besser, sonst würde sie noch mehr die Defensive gedrängt. Die Regierung solle darüber hinaus die von den Studenten geschaffenen Organisationen als legale Vertretungen anerkennen. Aufgabe der Regierung sei es, die Verfassungsinhalte zu verwirklichen, und so müsse sie die demokratischen Aktivitäten der Studenten anerkennen und schützen. Die Regierung müsse mit allen gesellschaftlichen Schichten offen, ehrlich und gleichberechtigt sprechen. Auf der anderen Seite sollten die Studenten keine Vorbedingungen für die Auswahl der Regierungsvertreter stellen. Sie sollten lediglich offizielle Vollmachten haben, als Gesprächsteilnehmer zu fungieren.

Der zweite Punkt beinhaltete die Mahnung, die Studenten sollten bis zum 15. Mai den Hungerstreik beenden und den Platz verlassen, damit das chinesisch-sowjetische Regierungstreffen unbehindert stattfinden könne. Xiaobo war der Meinung, dass der Besuch sowohl den internationalen wie auch den bilateralen Interessen dienen könnte. Das sei vorteilhaft für die Stabilität und den Frieden in der Welt sowie für die Entwicklung Chinas. Das Treffen könne die Konfrontation zwischen beiden Ländern beenden, um in eine Phase der Verständigung und des Austausches zu gelangen. Und die Studenten sollten diese Entwicklung nicht stören.

Drittens trat Liu Xiaobo für eine Bereitschaft zum Kompromiss ein. Er sagte, Politik, besonders demokratische Politik, sei die Kunst des Kompromisses. Er meinte, auch die Studenten sollten die Bereitschaft zu Kompromissen, zum Nachgeben und zur Toleranz lernen. Die Regierung habe bereits mehrfach Verständnis gezeigt und Gespräche geführt, so habe auch die Rede von Zhao Ziyang und das heutige Auftreten von Minister Yan Mingfu die Aufrichtigkeit der Regierung bewiesen. Nun seien die Studenten an der Reihe, ebenfalls Kompromissbereitschaft zu zeigen. Das Beharren auf den eigenen Ansichten und das bloße Wahren des Gesichtes könnten die bereits spürbare Chance auf Verständigung wieder zunichte machen. An die Studenten gewandt sagte er, wenn sie weiter so kompromisslos blieben, dann würden sie die Unterstützung und die Sympathie der fortschrittlichen Partei- und Regierungsmitglieder verlieren. Die Studentenbewegung dürfe nicht zum innerparteilichen Spielball werden – die Unterstützung müsse aus breiten Schichten der Gesellschaft kommen.

Nach Liu Xiaobos Erinnerung habe sich der Minister lächelnd an ihn gewandt und gemeint:»Xiaobo, du musst nicht gleich alles transparent machen, es ist jetzt genug gesagt.«

Weil er noch am selben Abend an einer dringlichen Sitzung des Politbüros in Zhongnanhai teilnahm, musste sich Minister Yan Mingfu frühzeitig verabschieden. Minister Yan hatte bei dem Gespräch sehr ehrlich, offen und freundlich gewirkt, völlig anders als die meisten hohen KP-Funktionäre. Viele Studentenvertreter hielten jedoch daran fest, dass man noch nicht wisse, ob die Regierung den Leitartikel in der *Volkszeitung* tatsächlich widerrufen würde. Es bestünde noch immer die Gefahr, dass die Regierung nach dem Ende der Proteste die Studierenden bestrafen könnte. Und aus diesem Grund würde man den Platz vorläufig auch noch nicht räumen.

Die Besprechung dauerte bis spätnachts, ohne dass es zu einer Einigung kam. Unter den Vermittlern aus den intellektuellen Kreisen befanden sich auch Professoren und solche, die in den Jahren zuvor bei diesen Lehrern studiert hatten. Wegen dieser vielfältigen persönlichen Beziehungen zwischen Studenten, Absolventen und Professoren und auch, weil der Minister den erkennbar ernsthaften Versuch zu einer Verständigung gemacht hatte, erreichte dieses Gespräch zwischen Vertretern von Regierung und Studentenschaft ein hohes Maß an gegenseitigem Verständnis und Austausch. Nur leider gab es am Ende keinerlei konkrete Ergebnisse.

Als die Gesprächsteilnehmer das Gebäude des Ministeriums in der Fuyou-Straße im innerstädtischen Westbezirk verließen, war es bereits nach zwei Uhr morgens. Die Studentenvertreter gingen zurück zum Tian'anmen-Platz, während die Lehrkräfte und die anderen Teilnehmer alle von den Dienstwagen des Ministeriums nach Hause gebracht wurden. Als Zhou Duo und Liu Xiaobo in einem dieser Autos saßen, das sie zu ihren Wohnungen bringen sollte, sagte Liu Xiaobo plötzlich:»Nein, ich muss unbedingt noch mal zum Platz zurück.«Also brachte ihn der Wagen zum Tian'anmen und ließ ihn dort aussteigen. Zhou Duo blieb sitzen und fuhr allein nach Hause.

Obwohl es bei diesem historischen Gespräch zwischen den KP-Funktionären und den Studentenvertretern zu keiner Einigung kam, herrschte eine gute Atmosphäre, so jedenfalls hat es Zhou Duo in Erinnerung. Bevor die beiden Seiten auseinandergingen, hatte er Wang Dan und andere Studierende beiseite genommen und ungefähr zwanzig Minuten auf sie eingeredet. Er hatte sie sogar überzeugt! Wang Dan versprach ihm, nach seiner Rückkehr auf den Platz die Studenten dazu zu bewegen, den Platz zu räumen, gleichzeitig jedoch auch ihre Organisationen an den Universitäten zu verfestigen. Zhou Duo gab die gute Nachricht an Tao Siliang weiter, die sofort Minister Yan anrief, der bereits an der Sitzung des Politbüros teilnahm. Zhou Duo glaubte schon fest an den Erfolg seiner Vermittlung, musste jedoch später feststellen, dass er die komplizierten Strukturen der unabhängigen Studentenorganisationen leider falsch eingeschätzt hatte.

Liu Xiaobo machte sich später immer wieder Vorwürfe, dass er nicht versucht hatte, mit Zhou Duo zusammen an alle Gesprächsteilnehmer zu appellieren, in dieser Nacht auf ihren Schlaf zu verzichten und mit ihm zusammen auf den Platz zu gehen, um gemeinsam mit Wang Dan und den anderen Studentenvertretern die Studenten auf dem Platz zu überzeugen, den Platz freizugeben und an ihre Universitäten zurückzukehren. Vielleicht wäre ihnen das damals gelungen. Vielleicht.

Zurück auf dem Platz setzte sich Liu Xiaobo zu den hungerstreikenden Studenten und unterhielt sich mit ihnen. Nach Xiaobos späterer Erinnerung fielen ihm im anbrechenden Morgenlicht die fahlen und müden Gesichter der jungen Studenten auf, die in Winterkleider gewickelt um ihn herum saßen. Betroffen fragte er sie: »Warum führt ihr diesen Hungerstreik durch?«

Die Antworten fielen unterschiedlich aus: »Der Leitartikel vom 26. April muss weg.«

»Wir wollen anlässlich des Gorbatschow-Besuchs die Regierung unter größeren Druck setzen.«

»Dieser Protest wird den demokratischen Prozess in China wesentlich beschleunigen, so eine Gelegenheit wird nicht wiederkommen.«

»Der Kampf der Chinesen um Demokratie soll seine Spuren in der Geschichte hinterlassen.«

Ein Student sagte aber auch: »Ich wollte eigentlich gar nicht kommen, ein Freund hat mich geradezu hierher gezerrt. Wenn er nichts isst, dann muss ich ihm aus Freundschaft beistehen.« Ein anderer ergänzte: »Ich hatte keine Ahnung, was ein Hungerstreik bedeutet. Ich wollte einmal ausprobieren, wie stark mein Wille und mein Körper wirklich sind.«

Und eine Studentin schließlich sagte mit gerührter Stimme: »Mein Freund ist hier, ich muss mich doch um ihn kümmern.«

Xiaobo fragte weiter. »Warum habt ihr eure Lehrer nicht mitgebracht?«

»Lehrer, welche Lehrer denn, die sollten am besten nicht dabei sein. Die Professoren Zhong Jingwen und Tang Gong sind doch weit über siebzig, wenn denen etwas zustößt, das können wir doch nicht verantworten.«

»Die Regierung hätte bei den Professoren leicht Angriffspunkte finden können, denn sie hätten ja ihre Vorbildfunktion aufgegeben und sich damit selbst schuldig gemacht.«

Ein weiteres Argument war: »Bei früheren Demonstrationen in der chinesischen Geschichte haben die Professoren unbeteiligt zugesehen oder nur mit Händen und Füßen gestikuliert. Die braucht man nicht.«

»Die Lehrer haben doch meistens Frau und Kinder, wenn denen etwas passiert ... Wir aber sind jung und gesund. Wir können doch außer uns niemandem schaden.«

Xiaobo bohrte nach: »Habt ihr niemals über die Gefahren nachgedacht? Was passiert, wenn die Regierung euch verhaften lässt, welchen körperlichen Schaden riskiert ihr?«

Die Antworten kamen prompt: »Das ist ein kollektiver Hungerstreik, die Regierung kann doch nicht alle verhaften.«

»Wenn wir verhaftet werden, dann eskaliert die ganze Sache, dann wird es für die Regierung ja noch schwieriger, dann gibt es keinen Ausweg mehr aus einer blamablen Situation.«

Der Student, der den Hungerstreik nur mal ausprobieren wollte, ergänzte: »Wenn ich verhaftet werde, dann erfahre ich sogar noch, was es mit dem Blutgeruch hinter den Gittern auf sich hat. Wegen eines Vergehens verhaftet zu werden, ist eine andere Sache, das kommt für mich nicht in Frage. Aber, wenn die Regierung mich gegen das Gesetz verhaftet, dann bitte schön! Man sagt doch, dass das Leben auf fünf verschiedene Arten schmecke: süß, sauer, bitter, scharf und salzig. Alles muss man mal ausprobieren.« Ein anderer fuhr fort:»Ich vermute, dass die Regierung nicht bis zum 15. durchhalten wird; ein, zwei Tage nichts zu essen, das ist doch nicht so schlimm.«

Liu Xiaobo gab nicht nach:»Habt ihr nicht auch einmal mit dem Schlimmsten gerechnet?« Die meisten schüttelten spontan den Kopf, nur ein kleingewachsener Student sagte, dass er über einen Abschiedsbrief nachgedacht, ihn aber noch nicht angefangen habe. Xiaobo fragte unmittelbar weiter:»Und was willst du denn schreiben?« Die Antwort kam zögerlich: »Ich möchte meine Mutter und meine kleine Schwester trösten. Sie sollten wissen, dass sich mein Sterben lohnt.«
»Lohnen, wofür?«
Der Student wandte den Blick ab und sagte:»Ich hungere nach Demokratie – für unsere Nation.«

Nach diesen Gesprächen stand Liu Xiaobo auf, stieg auf die Ladefläche eines dreirädrigen Fahrrads und wandte sich an die Studenten – diesmal nicht als Fragender, sondern als Lehrer. Er wiederholte das, was er bei der Versammlung mit dem Minister gesagt hatte. Anfangs hörten die Studenten aufmerksam zu. Gelegentlich klatschte einer, Jubel war sogar zu hören. Die meisten seiner Worte gingen allerdings in Zischen und Pfiffen unter. Doch Liu Xiaobo ließ sich nicht beirren. Er fuhr fort und wiederholte einige Stellen, bis ihm die Kehle trocken wurde.

Als er von dem Lastenfahrrad herunterstieg, war er müde und erschöpft. Er war körperlich fertig, fühlte sich unverstanden und gedemütigt. In seiner Erinnerung herrschte damals Wut und Scham vor. Er war nicht verstanden worden und fragte sich, warum er sich da überhaupt hatte hineinziehen lassen. Er hatte sich doch stets als Einzelgänger verstanden und hielt nicht viel von großen Gruppen. Nun stand er plötzlich inmitten von Menschenmassen und glaubte, sich selbst verraten zu haben. Er wandte sich von den Studenten ab und setzte sich reumütig auf die Bordsteinkante vor der Großen Halle des Volkes, zitternd vor Kälte, Hunger und Müdigkeit. Um fünf Uhr früh fuhr er mit dem ersten Bus der Linie 22 nach Hause. Bereits während der Fahrt fasste er den Entschluss, mit dieser Bewegung nichts mehr zu tun haben zu wollen, ein Visum für Amerika zu beantragen und dieses vom Unglück verfolgte Land so schnell wie möglich zu verlassen.

Sein politisches Engagement ließ ihn aber auch in der folgenden Zeit nicht zur Ruhe kommen. Er verbrachte die Tage und manchmal auch die Nächte auf dem Platz bei den streikenden Studenten. Im Vergleich zu den Studenten hatte er es jedoch viel besser, was Nahrung und Unterkunft anging. Einer seiner Freunde stellte ihm eine Wohnung in der Nähe des Tian'anmen-Platzes zur Verfügung, um sich zwischendurch auszuruhen, sich das Gesicht zu waschen oder gar zu kochen, wenn er nicht nur Brote essen wollte. Er konnte auch zu Fuß nach Jianguomenwai zu den Luxusapartmentblöcken für Diplomaten gehen, wo einige seiner ausländischen Freunde und Bekannten wohnten. Der australische Kulturattaché und Schriftsteller Nicholas Jose, bei dem Xiaobo später Zuflucht finden sollte, wohnte beispielsweise in einem solchen Apartment.

Dem Generalsekräter der KPdSU, Michail Gorbatschow, konnte dann am 15. Mai kein würdiger Empfang vor der Großen Halle des Volkes am Tian'anmen-Platz bereitet werden. Stattdessen wurde er unter Ausschluss der Öffentlichkeit auf dem Flughafen empfangen.

Am 18. Mai nahm Xiaobo telefonischen Kontakt zu seinem Freund Geremie Barmé auf, der eigens aus Australien nach Peking gekommen war. Der chinesische Name dieses bekannten Sinologen ist Bai Jieming. Er gehört zu den wenigen Vertretern des Faches, denen Xiaobo nahesteht und die er sehr schätzt. Barmé kannte nicht nur die offiziellen Kulturgrößen, sondern auch alle Künstler, Dichter und Aktivisten im Untergrund. Xiaobo war neugierig auf das Urteil von Barmé über die Studentenbewegung, weil er von dessen sicheren und scharfsinnigen Bewertungen überzeugt war, obwohl Barmé manchmal ebenso gerne einfach nur »dahinplapperte« wie er selbst. Und natürlich wollte auch Barmé von Xiaobo wissen, was auf dem Platz eigentlich vor sich ging. Sie vereinbarten einen Termin, und Xiaobo eilte ins Diplomatenviertel.

Am Morgen des 18. Mai vertrieb die warme Frühlingsluft die Reste der klammen Kälte der Nacht. Ein zerraufter, unordentlich gekleideter Mensch kroch müde aus dem Zelt, in dem er eine weitere Nacht mit den protestierenden und hungerstreikenden Studenten verbracht hatte. Er suchte sein Fahrrad und bog vom Tian'anmen-Platz in Richtung Osten auf den breiten Chang'an-Boulevard ein. Auf dieser »Straße des ewigen Friedens« radelte er an der Einkaufsmeile Wangfujing vorbei, dann kamen die Dongdan-Straße, die Gebäude in der

Nähe des Hauptbahnhofs, die Lijiao-Brücke von Jianguomen (Jianguomen war das Tor in der Stadtmauer, das nach der Gründung der Volksrepublik benannt war. Die Stadtmauer wurde jedoch in den 1960er-Jahren abgerissen; heute ist dort der »Zweite Ring«). Von hier konnte man schon das aufragende Gebäude des Freundschaftsladens an der Jianguomen-wai-Straße erkennen, der Ausländern und Auslandschinesen vorbehalten war.

Der Mann stellte sein Fahrrad ab und wartete an der Ecke. Hier war das Diplomatenviertel. Vornehm gekleidete ausländische Damen beim Einkauf beäugten neugierig diesen heruntergekommenen Menschen. Es musste ein Arbeiter vom Land sein, der sich verirrt hatte, aber warum trug er diese Nickelbrille auf der Nase? Die Türwächter des Freundschaftsladens funkelten ihn an und ließen ihn nicht aus den Augen, um jederzeit eingreifen zu können, falls er den Laden betreten wollte. Endlich kamen zwei weiße Ausländer angefahren und ließen den Mann einsteigen. Geremie Barmé und Nicholas Jose brachten Liu Xiaobo mit ihrem Wagen in die aus einem Dutzend Hochhäusern bestehende Wohnanlage für Diplomaten. Als sie das von bewaffneten Polizisten und Agenten bewachte Tor passierten, wurde Liu Xiaobo erneut misstrauisch gemustert. Das Auto hielt im Inneren der Anlage. Die drei Männer fuhren mit dem Lift nach oben und betraten die Wohnung des australischen Kulturattachés und Schriftstellers Nicholas Jose.

Die Wohnungen der Ausländer waren sehr groß, hell und sauber. Hier gab es weiche Teppiche und elegante Musik. All das erinnerte Liu Xiaobo sofort an die menschenunwürdigen Bedingungen, unter denen er mit den Studenten auf dem Platz ausgeharrt hatte. War das nicht Masochismus? Nicholas lud ihn ein, sich auf ein bequemes Sofa zu setzen, und bot ihm eine Tasse Tee und Zigaretten an. Aber Xiaobo fragte sofort nach der Möglichkeit, unter die Dusche zu gehen. Er hatte sich fünf Tage nicht gewaschen, und während er den Schmutz abwusch, fragte er sich, wie er nur diese lange Zeit mit den Studenten verbringen und sich in eine Gruppe Unfug treibender junger Leute einreihen konnte. War das nicht absurd? Nicholas gab ihm saubere Kleidung und ein schönes, wohliges Gefühl durchströmte ihn. Es machte ihn nachdenklich. Vor dem Spiegel entdeckte er sich selbst als einen nicht schlecht aussehenden, außergewöhnlichen Mann. Aber nach einem üppigen Mittagessen mit Rotwein und nachfolgendem Whisky wurde er erneut beim Gedanken an die Studenten von seinem Gewissen eingeholt. Erst die Unterhaltung mit seinen Freunden schwächte diese Spannung wieder ein wenig ab.

Am frühen Abend kehrte Xiaobo wieder zum Tian'anmen-Platz zurück, nahm eine herumliegende Büchertasche als Kopfkissen, hüllte sich in einen Soldatenmantel und verbrachte die Nacht in einem chaotischen und lauten Zelt zwischen Selbstprüfung und Halbschlaf. Das sollte die letzte Nacht vor der Verkündung der totalen Ausgangssperre sein, die von der Regierung über Peking verhängt wurde.

Liu Xiaobo erwachte kurz vor der Morgendämmerung und verspürte eine starke Sehnsucht nach seiner Frau und seinem knapp vier Jahre alten Sohn. Er vermisste das gute Essen, das seine Frau kochte, und er wollte gerne wieder einmal mit ihr schlafen. Er war ja erst seit etwa zwanzig Tagen wieder in China, hatte auch schon wieder eine neue Geliebte, aber nur sehr wenig körperlichen Kontakt zu seiner Ehefrau. Es war ihm klar, dass er kein guter, verantwortungsvoller Ehemann war. Für seine Frau Tao Li jedoch war eheliche Treue die oberste Forderung. Egal, was er sonst alles tat, sein zügelloses Verhalten war trotz aller seiner Bemühungen eine Qual für sie. In seiner 1992 in Taiwan veröffentlichten Autobiografie *Monolog eines Mannes, der den Untergang überlebte* beschimpfte er sich sogar selbst als »hemmungsloses Monster«.

Zhao Ziyang, der Generalsekretär der KPCh, war wegen der Einstufung der Studentenbewegung als Aufruhr mit Deng Xiaoping und dem Premierminister Li Peng zerstritten. Er hatte seinen Rücktritt eingereicht und besuchte am 19. Mai morgens um 4 Uhr 50 in Begleitung von Wen Jiabao, dem Bürochef des Zentralkomitees der KPCh, die hungernden Studenten auf dem Tian'anmen-Platz. Er versuchte sie zur Aufgabe zu bewegen und betonte wiederholt, dass viel Zeit nötig sei, um die Probleme des Landes zu lösen. Unter Tränen sagte er: »Wir sind gekommen, aber zu spät. Bitte verzeiht uns.« Noch am selben Abend verkündete die Kommandostelle der Studenten das Ende des Hungerns, die Fortführung des Protestes als Sitzstreik sowie die Übergabe einer Bittschrift.

Gegen 23 Uhr schallte aus den städtischen Lautsprechern, die auf dem Platz montiert waren, mit großer, die studentischen Megafone übertönender Lautstärke die Übertragung einer Sitzung von Regierung und Armee. Premierminister Li Peng bezeichnete die Situation der Stadt Peking als anarchisch und die Studentenbewegung erneut als Aufruhr. Ab zehn Uhr morgens des folgenden Tages werde über die wichtigsten Stadtbezirke der Ausnahmezustand verhängt.

Am 20. Mai um zehn Uhr verkündete Li Peng im Fernsehen diese Nachricht und nannte dazu die betroffenen innerstädtischen Bezirke: Östlicher und Westlicher Bezirk (Dongcheng und Xicheng), Chongwen, Xuanwu, Shijingshan, Haidian, Fengtai und Chaoyang. Die Militärkommission des Zentralkomitees der KPCh erließ den Befehl an die Armee, in die Innenstadt vorzurücken. Auf diese Nachricht hin strömten Millionen von Bewohnern Pekings auf die Zugangsstraßen und errichteten Blockaden. Die am selben Abend von anderen Provinzen am Stadtrand, in Fengtai, Liuliqiao, Shazikou, Hujialou und anderen Ortschaften eintreffenden Truppen versuchten mit Panzern, Schützenpanzern und Lastwagen ins Stadtinnere vorzudringen.

Die Demonstranten auf dem Platz indes hatten trotz der Verkündigung des Ausnahmezustandes ausgeharrt. Sie beschlossen, den Hungerstreik fortzusetzen. Um ein Uhr morgens verkündeten die Lautsprecher der Studenten wiederholt:»Hier auf dem Platz findet ein großer Hungerstreik von 200 000 Menschen statt!« Es war klar: Die Studenten würden den Platz unter keinen Umständen verlassen.

Am Vormittag des 20. Mai überflogen Hubschrauber die protestierenden Massen auf dem Platz des Himmlischen Friedens. In der Luft waren fünf Militärmaschinen auszumachen, die im Tiefflug Angriffe simulierten. Die Menschen hielten den Atem an, ihre Ohren waren von dem gewaltigen Lärm betäubt. Die Maschinen machten kehrt und überflogen den Platz erneut, während auf dem Boden die Menschen versuchten, den Motorenlärm mit ihren Schreien zu übertönen.

Als Xiaobo die Hubschrauber kommen sah, war er frei von Angst und Wut. Ihn überkam einfach nur Verwunderung über das, was er da zu sehen bekam. Die Maschinen waren so dicht über den Menschen, dass sie die Köpfe der Demonstranten und die Spitze des Denkmals der Volkshelden zu berühren schienen. Die Gesichter der Piloten waren deutlich vom Boden aus zu sehen. Auf Flugblättern, welche die Hubschrauber abwarfen, wurde die Verhängung des Ausnahmezustandes und die Forderung nach einer sofortigen Räumung des Platzes verkündet. Liu Xiaobo sprang wie vor Freude auf, ruderte mit den Armen und schrie laut, als ob er in seine Kindheit zurückgefallen wäre. Später beschrieb er diese Szene einmal und sagte, seine damaligen Begleiter, sein Freund Gao Xin und seine Geliebte Mei, hätten sein Verhalten damals überhaupt nicht verstehen können.

Am selben Tag kursierte auf dem Platz eine Sonderausgabe der *Volkszeitung* mit dem Aufruf zum landesweiten generellen Schul- und Universitätsstreik. Fabriken, Märkte und Läden sollten geschlossen bleiben. Ein weiteres Extrablatt trug die Überschrift »Gedanken zur Studentenbewegung« und enthielt die folgenden Informationen: *Staatsvorsitzender Zhao Ziyang ist entmachtet worden und steht unter Hausarrest. Zhao Ziyang darf nicht gehen! Wir fordern die Einberufung eines Sonderparteitags und eine Sondersitzung des Volkskongresses!*

Zwischen dem 20. und 23. Mai schrieb Liu Xiaobo unter anderem die beiden Texte »Offener Brief an das Parteikomitee der Pädagogischen Universität« und »An die Überseechinesen und all jene Menschen im Ausland, die sich um die Probleme in China bemühen«. Am Vormittag des 23. Mai wandten sich einige Studenten der Pädagogischen Universität auf dem Platz an Liu Xiaobo und ersuchten ihn, eine Textvorlage, die sie gerade erst ausgearbeitet hatten, zu korrigieren. Xiaobo las den Text und sagte, den Parolen fehle es an konkreten Inhalten, sie sollten besser den ganzen Text neu schreiben.

Die Studenten baten ihn dann, den Text für sie umzuarbeiten. In etwas mehr als einer Stunde schrieb er das Programm »Unsere Vorschläge«. Er nannte die Regierung unter Premierminister Li Peng, die das Kriegsrecht verhängt hatte, eine »Scheinregierung«. »Die unrechtmäßige Scheinregierung muss geschlossen zurücktreten, Li Peng muss entmachtet werden«, schrieb er. Er hoffe auf »eine Mobilisierung der gesamten Gesellschaft, um die Militärherrschaft zu zersetzen«. Die Arbeiter in den staatseigenen Betrieben sollten »unabhängige Gewerkschaften bilden, die tatsächlich die Interessen der Arbeitenden vertreten«. Liu Xiaobo trat für eine »umfassende Privatisierung« und eine durchgreifende Reform des Eigentumsrechts ein. Die »acht demokratischen Parteien« sollten »planmäßig, öffentlich und unumwunden Forderungen nach eigenständiger Teilnahme an der Machtausübung an die Regierung stellen, um schließlich unabhängige, echte demokratische Parteien zu werden«.

Dieser Text wurde Hou Dejian und Wu'erkaixi vorgelegt. Nachdem sie noch einige Änderungen vorgeschlagen hatten, wurde das Manifest mit einer guten Schreibmaschine auf Wachspapier abgeschrieben und vom Hungerstreikteam der Pädagogischen Universität in mehreren tausend Exemplaren als Flugblatt vervielfältigt. Dieses Flugblatt kursierte nicht nur auf dem Tian'anmen-Platz, es wurde überall in der Stadt verteilt. Nach dem Massaker des 4. Juni bezeichnete das Amt für Öffentliche Sicherheit in Peking diesen Text als »konterrevolutionäres Manifest«. Es handle sich um ein »programmatisches Dokument aus der späten Phase der Studentenunruhen«, und der Verfasser Liu Xiaobo sei deshalb der »konterrevolutionären Propaganda und Demagogie« anzuklagen.

In der zweiten Mai-Hälfte 1989 kam Liu Xiaobo wiederholt vom Tian'anmen-Platz ins Diplomatenviertel von Jianguomenwai, um sich in der Wohnung von Nicholas Jose auszuruhen und einige internationale Telefongespräche zu führen. Ich rief Nicholas auch immer wieder an, um mit ihm und mit Liu Xiaobo zu sprechen. Sie schilderten mir die gegenwärtige Situation in der Stadt und die Stimmung auf dem Platz, die gegen Ende Mai immer bedrückter wurde. Xiaobo kümmerte sich nicht darum, ob das Telefon vielleicht abgehört wurde, und fragte mich nach dem Befinden vieler befreundeter und bekannter chinesischer Künstler, Literaten und Aktivisten in New York. Ich erzählte Nicholas und Xiaobo, dass ich bereits für den 30. Mai ein Ticket nach Peking gebucht hatte. Auf meine Absicht, nach Peking zu kommen, reagierte Xiaobo anders als Nicholas. Während mir Nicholas von dieser Reise abriet, erklärte Xiaobo, dass er es gut verstehen könne, wenn ich zurück nach China wolle, und er nicht glaube, dass ich auf dem Flughafen Schwierigkeiten bekommen würde.

In meinem Essay »Exil«, der im August 1989 in New York entstand, habe ich über ein Telefonat mit Nicholas und später dann auch mit Xiaobo wie folgt geschrieben:

Ende Mai, an einem aufregenden Nachmittag, rief ich aus New York meinen Freund, den australischen Diplomaten und Schriftsteller Nicholas Jose, in Pe-

king an. Zufällig war Liu Xiaobo gerade bei ihm. Ich sagte Nicholas, dass ich zurückkehren werde und bereits ein Ticket gebucht habe. Ich könne nicht weiter in Amerika herumsitzen. Aber Nicholas sagte: »Was kannst du denn hier schon machen? Die Studentenbewegung hat praktisch schon verloren, daran kannst auch du nichts mehr ändern. Bei Ling, du solltest jetzt besser nicht zurückkommen.« Ich schwieg. Nicholas sagte auch nichts mehr, wahrscheinlich stand Xiaobo neben ihm, die beiden warteten auf meine Antwort. Aber was sollte ich denn sagen? Es gab zu viel, was ich nicht ausdrücken konnte. Zurück nach China, was hieß das alles für mich? Zurückkehren bedeutete nicht nur, an der Studentenbewegung teilzunehmen, sondern hieß zum Beispiel auch nur, in eine Buchhandlung zu gehen und irgendein chinesisches Buch in die Hand zu nehmen. Ich dachte an meine kleine Wohnung in einem alten Gebäude des Lehrerfamilientrakts der Hochschule für Industrie – im Spätherbst, wenn in Peking die Blätter raschelten. Es war gerade Ende Mai, aber zwischen Peking und New York bestand für mich eine gigantische Zeitverschiebung. Die ganze Welt blickte nach Peking, in den Augen der Studenten war dort gerade ein historischer Kampf zwischen dem »hellen Licht« und der »Finsternis« im Gange. Vielleicht würde die Studentenbewegung wirklich verlieren, aber sollte mich das davon abhalten, nach Hause zurückzukehren?

Nicholas sollte recht behalten.

12

DER HUNGERSTREIK DER
»VIER EHRENMÄNNER«

Am 28. Mai zu Mittag nahmen Liu Xiaobo und Zhou Duo
an einer Diskussionsveranstaltung der International Academy
for Chinese Culture (IAFCC) zur »patriotischen Verständigung
und zum Schutz der Verfassung« auf dem Campus der Renmin-Universität, der Universität des Chinesischen Volkes, im
Nordwesten der Stadt teil. Die IAFCC wurde 1984 von Feng
Youlan, Liang Shuming und anderen international bekannten Philosophen und Gelehrten gegründet. Sie ist eine unabhängige internationale Organisation für die Zusammenarbeit
von Schülern, Studenten, Lehrern und Bildungseinrichtun-
gen und ist unter anderem mit der unabhängigen chinesischen
Naturschutzorganisation Friends of Nature verbunden. Während der Veranstaltung nahm Xiaobo Zhou Duo beiseite und
ging mit ihm hinaus. Xiaobo sagte seinem Freund, er werde am
Tian'anmen-Platz ebenfalls an dem Hungerstreik teilnehmen.
Er zählte seine Gründe auf und sagte, er sei fest entschlossen.
Und er hoffe, dass Zhou Duo sich ihm anschließen werde.

Nach Zhou Duos Erinnerung sagte er damals zu Liu Xiaobo:»Du musst an die gesellschaftlichen Auswirkungen denken. Da gibt es nur zwei Möglichkeiten. Erstens, sagen wir, es gibt überhaupt keine Reaktionen, überhaupt kein Echo, dann machen wir uns nur selbst kaputt und könnten eigentlich auch gleich von einem Hochhaus springen, oder? Außerdem kommen wir noch ins Gefängnis. Wer weiß, für wie lange. Ist das nicht Schwachsinn? Die zweite Möglichkeit: Es gibt ein großes Echo, so wie auf den Hungerstreik seit dem 13. Mai von Wang Dan und seinen Studenten. Wir gießen Öl ins Feuer und alles wird vollkommen unkontrollierbar.« Die beiden Männer konnten sich an diesem Tag nicht einigen.

Am 29. Mai rief Liu Xiaobo abends um 21 Uhr bei Zhou Duo zu Hause an und sagte:»Du musst mir heute Bescheid geben, ob du mitmachst oder nicht.« Zhou Duo riet ihm noch einmal von der Teilnahme an dem Hungerstreik ab. Tao Li saß neben Liu Xiaobo. Sie schluchzte und auch sie flehte ihn an, nicht mehr auf den Tian'anmen-Platz zu gehen. Liu Xiaobo aber sagte:»Ich mache es auf jeden Fall. Niemand kann mich davon abbringen. So bin ich eben. Wenn sich mir niemand anschließt, werde ich es auch allein durchziehen.« Zhou Duo zögerte noch:»Okay, also ich rufe dich in einer Stunde zurück, dann gebe ich dir eine definitive Antwort.«

Zhou Duo berichtete später, dass er sich in jener Stunde wie Hamlet vorgekommen sei – »to be or not to be«, das war die große Frage. Es sollte die schwerste Entscheidung in seinem Leben werden. Er nahm sogar ein Blatt Papier, machte einen Strich in der Mitte und schrieb auf die eine Seite die Gründe, die für eine Teilnahme an dem Hungerstreik sprachen, und auf der anderen Seite die, die dagegenstanden. Er selbst hatte überhaupt keinen Anlass, von sich aus einen Hungerstreik anzufangen. Aber auf der anderen Seite gab es zwei Gründe, die ihn schließlich doch dazu brachten, am Ende zuzusagen: »Erstens – ich kannte Xiaobo zwar erst seit 1987, aber fast von Anfang an hat er gesagt, dass ich sein bester Freund sei. Wenn deinem besten Freund nun etwas einfällt, bei dem er seinen Kopf verlieren kann, und er unbedingt möchte, dass du ihn begleitest – wie sollte man das dann ablehnen können? Da musst du einfach mitgehen, sonst kannst du dir hinterher nicht mehr selbst in die Augen sehen. Zweitens dachte ich mir, dass ich ihn irgendwie beeinflussen könnte, wenn ich ihn begleiten würde. Und womöglich verhindern könnte, dass er etwas Verrücktes macht. Seine Frau Tao Li zeigte sich ein wenig erleichtert durch meine Entscheidung: ›Ich habe von Xiaobo gehört, dass du mit ihm gehst, das beruhigt mich ein bisschen. Du bist der Einzige, auf den er noch hört.‹ Und am Ende war es auch so. Ich denke, dass unsere Mitstreiter vielleicht draufgegangen wären, wenn ich Liu Xiaobo nicht begleitet hätte. Ziemlich sicher sogar. Eigentlich war es überhaupt nicht meine Entscheidung. Du kommst am Ende darauf, du musst dich für etwas entscheiden, was du von dir selbst aus gar nicht willst. Das war die Logik.«

Nach einer Stunde rief Zhou Duo bei seinem Freund an und sagte: »Also gut, ich werde dich nicht verlassen.« Xiaobo war glücklich und gerührt. Nach Zhou Duos Erinnerung stellte er Xiaobo damals jedoch ein paar Bedingungen: »Wir müssen auf jeden Fall ein Manifest haben, in dem ganz klar steht, dass unser Hungerstreik nicht dazu dient, um andere aufzuwiegeln, sondern um sie zu einer friedlichen Einigung zu bringen. Außerdem sind wir für eine neue politische Kultur. Wir müssen sagen, dass wir keine Feinde haben. Wir berufen uns auf zwei Parolen: ›Wir haben keine Feinde‹ und ›Jeder Einzelne in China muss sich für den sozialen Fortschritt verantwortlich fühlen‹.«

Zhou Duo erinnerte sich weiter: »Am folgenden Tag gab ich ihm ein paar Stichpunkte und er fing an zu schreiben. Für mich war es auch sehr wichtig, dass wir unsere Hungerstreikregeln ganz genau einhalten würden: kein Essen, auch kein Zuckerwasser! Er war mit allem einverstanden.«

Zhou Duo fragte Xiaobo, wen er außer ihm noch dabeihaben wollte. Xiaobo antwortete, er wolle Hou Dejian bitten. Er sei ein berühmter Sänger und habe deshalb viel Einfluss. Was Hou dazu meine, fragte Zhou Duo weiter. Xiaobo sagte, er habe ihn noch gar nicht gefragt, denn Hou mache gerade Schallplattenaufnahmen in Hongkong.

Nach Zhou Duos Erinnerung hatte er sich am nächsten Tag schon einige Stichwörter für das »Hungerstreik-Manifest vom 2. Juni« ausgedacht. Er zeigte sie Xiaobo, der die Punkte durchging und sofort damit begann, einen ersten Entwurf zu schreiben. Die beiden wollten Hou Dejian nach seiner Rückkehr ihre Vorschläge vorlegen, damit auch dessen Meinung noch berücksichtigt werden konnte.

Am Abend des 30. Mai, kurz vor 21 Uhr, kam Xiaobos Freund Gao Xin zu ihm nach Hause. Gao Xin war Chefredakteur der Wochenzeitung der Pädagogischen Universität. Er kam, um seinen Freund zu warnen. Gao Xin riet ihm, sofort ein Visum zu beantragen und China so schnell wie möglich zu verlassen. Die Studentenbewegung habe ohnehin keine Chance mehr. Xiaobo erzählte Gao Xin von seiner Hungerstreik-Idee, aber der sprach sich entschieden dagegen aus. Warum solle man sein Leben einsetzen, wenn es überhaupt nichts bringe? Niemand könne die Protestbewegung noch retten. Bevor er ging, redete Gao Xin noch einmal eindringlich auf seinen Freund ein und gab ihm den Rat, sich diese Sache gut zu überlegen und nicht aus einer Erregung heraus sich selbst und seine ganze Familie in Gefahr zu bringen.

Am Nachmittag des 30. Mai besuchten Xiaobo und seine Freundin Mei Zhou Duo in dessen Wohnung im Lehrertrakt der Universität für nationale Minderheiten. Die beiden Männer teilten sich die Arbeit an ihrem »Hungerstreik-Manifest vom 2. Juni« auf. Liu Xiaobo sollte den Hauptteil verfassen, Zhou Duo den Anhang. Darin wollte er ausführlich die Prinzipien des Manifests erläutern.

Am 31. Mai kamen Gao Xin und Zhou Duo um halb sieben Uhr abends zu Liu Xiaobo. Außerdem stieß noch ein Freund von Hou Dejian dazu. Die vier wollten zusammen zum Flughafen fahren, um den Musiker dort abzuholen. Bevor sie losgingen, kam ein *Time*-Reporter vorbei. Liu Xiaobo sagte ihm, er habe jetzt keine Zeit, bat ihn jedoch, seinen Kollegen und Kolleginnen unter den ausländischen Reportern zu sagen, dass er am Nachmittag des 2. Juni am Tian'anmen-Platz eine wichtige Nachricht verkünden werde.

Nachdem sie Hou Dejian abgeholt hatten, gingen die Freunde in ein Restaurant an der Dongsi-Straße. Beim Abendessen zog Liu Xiaobo den Entwurf des Manifests hervor und zeigte ihn Hou Dejian. Auf der Fahrt hatte er Hou bereits von seinem Plan erzählt. Der Sänger war zunächst skeptisch und fragte mehrmals, warum sie so etwas machen sollten und was das für einen Zweck habe. Aber als er das Manuskript durchgelesen hatte, war Hou Dejian beeindruckt.»Wenn wir für diese Punkte einen Hungerstreik veranstalten sollen, mache ich gerne mit. Aber drei Tage sind mir zu lang. Ich muss Anfang Juni nochmals für Aufnahmen nach Hongkong fliegen. Ich mache zwei Tage mit, 48 Stunden.« Hou Dejians freimütige Art begeisterte die anderen. Xiaobos Traum begann endlich Gestalt anzunehmen.

Nach dem Essen fuhren sie zusammen zum Jimen-Hotel, um die Details des Hungerstreiks zu besprechen. Nach Xiaobos Erinnerung brachte Hou Dejian noch einige konstruktive Ideen in das Manifest ein. Er sagte:»Es ist nicht so wichtig, wer jetzt konkret zurücktritt. Das Wichtigste ist, ein demokratisches Amtsenthebungsverfahren aufzubauen. Wenn es keine demokratischen Garantien gibt, dann ist jeder Mensch an der Spitze automatisch ein Diktator und jeder, der hinter ihm steht, will ihn eines Tages ersetzen und selbst zum Diktator werden.« Während Zhou Duo, Liu Xiaobo und Hou Dejian diskutierten, stieß Gao Xin dazu und sagte, er wolle ebenfalls am Hungerstreik teilnehmen. Die anderen drei waren jedoch alle dagegen, vor allem, weil Gao Xin nicht sehr bekannt war und sich dadurch noch mehr in Gefahr begeben würde. Schließlich sollte nur Liu Xiaobo im Jimen-Hotel übernachten, um das Manifest ins Reine zu schreiben. Er suchte auch bereits jemanden, der die Hauptpunkte ins Englische übersetzen konnte. Gao Xin wohnte im Osten von Peking, relativ weit entfernt von diesem Hotel, weshalb er am Ende doch bei Liu Xiaobo übernachtete. Als Zhou Duo und Hou Dejian wegfuhren, war es bereits ein Uhr morgens.

Liu Xiaobo hatte das Manifest fertig und wollte eigentlich schlafen gehen, denn der 1. Juni war der Internationale Tag des Kindes, weshalb er am Morgen noch ein Geschenk für seinen kleinen Sohn kaufen wollte. Gao Xin erklärte erneut seine Bereitschaft, als vierter Mann an dem Hungerstreik teilzunehmen. Er sagte:»Unter euch dreien ist keiner KP-Mitglied. Ich bin nicht bekannt, aber ich bin Mitglied der KPCh. Es ist ein wichtiger Faktor, wenn auch ein KP-Mitglied am Hungerstreik teilnimmt.« Gao Xins Haltung und seine Worte beeindruckten Xiaobo. Er dachte, auch wenn Gao Xin nicht am Hungerstreik teilnehmen sollte, werde er mit größter Wahrscheinlichkeit als guter Freund mit ihm zusammen auf das Heldendenkmal auf dem Platz steigen und sich damit ebenso in Gefahr begeben. Deshalb sei es vermutlich besser, ihn einfach mitmachen zu lassen – und seine KP-Mitgliedschaft könne vielleicht tatsächlich helfen. So erklärte er Gao Xin, dass er einverstanden sei, und ließ ihn ebenfalls das Manifest unterschreiben, obwohl Hou Dejian und Zhou Duo noch nichts davon wussten. Xiaobo meinte, als Initiator des Hungerstreiks habe er das Recht, zu entscheiden, wer mitmache und wer nicht.

Am Vormittag und bis zum frühen Nachmittag des 1. Juni genoss Xiaobo noch einige rare Momente mit seiner Frau Tao Li und seinem Sohn Liu Tao. Es war der internationale Tag des Kindes, der auch in Liu Taos Kindergarten, der zur Pädagogischen Universität gehörte, gefeiert wurde. Liu Tao war sehr aufgeregt, als sein Vater erschien. Er drückte seine Eltern und neckte sie fröhlich. Tao Li war bedrückt, sie versuchte immer noch, ihren Mann von seiner Hungerstreik-Idee abzubringen. Xiaobo selbst fühlte sich, nach seiner späteren Erinnerung, wie ein aufgezogener Kreisel, der immer schneller rotierte. Er sah, wie sich seine Frau quälte, aber es änderte nichts an seinem Entschluss.

Am 1. Juni wurden Liu Xiaobo, Zhou Duo, Hou Dejian und Gao Xin vom amerikanischen Fernsehsender NBC im Wangfujing Grand Hotel interviewt. Die vier erklärten ihre Gründe für ihren Hungerstreik und stellten das »Hungerstreik-Manifest vom 2. Juni« vor.

Am selben Abend hielt Liu Xiaobo am Tor der Pädagogischen Universität vor einer großen Menge versammelter Lehrkräfte und Studenten eine Rede und erklärte, dass er auf dem Tian'anmen-Platz einen Hungerstreik abhalten werde. Er sprach klar und eloquent: »Die Regierung spricht immer wieder von einer kleinen, sehr kleinen Minderheit, einer Handvoll Leute. Offenbar haben sie damit solche Leute wie mich im Sinn, die keine Studenten sind. Aber ich möchte sagen, ich bin ein Staatsbürger mit politischem Verantwortungsbewusstsein. Alles, was ich tue, steht im Einklang mit der Vernunft und mit der Verfassung. Man nennt mich »Drahtzieher«, aber das schreckt mich nicht. Für unsere Ziele will ich gerne ein Drahtzieher sein und ich bin stolz darauf! Ab morgen Nachmittag trete ich in einen Hungerstreik. Diese Aktion geht von mir aus, und der Sänger Hou Dejian, den ihr alle kennt, ist auch dabei.«

Diese Nachricht Liu Xiaobos wurde noch am selben Abend an den großen Universitäten von den unabhängigen Studentenorganisationen verbreitet und auch auf dem Tian'anmen-Platz von den Lautsprechern der Studentenbewegung verkündet.

Nach meiner Ansicht mochte der Entschluss Liu Xiaobos zum Hungerstreik die radikalen Elemente in der Führung der Studenten bestärkt haben – Leute wie Chai Ling, die Leiterin der Hungerstreikgruppe, und ihren Stellvertreter Li Lu, die den Studenten zuredeten, auf dem Platz auszuharren. Liu Xiaobos Hungerstreik verstärkte auch den Konflikt mit der Regierung und war somit vielleicht einer der Faktoren, die schließlich zum blutigen Ende der Proteste führten. Dass die Studenten bestärkt wurden, ihren Hungerstreik fortzusetzen, war nicht zuletzt sehr gefährlich für deren Gesundheit. Liu Xiaobos Entschluss, mit einer großen Geste an den Hungerstreiks teilzunehmen, um als Intellektueller gegen den von der Regierung ausgerufenen Ausnahmezustand zu protestieren, brachte ihn in den Mittelpunkt der allgemeinen Aufmerksamkeit.

Vielleicht konnte er mit dieser Maßnahme auch seine persönliche Sicherheit besser gewährleisten. Denn schließlich war er ein bekannter Intellektueller, der eigens aus den USA zurückgekehrt war, um an der Studentenbewegung teilzunehmen. Er war eng mit Hu Ping und Chen Jun von der Exil-Gruppe Federation for a Democratic China verbunden, die seitens der chinesischen Regierung als »konterrevolutionäre Organisation im Ausland« unter Beobachtung stand. Als Einziger aus diesem Exil-Kreis war er bereits mittendrin in den Protesten in China. Xiaobo wusste, dass er jederzeit verhaftet und verschleppt werden konnte. Hu Ping und Chen Jun hatten mehrfach aus Amerika angerufen und Xiaobo dringend geraten, die allgemeine Aufmerksamkeit langfristig auf sich zu lenken und sich damit zu schützen.

Am 2. Juni um vier Uhr nachmittags hielten vier Männer am Denkmal der Volkshelden auf dem Tian'anmen-Platz eine Pressekonferenz vor ungefähr 20 000 Studenten und unzähligen anderen Zuhörern ab. Sie wollten am Denkmal einen 72-stündigen Hungerstreik durchführen. Die vier Männer waren Dr. Liu Xiaobo, Dozent für Chinesisch an der Pädagogischen Universität, Zhou Duo, Projektleiter der Firma Sitong Stone Group, davor Dozent am Institut für Sozialforschung der Peking-Universität, Gao Xin, Chefredakteur der Wochenzeitung der Pädagogischen Universität, und der bekannte Sänger Hou Dejian aus Taiwan. Später wurden sie oft als »die vier Ehrenmänner vom Tian'anmen-Platz« bezeichnet.

Die Pressekonferenz wurde von Wang Juntao moderiert. Er stellte den in- und ausländischen Pressevertretern die vier Männer vor und bat diese dann, selbst ein paar Worte zu sprechen. Als Hou Dejian sprach, riefen die andrängenden Menschen nach einem Lied. Die Ordnung der Pressekonferenz löste sich auf. Obwohl Gao Xin noch nicht gesprochen hatte, ergriff Wang Juntao wieder die Initiative und kündigte für den folgenden Tag eine weitere Pressekonferenz an. Die vier Männer wurden von Ordnern in das Zelt geleitet, das Li Lu und seine Studenten für sie aufgestellt hatten. Das Zelt war zuvor schon von den Ordnungskräften der Studenten umstellt worden. Außer medizinischem Personal durfte niemand hinein, der nicht von einem der vier dazu eingeladen worden war.

Die Menschenmenge schwoll immer mehr an. Die Massen drängten zum Denkmal und skandierten: «Rauskommen!«, »Rauskommen!« Manche riefen auch: »Hou Dejian, sing für uns!« Die Ordner konnten die Menschen nicht mehr zurückhalten. Sie konnten sich gar nicht mehr auf ihren Füßen halten und wurden an die seitlichen Befestigungen des Zeltes gedrückt, das bald heftig hin und her schaukelte. Irgendwann steckten zwei Ordner ihre Köpfe ins Zelt und sagten: »Verehrte Lehrer, kommen Sie bitte ein bisschen heraus, wir können nichts mehr machen.«

Die vier berieten sich und beschlossen hinauszugehen. Draußen riefen die Ordner: »Bitte seid einsichtig und weicht ein paar Schritte zurück, die vier Lehrer werden sofort zu euch herauskommen!« Es wurde tatsächlich ein wenig ruhiger. Hou Dejian ging als Erster hinaus, er war schließlich auch der Begehrteste von allen. Als er oben auf dem Denkmal sichtbar wurde, begann die Menge zu toben: »Hou Dejian, echt toll!« »Hou Dejian, sing uns ein Lied!« Der Sänger verbeugte sich, legte die Hände zusammen und dankte für den Applaus. Liu Xiaobo und die anderen beiden erschienen nun unter Jubelrufen ebenfalls auf dem Denkmal. Sie bildeten eine Reihe, legten einander die Arme über die Schultern und riefen im Chor: »Danke für eure Unterstützung! Pekinger, ihr seid echt unglaublich!«

Dann riefen die vier nacheinander einige Parolen, die von der Menge wiederholt wurden. Als Liu Xiaobo an die Reihe kam, mochte er vielleicht gerade daran denken, wie Li Peng nur zehn Tage zuvor mit verachtungsvoll verzogenem Gesicht den Ausnahmezustand verkündet hatte, denn plötzlich rief er mit aufpeitschender Stimme etwas im Pekinger Dialekt, was so viel bedeutete wie: »Wir werden es euch zeigen!« Es klang rüde und entsprach mehr den Parolen, die auf Fußballplätzen verwendet wurden. Tausende von Menschen schrien aus voller Kehle mit. Zhou Duo und Gao Xin sahen einander an und wussten nicht, ob sie lachen oder weinen sollten. Hou Dejian indes hatte kein Wort verstanden.

Bei seiner Rede, die über die Lautsprecher der Studenten verbreitet wurde, sprach Liu Xiaobo dann wieder in ernstem Ton. Er betonte noch einmal die Gewaltlosigkeit und den friedlichen Charakter dieser Protestbewegung. Er attackierte dabei nicht nur die Regierung, sondern kritisierte auch die Studenten. Beide Seiten sollten langfristig denken, sagte er, Kompromisse schließen und sich wieder gemeinsam an einen Tisch setzen. Weiter führte er aus: »Der größte Beitrag der Demokratie zum Wohl der Menschheit ist es, Probleme unter Vermeidung von Gewalt und Blutvergießen zu lösen. Die Studenten verlangen Demokratie, und die Regierung spricht ebenfalls von Demokratie; wenn wir auf demokratischer Basis zu einer Einigung kommen, können wir sicher ein Blutvergießen vermeiden. Wer für ein Blutvergießen ist und ein Blutvergießen herbeiführt, dessen Name wird im chinesischen Volk auf ewig verhasst sein.«

Gao Xin und Zhou Duo lasen aus dem »Hungerstreik-Manifest vom 2. Juni« vor. Hou Dejian sprach nicht über Politik. Er erzählte von einem Benefizkonzert in Hongkong für die Demokratiebewegung in Peking. Hou sagte: »Zu unserem Konzert kamen fast eine Million Menschen, der ganze Pferderennplatz war überfüllt. Die Auftritte dauerten insgesamt zwölf Stunden. Die Ordnung und Disziplin im Stadion waren ausgezeichnet. Als das Konzert zu Ende war, blieb nicht ein Papierschnipsel, keine Zigarettenkippe und keine Getränkepackung zurück. Das beweist die gute Erziehung der Hongkonger. Und jetzt sehen wir uns diesen Platz des Himmlischen Friedens an – überall nur Chaos. Wie will man mit einer solchen Einstellung echte Demokratie erreichen? Ich hoffe, dass ihr euch von nun an ein Beispiel an den Leuten in Hongkong nehmt und diesen Platz gut in Ordnung haltet. Ein sauberer Platz gibt auch der ganzen Welt einen besseren Eindruck von China.«

Der Hungerstreik der »Vier Ehrenmänner« fachte die Protestbewegung von Neuem an, nachdem die Studenten zuvor schon einiges an Kraft und Elan verloren hatten.

Das von Liu Xiaobo und Zhou Duo verfasste »Hungerstreik-Manifest vom 2. Juni« las sich in Auszügen wie folgt:
Wir treten in Hungerstreik! Wir protestieren! Wir rufen auf! Wir bereuen! Wir suchen nicht den Tod. Wir suchen das wahre Leben. Unter dem Druck der Militärgewalt des irrationalen Li-Peng-Regimes müssen die Akademiker Chinas ihre über mehrere Jahrtausende bewahrte Rolle als Waschlappen, die immer nur reden und nicht handeln, endlich aufgeben! Wir wollen durch unser Handeln eine neue politische Kultur hervorrufen und durch unser Handeln die Sünde des allzu langen Duckmäusertums bekennen!

In dem Manifest wurde weiter betont:
Wir treten in Hungerstreik, und zwar nicht mehr für eine Petition, sondern aus Protest gegen den Ausnahmezustand und die Militärgewalt! Wir treten dafür ein, mit friedlichen Mitteln die Demokratisierung Chinas voran-

zutreiben, und sind gegen jegliche Form von Gewalt. Aber wir fürchten uns nicht vor Gewalt und Brutalität. Wir wollen mit friedlichen Mitteln die demokratische Kraft und Festigkeit des Volkes unter Beweis stellen, welche die Ordnung zerbricht, die sich nur auf Lügen und Bajonette stützt! Die törichte Anwendung von Militärgewalt und die absurde Verhängung des Ausnahmezustandes gegen friedliche Petitionen von Studenten und Staatsbürgern aus allen Bereichen stellt einen untragbaren Präzedenzfall in der Geschichte der Volksrepublik China dar! Es ist eine Schande für die Kommunistische Partei, für die Regierung und für die Armee.

Wir treten in den Hungerstreik und rufen dazu auf, von nun an den Hass und die feindselige Einstellung schrittweise abzubauen und aufzuheben und die politische Kultur im Stile des »Klassenkampfes« endgültig aufzugeben. [...] Li Peng hat als Ministerpräsident schwere Fehler begangen und sollte in einem demokratischen Prozess seines Amtes enthoben werden. Diese Studentenbewegung hat in der gesamten Gesellschaft auf allen Ebenen ein großes Verständnis und eine beispiellose Sympathie und Unterstützung erfahren. Der Einsatz des Militärs hat diese Studentenbewegung bereits in eine Demokratiebewegung in der gesamten Bevölkerung verwandelt. Es ist jedoch nicht zu leugnen, dass viele Menschen die Studentenbewegung aus humanistischem Mitgefühl und aus Unzufriedenheit mit der Regierung unterstützen und nicht aus ihrem Verantwortungsbewusstsein als Staatsbürger. [...] Wir Chinesen müssen uns klarmachen, dass in einer demokratischen Politik jeder Mensch als Erstes ein Staatsbürger ist, und erst danach Student, Professor, Arbeiter, Kader oder Soldat.

Das Manifest enthielt auch den folgenden Aufruf:
Was wir brauchen, ist nicht der perfekte Welterlöser, sondern ein ausgeklügeltes demokratisches System. Deshalb rufen wir dazu auf, die folgenden zwei Punkte zu beachten:

1) Innerhalb der gesamten Gesellschaft sollten sich viele unterschiedliche selbstverwaltete legale Organisationen herausbilden. Diese allmählich geformte politische Kraft der Bevölkerung bildet ein Gegengewicht zur Entscheidungsgewalt der Regierung. Denn das Wesentliche in der Demokratie ist das Gleichgewicht in der Verteilung der Macht – also die getrennten Staatsgewalten. Wir haben lieber zehn verschiedene Teufel, die einander kontrollieren, als einen einzigen allmächtigen Engel.

2) Indem wir diejenigen Führungskräfte, die schwere Fehler begangen haben, ihrer Ämter entheben, bauen wir Schritt für Schritt ein funktionierendes Absetzungsverfahren auf. Wer an die Macht kommt und wer zurücktritt, ist gar nicht so wichtig; wichtig ist vielmehr, wie man an die Macht kommt oder wieder abtritt. Undemokratische Verfahren der Einsetzung und Absetzung können nur zu Diktatur führen.

Das Manifest zählte außerdem die Versäumnisse der Regierung auf:

Der größte Fehler der Regierung ist das Denken in überkommenen Kategorien des »Klassenkampfes«; damit hat sie sich in den Gegensatz zu einer großen Menge an Studenten und Stadtbewohnern gebracht und dieser Konflikt hat sich auch noch ununterbrochen verschärft. Demonstrationen, aber auch Hungerstreiks und ähnliche Aktionen sind demokratische Mittel, mit denen die Bevölkerung ihre Wünsche und ihren Willen kundtut. Es sind alles vollkommen legale Ausdrucksformen, da ist überhaupt nicht von Aufruhr zu sprechen. Nun hat man auf der Regierungsseite die Grundrechte ignoriert, welche die Verfassung jedem Staatsbürger garantiert, und aus einem autokratischen politischen Denken heraus diese Bewegung als Aufruhr definiert. Das hat wiederum zu einer ganzen Serie an falschen Entscheidungen geführt, sodass diese Sache immer weiter aufgeschaukelt und die Konfrontation immer heftiger wurde. Das Einzige, was wirklich Aufruhr verursacht, sind die verhängnisvollen Entscheidungen der Regierung, und in ihrer Schwere sind die Fehler der Regierung

durchaus mit jenen zu vergleichen, die zur sogenannten Großen Proletari-
schen Kulturrevolution geführt haben. Nur infolge der Zurückhaltung der
Stadtbewohner und Studenten und wegen der dringenden Appelle einsich-
tiger Persönlichkeiten aus allen Kreisen, auch innerhalb der KP, der Re-
gierung und der Armee, ist es bisher noch zu keinem Blutbad gekommen.
Deshalb muss die Regierung unbedingt ihre Fehler zugeben und überden-
ken – jetzt ist es noch nicht zu spät für Korrekturen. Die Regierung soll-
te aus dieser großen Demokratiebewegung eine schmerzhafte Lehre ziehen
und lernen, auf die Menschen zu hören. Sie muss sich daran gewöhnen,
dass die Menschen ihren Willen kundtun, indem sie die Rechte ausüben,
welche ihnen die Verfassung verliehen hat. Sie muss lernen, das Land in
demokratischer Weise zu verwalten.

Ebenso kritisiert das Manifest die Fehler der Studentenbewegung, die in den verschiedenen unabhängigen Organisationen der Studentenschaft begangen wurden:

Auf der Seite der Studenten ist der Hauptfehler in der chaotischen Orga-
nisation und dem Mangel an effektiven und demokratischen Verfahren zu
suchen. Das Ziel ist Demokratie, aber die Mittel und der ganze Prozess
sind nicht demokratisch organisiert; in der Theorie geht es um Demokra-
tie, aber die konkreten Probleme werden nicht demokratisch gelöst; es man-
gelt an Bereitschaft zur Zusammenarbeit. Man hält einander auf und er-
zeugt damit Entscheidungsschwäche, ein Durcheinander in den Finanzen
und eine Verschwendung der Ressourcen. Überschwängliches Gefühl und
Mangel an Vernunft, Privilegienreiterei und kein Gefühl für Gleichheit
und Gleichwertigkeit herrschen vor. Deshalb rufen wir dazu auf, die chi-
nesische Tradition der einseitigen Ideologisierung, der Parolen und der lee-
ren Worte zu überwinden; stattdessen sollte man in den Arbeitsprozessen,
in den Mitteln und Verfahren Demokratie aufbauen, um eine Demokra-
tiebewegung, in der die gedankliche Aufklärung im Zentrum steht, in eine
solche zu verwandeln, in der konkretes Handeln gefragt ist. Die Studen-

tengruppen auf dem Tian'anmen-Platz zu konsolidieren sollte im Mittelpunkt der Selbstreflexion auf der studentischen Seite stehen.

Am 3. Juni kamen von morgens bis abends Familienmitglieder und Freunde zu Besuch in das Hungerstreik-Zelt der »Vier Ehrenmänner«. Tao Li war krank, schleppte sich aber dennoch zu ihrem Mann. Als sie Liu Xiaobo sah, fing sie an zu weinen. Mehr als eine Stunde lang. Sie sagte kein Wort und Xiaobo wusste nicht, wie er seine Frau trösten sollte. Bevor Tao Li ging, umarmte sie ihn ganz fest, als wollte sie ihn mitnehmen. Zhou Duos Freundin Liu Mei blieb die ganze Zeit bei ihm, sie fächelte ihm Luft zu und massierte ihn. Erst als es wieder dunkel wurde, ging sie. Liu Xiaobos Freundin Mei schließlich kam gegen Abend an dem Zelt vorbei und blieb bis halb zwölf in der Nacht.

Um drei Uhr nachmittags erscholl durch die Lautsprecher der Studenten plötzlich die heisere Stimme von Chai Ling: *Die Lage ist äußerst gespannt, es liegt ein Massaker in der Luft, Blutvergießen steht uns unmittelbar bevor. Die Truppen des Ausnahmezustands erzwingen sich ihren Weg hierher auf den Platz. An jeder Kreuzung gibt es schon Blutvergießen – eine Studentin wurde gerade totgeschlagen. Kommilitonen, Pekinger, die schlimmste Stunde ist da, wir werden hier auf dem Platz bestehen oder sterben. Um uns zu verteidigen, müssen wir einige Waffen vorbereiten.*

Ein alter Mann, der sich als ehemaliger Soldat ausgab, begann den Menschen auf dem Platz zu erklären, wie man sich gegen Tränengas oder Giftgas schützen könne, wie man Panzer zerstören kann, und wie man Molotowcocktails zubereitet. Eine entsetzliche Anspannung und ahnungsvolle Angst machte sich breit.

Gegen Abend wurde die Stimmung auf dem Platz auf einmal wirklich gespannt. Unter dem von Deng Xiaoping als Vorsitzenden der Militärkommission des Zentralkomitees und seinem Vize Yang Shankun erteilten Befehl, in die Stadt vorzurücken, durchbrachen mehrere Hunderttausend bewaffnete und schussbereite Truppen bereits seit dem Vormittag die Barrikaden an allen Kreuzungen. Es kam zu heftigen Auseinandersetzungen mit den Stadtbewohnern, und Nachrichten von Todesfällen wurden ununterbrochen zum Tian'anmen-Platz weitergeleitet. Die hungerstreikenden Studenten kamen aus ihren Zelten hervor. Die ersten Menschen begannen schon, den Platz zu verlassen.

Ein Blutbad lag in der Luft. Einige Studenten forderten Liu Xiaobo und seine Mitstreiter auf, die Menschen auf dem Platz zu sammeln und in den Kampf mit den Soldaten zu führen. Andere wollten, dass die »Vier Ehrenmänner« zu den Soldaten gehen sollten, um sie mit ihrer Autorität und Überzeugungskraft dazu zu bringen, die gewaltsamen Handlungen einzustellen. Die vier berieten sich und kamen überein, dass ein Vorgehen gegen die Militärmacht nicht in Frage komme – die Studenten hatten keinerlei Waffen und konnten überhaupt nichts gegen die Soldaten ausrichten. Außerdem würde ein bewaffneter Widerstand den Prinzipien des Hungerstreiks zuwiderlaufen, jeglicher Widerstand würde der Regierung nur noch mehr Rechtfertigung für ein Massaker liefern.

Man konnte in diesen Stunden nur noch an die Vernunft und Zurückhaltung auf beiden Seiten appellieren. Nachdem sich die vier Männer einig geworden waren, schrieben sie schnell einen Appell, der sich in erster Linie an die Menschen auf dem Platz richtete. Sie erinnerten daran, dass man den schwer bewaffneten Truppen hilflos gegenüberstehe. In einer solchen Situation sei die beste Waffe nicht der gewaltsame Widerstand, sondern das Bestehen auf Gewaltlosigkeit und friedliche Mittel. Sie riefen dazu auf, so schnell wie möglich Vertreter zu den Soldaten zu schicken und sie zu Verhandlungen zu bewegen. Solange es noch einen Schimmer an Hoffnung gebe, müsse man eine Lösung suchen.

Als Liu Xiaobo den gemeinsam verfassten Appell zur Kommandozentrale der Studenten trug, um Chai Ling und den anderen zu erklären, was er vorhatte, stieß er auf eisiges Schweigen. Er musste einiges an Überredung aufwenden, damit sie ihn die Lautsprecher benutzen ließen. Als er gerade damit begonnen hatte, den Appell vorzulesen, rief ein Student mit lauter Stimme dazwischen: »Liu Xiaobo, Ihre Artikel habe ich mit Bewunderung gelesen. Ihr fester Entschluss zum Hungerstreik hat Ihnen noch mehr Respekt verschafft. Aber jetzt, im entscheidenden Moment, haben Sie Angst und wollen auch noch unseren Willen zum Widerstand untergraben. Was haben Sie eigentlich im Sinn? Ich denke sogar, Ihr Hungerstreik war auch nur Opportunismus.«

Noch bevor dieser Student fertig gesprochen hatte, kamen von allen Seiten schimpfende Zurufe: »Feigling!« »Waschlappen!« »Verräter!« »Hat dich die Regierung geschickt?« »Wenn du keinen Mut hast, spiel dich nicht weiter auf, sondern geh einfach!« »Ihr Intellektuellen überlasst uns sowieso der Gefahr und habt euch nur vorgedrängt, um unsere Früchte zu ernten!« »Geht endlich weg!«

Liu Xiaobo bebte vor Wut und brach seine Rede ab. Er knüll-
te den Appell zusammen, warf ihn Li Lu vor die Füße und
sagte: »Das werdet ihr bereuen!« Danach verließ er die Kommandostelle.

In der Abenddämmerung ertönte die »Internationale« aus
den Lautsprechern und der ganze Platz war mit einem Mal ergriffen. Seit dem Beginn der studentischen Hungerstreiks am
13. Mai war die »Internationale« jeden Tag auf dem Platz zu
hören gewesen, aber jetzt erst klang sie richtig erschütternd.
Das Stimmengewirr der Menschen verstummte, und auch die
»Vier Ehrenmänner« in ihrem Hungerstreik-Zelt hielten in
ihren Beratungen inne. Jemand begann den Text mitzusin-
gen, und bald stimmten alle mit ein. Vor dem Hintergrund
dieses Liedes hatte Chai Lings heisere Stimme auf einmal
etwas Erhabenes oder Sakrales: »Kommilitonen! Mitbürger!
Heute Abend kommt die entscheidende Stunde auf diesem
Platz. Diese große patriotische Demokratiebewegung hat uns
hierher geführt – wir haben keine andere Wahl, wir müssen
durchhalten. Durchhalten ist schon der Sieg! Im Namen der
Einsatzzentrale auf dem Tian'anmen-Platz rufe ich alle Menschen auf, die zum Durchhalten entschlossen sind: Steht bitte auf, hebt eure rechte Hand in Richtung des Denkmals der
Volkshelden und schwört mit mir.«

Auch die »Vier Ehrenmänner« traten aus ihrem Zelt und erhoben ihre rechte Hand. Auf dem ganzen Platz erhoben alle
die Hände in Richtung des Monuments:
Ich schwöre: Ich werde mit meinem Leben diesen Platz des
Volkes bewahren!

Ich werde auf dem Tian'anmen-Platz durchhalten, bis zum Ende! Ich schwöre: Unsere Köpfe mögen rollen – eines Tages siegt die Freiheit!

Nach diesem Schwur fühlte sich Xiaobo dem Tod nahe. Und er fühlte den Impuls, für diese Sache sein Leben einzusetzen.

Zurück im Zelt sagte er zu den anderen:»Egal, was kommt, wir vier dürfen auf keinen Fall vor den anderen weggehen. Wir sind hier vor den Altar getreten und haben wirklich keine andere Wahl.«

13

EINE ARMEE GEGEN
DAS EIGENE VOLK

Gegen ein Uhr morgens am 4. Juni 1989 erreichten die Truppen aus mehreren Richtungen den Platz des Himmlischen Friedens. Eine halbe Stunde später wurde eine Bekanntmachung der Regierung und des Truppenkommandos über Lautsprecher übertragen: *Heute Abend hat sich in der Hauptstadt ein schwerer konterrevolutionäre Putsch ereignet. Die Unruhestifter haben die Soldaten der Volksbefreiungsarmee mit großer Heftigkeit angegriffen. Sie haben Waffen entwendet, Fahrzeuge in Brand gesetzt und Soldaten und Offiziere entführt. Sie wollen die Volksrepublik China zerstören und das sozialistische System abschaffen. Die Volksbefreiungsarmee hat sich in den vergangenen Tagen strikt zurückgehalten. Jetzt ist der Zeitpunkt gekommen, um den konterrevolutionären Aufstand niederzuschlagen. Einwohner der Hauptstadt, haltet euch streng an die Auflagen des Ausnahmezustandes. Arbeitet eng mit der Armee zusammen, verteidigt unsere Verfassung und unser sozialistisches Vaterland, garantiert die Sicherheit der Hauptstadt. Alle Einwohner und Studenten müssen umgehend den Platz verlassen, damit die*

Truppen ihren Befehl ausführen können. Wird dieser Aufruf nicht befolgt,
kann keine Garantie für die Sicherheit übernommen werden, alle daraus
entstehenden Konsequenzen sind selbst zu tragen.

Diese Lautsprecherdurchsage wurde ständig wiederholt. Der
strenge Ton und die autoritäre Wortwahl erzeugten großen
Schrecken. Aus den Straßen um den Platz herum waren schon
vereinzelt Schüsse zu hören. Liu Xiaobo trat aus einem der Zelte heraus, in dem sich Studenten im Hungerstreik befanden,
und sah, dass viele Demonstranten den Rändern des Platzes zu-
strebten. Er stand einige Minuten da, starr vor Entsetzen. Es kam
ihm vor, als ob sich dieser riesige Platz innerhalb weniger Sekun-
den geleert hatte und sich nur noch ein paar tausend Menschen
um das Denkmal scharten. In seinen Gedanken formulierte er
den Satz: »Die Armee wird wirklich angreifen.« Es wurde ihm
zum ersten Mal bewusst, dass die Soldaten plötzlich auch hier
vor ihm von ihren Schlagstöcken, Bajonetten, dem Tränengas
und natürlich von ihren Gewehren Gebrauch machen könnten.
Bis dahin hatte er keine Angst empfunden – vielleicht, weil diese
übermächtig-brutale Bedrohung ihn hatte erstarren lassen und
sein Verstand die Situation noch nicht richtig verarbeitet hatte.
Er ging scheinbar gelassen in das Zelt zurück.

Westlich des Tores des Himmlischen Friedens brannten auf
der Chang'an-Straße Panzer und andere Militärfahrzeuge. Die Flammen erleuchteten das Tor. Schüsse und Laut-
sprecherdurchsagen erklangen. Immer mehr Leute verließen
fluchtartig den Platz. Kurz nach zwei Uhr brachten studentische Ordnungskräfte Getränke, Brot, Äpfel und andere Lebensmittel, damit die vier Männer ihren Hungerstreik beenden konnten. Es war offensichtlich, dass der Platz in dieser

Nacht geräumt werden würde – weiter zu hungern hätte keinen Sinn ergeben. Gao Xin, Zhou Duo und Ho Dejian aßen etwas, aber Liu Xiaobo wollte nichts anrühren. Es ging ihm nicht um die Fortsetzung des Hungerstreiks; was er sah und vielleicht schon erahnen konnte, hatte ihm schlichtweg den Appetit verschlagen. Ein paar Studenten kamen zu den »Vier Ehrenmännern« und sagten: »Ihr seid doch gar keine Studenten. Die Regierung bezeichnet euch als Drahtzieher. Wenn ihr ergriffen werdet, dann wird etwas Schlimmes passieren. Ihr befindet euch hier an dem Hauptziel der militärischen Aktion. Wenn ihr hier bleibt, besteht höchste Gefahr.«

Liu Xiaobo entgegnete: »Wir sind hierhergekommen, um mit euch durchzuhalten und wir werden auch nur mit den Studenten zusammen gehen.«

Aber ein Student von der Peking-Universität (Beida), sein Name war Shaojiang, flehte die vier Intellektuellen an, endlich etwas zu tun. Auf seine Appelle hin diskutierten die vier Männer einen möglichen Abzug. Im Grunde mussten unzählige Studenten, die den Platz noch lebend verlassen konnten, diesem tapferen Studenten für seinen Einsatz danken, denn erst auf seine Worte hin, wurde Xiaobo und seinen Mitstreitern die bevorstehende Bedrohung richtig deutlich. Es war plötzlich klar geworden, dass die Soldaten auf dem Platz ein Blutbad anrichten würden.

Liu Xiaobo war noch immer kämpferisch. Zhou besprach sich zunächst mit Gao Xin und Hou Dejian, denn er wusste, dass der sture und leicht erregbare Xiaobo nur sehr schwer zu überzeugen war. Erst nachdem er die beiden anderen Mitstreiter für sich gewonnen hatte, gingen sie zu Xiaobo. Doch der war von einem Rückzug nicht begeistert. Seine Gründe hierfür klangen einleuchtend: Der Platz des Himmlischen Friedens war eingekreist – einen freien Ausgang gab es nicht mehr. Ein Rückzug mindere die Gefahr nicht, so Liu Xiaobo, es sei besser, wenn man die Armee auf dem Platz erwarte. Diejenigen, die Angst hatten, seien bereits abgezogen, erklärte er – der Rest sei bereit, zu sterben. Diese Menschen zu überreden wäre unmöglich.

Und Xiaobo argumentierte weiter. »Wir vier sind keine Studentenführer, wir sind nicht Mitglieder der Kommandostruktur. Es ist nicht unsere Aufgabe, die Studenten zum Rückzug aufzufordern. Man wird uns allenfalls als Feiglinge bezeichnen.« Der Aufruf zum Rückzug könne nur durch die Kommandostelle erfolgen.

Xiaobos drei Freunde waren mit dieser Lösung nicht einverstanden. Sie vertraten die Meinung, dass das Leben von Tausenden von Studenten über allem anderen stehen würde. Und wenn es nur einen kleinen Hoffnungsschimmer gebe, sollte man alles unternehmen, die Studenten von einem Abzug zu überzeugen – auch zu dem Preis, am Ende als Feiglinge dazustehen. Liu Xiaobo wusste, dass seine Freunde recht hatten, und obwohl er nicht restlos von ihren Argumenten überzeugt war, stimmte er am Ende ihren Plänen zu.

Den »Vier Ehrenmännern« war klar, dass ein friedlicher Rückzug nicht so ohne Weiteres durchzuführen war. Nach wenigen Minuten waren sie sich einig, dass eine kleine Abordnung die Kommandostelle der Armee aufsuchen müsste, um über den Zeitplan und die möglichen Abzugswege zu verhandeln. Es galt, Zeit zu gewinnen. Diejenigen, die zurückbleiben würden, müssten die ausharrenden Studenten dazu überreden, Waffen wie Stöcke, Messer oder Brandflaschen abzugeben und sich auf den Rückzug vorzubereiten.

Während die Männer um Liu Xiaobo noch diskutierten, war die Stimme von Chai Ling über den Sender der Studentenbewegung zu hören: »Jetzt ist der kritische Moment gekommen. Alle, die den Platz verlassen wollen, sollen jetzt gehen. Die anderen bleiben hier und wir werden bis zum Schluss ausharren. Wir werden den Platz und unsere demokratische Bewegung mit unserem Leben verteidigen.« Als Xiaobo das hörte, wurde ihm klar, dass zunächst die Führer der Studenten überzeugt werden mussten. Wenn diese nicht mitmachten, wäre alles verloren. Also gingen sie in das Kommandozelt.

Dort trafen sie Chai Ling, Li Lu und Feng Congde und erklärten den Grund ihres Kommens. Die Studentenführer zeigten sich schnell einverstanden mit dem Gedanken an einen Abzug – die Verhandlungen mit der Armee lehnten sie jedoch ab. Die vier entschlossen sich dennoch zu dem Gespräch mit der Truppenführung. Über den Sender appellierten sie an die Studenten und an das Truppenkommando, sofort mit Verhandlungen zu beginnen.

In immer kürzer werdenden Abständen waren Schüsse zu hören. Die Geräusche kamen aus dem Umfeld des Platzes, insbesondere aus dem westlich gelegenen Bezirk Muxidi. Die Armee hatte dort begonnen, den Widerstand der Bevölkerung mit einer wilden Schießerei zu brechen. Berichte von weinenden Demonstranten über Tote und Verwundete gelangten bis zur Sendestation. Alles wurde übertragen. Auf dem Platz war es bis dahin noch einigermaßen ruhig geblieben. Vom Sockel des Denkmals aus konnte man sehen, wie ein blutüberströmter Soldat von Studenten zu einer Rettungsstation gebracht wurde. Um ihn vor den Massen zu schützen, riefen sie laut: »Nicht schlagen, nicht schlagen.«

An der nordwestlichen Ecke des Sockels entstand plötzlich ein lautes Getöse. Liu Xiaobo und Zhou Duo drängten sich durch die Menge und sahen eine Gruppe bewaffneter Männer – ein echtes Himmelfahrtskommando. Es waren Pekinger Einwohner, die laut riefen: »Wir sind gekommen, um das Denkmal mit unserem Leben zu verteidigen!« Die Studenten entgegneten: »Wir wollen aber keine Gewalt.«
»Wenn ihr euch nicht wehrt, werden sie euch nicht ernst nehmen, sondern töten.«
Liu, Zhou, Gao und einigen anderen gelang es, die Gruppe zu besänftigen und zur Umkehr zu bewegen. Die rief jedoch wütend: »Ihr Feiglinge, wir werden gehen, aber was glaubt ihr denn, für wen wir unser Leben einsetzen, für euch! Ihr werdet das noch bitter bereuen.«

Nach Mitternacht kam eine Gruppe Bürger mit einem Maschinengewehr, das sie von einem Panzer abgebaut hatten. Sie drängten die Menge zur Seite, wuchteten das Maschinengewehr auf die Brüstung des Sockels und richteten es auf die Große Halle des Volkes. Ganz offensichtlich wollten sie auf Gedeih und Verderb mit der Armee kämpfen. Zum Äußersten entschlossen, schwangen sie metallene Stangen, um jeden niederzuschlagen, der sie an ihrem Vorhaben hindern würde. Die Studenten waren fassungslos und zogen sich in ihr Zelt zurück, um Hilfe zu holen. Liu Xiaobo, Zhou Duo und Gao Xin traten den erregt schreienden Bürgern entgegen. Die Männer an dem Maschinengewehr riefen: »Die Soldaten sind wie Tiere. Sie durchsieben die Demonstranten mit ihren Kugelsalven.« Einer schrie: »Wenn ich einen töte, hat sich das gelohnt, wenn es zwei sind, dann habe ich schon viel gewonnen.« Mit solchen Worten festigten sie ihre grausamen Absichten: Sie wollten nichts anderes als Rache für die Gräueltaten der Armee.

Liu Xiaobo antwortete: »Ich verstehe euch gut. Habt ihr aber bedacht, dass nach dem ersten Schuss von euch das Blut wie ein Strom über den Tian'anmen-Platz fließen wird? Ihr könnt sicher einige Soldaten töten, dafür werden aber mehrere Tausend Menschen ihr Leben lassen müssen. Jetzt ist nicht der Moment der Rache.« Die Lage auf dem Platz des Himmlischen Friedens wurde immer verzweifelter. Die Protestierenden steckten in einem tiefen Zwiespalt. Die Bewegung war bis dahin aufseiten der Studenten gewaltlos verlaufen. Und das war auch richtig so, denn einer grausamen Regierung konnte man nur mit Gewaltlosigkeit gegenübertreten. Das versuchte Liu Xiaobo den beiden Männern am Maschinengewehr verständlich zu machen: »Selbst wenn ihr noch mehr Gewehre hättet, könntet ihr die noch besser ausgerüsteten Soldaten und ihre Panzer nicht aufhalten.«

Die Männer entgegneten: »Frieden und Gewaltlosigkeit, das sind doch bloß Worte. Die Armee hat Menschen getötet. Sollen wir des Friedens wegen abwarten, bis sie auch uns zusammenschlagen und töten?«

Liu Xiaobo versuchte verzweifelt, die Männer wieder zu beruhigen: »Wir haben doch keine Zeit, hier zu diskutieren. Nehmt sofort das Gewehr ab oder tötet mich!« Unter Tränen der Verzweiflung brachte er hervor: »Ich flehe euch an, ich bitte euch, nicht nur für das Leben Tausender junger Studenten, sondern auch für euch, nehmt die Waffe herunter.« Es geschah etwas schier Unwirkliches. Die beiden Männer knieten vor Liu Xiaobo nieder, umfassten seine Knie und stimmten ihm weinend zu.

Liu Xiaobo sprach zu den umstehenden Protestierenden. Stotternd beugte er sich vor und zurück und rief aus: »Die Studenten sind die Hoffnung unserer Nation, wir müssen doch alles für ihre Sicherheit und ihr Leben tun.« Aber seine Worte brachten die Bürger wieder gegen ihn auf. Sie erwiderten: »Ach so, nur ihr seid Menschen, wir etwa nicht? Für wen kämpfen wir denn? Nur für euch! Wir haben unser Leben riskiert, euch passiert hier nichts. Unsere Kameraden sind gestorben – war das alles umsonst?«

Liu Xiaobo erinnerte sich später: »Ich bin diesen beiden namenlosen Bürgern für immer dankbar. Sie haben viel zum friedlichen Abzug beigetragen. Ihr Schicksal ist vielleicht viel schlimmer als meins und vermutlich sitzen sie noch immer als verurteilte Unruhestifter im Gefängnis. Ihr Geständnis bei meiner Gerichtsverhandlung im Januar 1991 hat das Strafmaß für mich geringer gemacht. Ich hoffe von Herzen, dass ihre Strafe inzwischen erlassen worden ist.«

Zhou Duo trat auf einen jungen Mann zu, beide sahen sich an und es liefen ihnen die Tränen übers Gesicht. Zhou Duo sagte: »Behalte einen kühlen Kopf und pass auf dich auf.« Der junge Mann berichtete schluchzend: »Ich bin neunzehn Jahre alt, habe einen Beruf, Eltern und eine Schwester – ich will kämpfen.« Zhou Duo erwiderte: »Die Toten werden nicht wieder lebendig, wenn du stirbst. Wenn dir etwas passiert, werden deine Eltern und deine Schwester ewig trauern. Beruhige dich und geh nach Hause.«

So war es in dieser Nacht. Xiaobo und Zhou Duo taten alles, um die Mitglieder dieses Himmelfahrtskommandos zu überreden, die Waffen auf dem Boden niederzulegen. Der Beida-Student Shaojiang hatte eine militärische Ausbildung durchlaufen und kannte sich mit dem Gewehr aus. Er zeigte, wie man es unbrauchbar machen konnte, und die Waffe war gleichsam entschärft. Xiaobo und Zhou fiel ein Stein vom Herzen. Bis zum nächsten Vorfall.

Gegen ein Uhr morgens fuhr mit großem Getöse ein gepanzertes Fahrzeug vor, zerstörte die im Weg stehenden Zelte und umrundete ständig den Platz. Plötzlich fielen Schüsse – man konnte die Geschossspuren erkennen. An der Nordostecke war heller Feuerschein zu sehen. Es schien ein Omnibus zu brennen. Liu Xiaobo und seine drei Freunde wollten nachsehen, wurden aber von Studenten gehindert, die ihnen zuriefen: »Was ist, wenn ihr von verirrten Kugeln getroffen werdet? Bleibt hier im Zelt.«

Als Liu Xiaobo die Demonstranten zum Verlassen des Platzes überredet hatte, kam ein Student zu ihm und berichtete, dass auf der nördlichen Seite des Denkmals ein Demonstrant mit einem Gewehr sei. Xiaobo ging auf der Stelle mit zwei Mitgliedern der Ordnungskräfte los, nahm dem Protestierenden das Gewehr ab und zerschlug es auf dem Boden.

»Seht her, ich zerstöre diese Waffe, damit alle sehen, dass wir friedlich und gewaltlos sein wollen. Das zeigt, wie wir uns von der Regierung unterscheiden. Jede gewaltsame Unterdrückung ist eine faschistische Tat.« Er musste die Waffe mehrfach auf den Boden schlagen, um das Gewehr unbrauchbar zu machen, und seine Arme schmerzten ihn dabei. Die beiden Mitglieder der studentischen Ordnungskräfte mühten sich weiter, bis das Gewehr in Stücke zerbrach. Ein ausländischer Journalist machte sogar Fotos davon, das Denkmal wurde durch sein Blitzlicht für Augenblicke hell erleuchtet. Xiaobo hatte das Gefühl, in diesem Moment reifer und kräftiger geworden zu sein.

Zurück im Zelt kam schon die nächste Hiobsbotschaft. Ein Student stürzte vor den »Vier Ehrenmännern« nieder und berichtete mit zitternder Stimme, wie Demonstranten von Soldaten getötet worden seien. Er schilderte die blutigen Szenen, die er gerade gesehen hatte, und flehte die Lehrer an: »Nur ihr könnt uns noch retten, ruft zum sofortigen Abzug auf. Die Studenten hören längst nicht mehr auf die Kommandantin Chai Ling und die anderen Führer. Ihr müsst uns jetzt von hier wegführen. Ich bin nur einer, aber da draußen sitzen noch Unzählige und die können wir doch nicht tatenlos auf ihren Tod warten lassen. Die Soldaten machen von der Waffe Gebrauch – unternehmt doch etwas.«

Auf die Gegenseite zuzugehen und mit den Soldaten zu verhandeln, war äußerst gefährlich. Zhou Duo schlug vor, dieses gewagte Unternehmen mit Hou Dejian zu übernehmen.

Der Rückzugsvorschlag stammte ohnehin von ihm und daher wollte er das auch umsetzen. Hou Dejian indes war eine bekannte Persönlichkeit – auch die Soldaten kannten ihn und aus diesem Grund sollte er dabei sein. Xiaobo war dagegen. Er wollte selbst mit Hou zu den Soldaten gehen, um mit ihnen zu verhandeln. Zhou Duo sagte: »Du bist doch Dozent, die Studenten kennen dich. Wenn uns etwas passiert, dann kannst du immer noch mit Gao Xin die Studenten überreden und mit ihnen den Platz verlassen.«

Hou Dejian stimmte zu, mit Zhou zusammen zu den Soldaten zu gehen – weil er ruhig und gelassen wirke und nicht wie ein Brandstifter aussehe. Das fand Zustimmung. Die beiden gingen also als Vermittler los, Xiaobo und Gao Xin blieben beim Kommandozelt zurück. Sie wollten Chai Ling und Li Lu von ihren Plänen abbringen, unter allen Umständen auf dem Platz zu bleiben und den Soldaten bis zum Ende Widerstand zu leisten. Obwohl die beiden so entschlossen wirkten, kam es erstaunlich schnell zu einer Einigung.

Gegen 1 Uhr 30 hatten die Soldaten den Platz umzingelt und die Studenten in der Mitte zusammengedrängt. Es waren noch drei- bis fünftausend Studenten, die sich auf dem Denkmal und in der unmittelbaren Nähe davon befanden. Die Angst und die Spannung waren in jedem einzelnen Gesicht abzulesen. Die Soldaten warteten auf weitere Befehle.

14

EHRENMÄNNER UNTER SICH

Nach den Verhandlungen mit den Militärs kam Zhou Duo mit Hou Dejian an seiner Seite zu den Studenten zurück. Vom Sockel des Denkmals aus rief er den Wartenden zu: *Kommilitonen, liebe Pekinger Bürger und Landsleute aus anderen Provinzen, ich bin Zhou Duo vom Sitong-Konzern. Soeben hat die Kommandostelle der Studenten festgelegt, dass wir sofort mit dem Rückzug beginnen. Es hat keinen Sinn mehr, sich gegen schwer bewaffnete Kräfte zu wehren. Es wurde bereits genug Blut vergossen. Je weniger Blut fließt, desto mehr Hoffnung gibt es für unsere Demokratie. Ihr, alle Anwesende, egal ob Studenten oder Bürger, ihr seid die wahren Helden unserer Nation. Die hier vertretenen Universitäten sollen ihre Anhänger zusammenrufen und sofort geordnet mit dem Rückzug beginnen. Alle Studenten sollen sich am Denkmal versammeln und alle Waffen und Schlagstöcke niederlegen. Keine Gewalt, keine Provokation.*

An die Soldaten richtete er sich mit den Worten: *Offiziere und Soldaten der Volksbefreiungsarmee, ihr seid doch unsere Armee, vor euch stehen unbewaffnete Studenten und Bürger. Wir fordern euch auf, nicht auf das Volk zu schießen. Es darf kein gegenseitiges Töten geben. Wir organisieren gerade den friedlichen Rückzug und brauchen eure Unterstützung.*

Währenddessen brachte eine Gruppe von Studenten eine Kiste voller selbstgebauter Brandflaschen. Sie fragten, was sie damit machen sollten. »Sofort vernichten, damit das nicht in die Hände radikaler Studenten oder gar von Soldaten fällt«, rief einer aus der Menge.

Zhou Duo und Hou Dejian berichteten von ihren Verhandlungen mit den Militärs: »Man ist mit unserem friedlichen Rückzug einverstanden und wird die Südostecke des Platzes als Ausgang für uns frei halten.«

Gao Xin und Liu Xiaobo nahmen die Megafone und traten vor die Menge. Mit tränenerfüllten Stimmen riefen sie zur Abgabe der Waffen auf. Jeder sollte zu seiner Universitätsgruppe gehen und den Rückzug vorbereiten. Die beiden Männer hatten nicht damit gerechnet, dass ihre Appelle erhört würden, aber tatsächlich wurden die Waffen gesammelt und auf dem Podest niedergelegt. Einzelne Rufe waren zu hören: »Wir bleiben, wir haben keine Angst, Feiglinge, Verräter!« Ein Protestierender wollte Liu Xiaobo mit einer Metallstange auf den Kopf schlagen, traf aber einen Ordner an der Schulter. Studenten hielten den tobenden Mann fest. Er schrie unter Tränen: »Wenn ihr euch zurückzieht, was ist dann mit uns, ihr seid doch anerkannt, ihr habt doch Namen und Stellung, euch wird nicht viel passieren, aber wir, wir müssen alles ausbaden! Darum ist uns alles egal.«

Der Mann hatte recht. Die Pekinger Bürger hatten 1989 tatsächlich die schlechtesten Karten und sie hatten die meisten Opfer zu beklagen. Studenten und Intellektuelle kamen am Ende mit geringeren Strafen davon. Von den Bürgern aber wurden viele später als »Aufrührer« zum Tode verurteilt. Die Studenten Wang Juntao und Chen Ziming beispielsweise kamen für dreizehn Jahre ins Gefängnis, was die Aufmerksamkeit der Chinesen und auch der Welt erregte. Das Los der einfachen Bürger dagegen interessierte kaum einen. Dabei lag das Motiv dieser Bürger in der ehrlich gemeinten Unterstützung der Studenten – eigene Interessen verfolgten sie nicht. Im Gegensatz zu vielen Bürgern haben viele Intellektuelle damals aus taktischen Gründen gehandelt und ihre eigenen Interessen zur Geltung gebracht. Die einfachen Pekinger Einwohner indes waren in ihrer Ehrlichkeit und ihrem Mut gleichsam naiv – während viele Intellektuelle im Vergleich dazu schäbig und feige handelten. Und doch fanden sie in der Welt Anerkennung. Sie galten als Helden …

Auf dem Platz wurde von vielen Gruppen mit Hilfe von Megafonen heftig diskutiert. Einige Teilnehmer zeichneten diese Gespräche mit Tonbandgeräten auf. Und so ist denn auch erhalten, was Zhou Duo den militärischen Ordnungskräften entgegenrief:

Schickt doch umgehend Vertreter zu uns zum Denkmal der Volkshelden, damit wir miteinander reden können! Wir werden dann die Studenten bewegen, den Platz zu verlassen. Ich sage noch einmal, schickt uns Vertreter, wir werden dann auf die Studenten einwirken. Wir wollen ein Blutbad verhindern. Leitet unseren Appell schnellstens nach oben weiter. Wir sind auch bereit, zu euch zu kommen!

Dann ist Liu Xiaobo auf dem Band zu hören:

Bitte schickt eure Vertreter hierher zum Denkmal. Wir vier können auch zu euch kommen, um miteinander zu reden. Wir sind verhandlungsbereit, danke.

Zhou Duo wiederholte die Aufrufe noch zweimal, seine Freunde ergänzten die Ausführungen, unterbrochen von Zurufen wie »Wir sind dagegen!«. Die Gegenstimmen kamen besonders aus der Ecke südwestlich des Denkmals. Später stellte sich heraus, dass sich dort vorwiegend Pekinger Bürger befunden hatten.

Nachdem die Gegenseite auch nach längerem Warten keine Verhandlungspartner zum Denkmal geschickt hatte, machten sich Zhou Duo und Hou Dejian auf den Weg. Einige Mitglieder der studentischen Ordnungskräfte sowie der Arzt Song folgten ihnen. Sie vermuteten den Militärposten in der Nähe der Großen Halle des Volkes und versuchten, sich dorthin durchzudrängen. Auf halbem Wege machten sie jedoch halt. Der Arzt hielt das Vorhaben für zu gefährlich und riet, einen Rettungswagen zu nehmen. Genau in diesem Moment näherte sich ihnen ein weiß-grüner Kleinbus. Zhou Duo hielt ihn an und bat den Fahrer um Hilfe. Der sagte ohne Zögern zu. Er forderte die Insassen des Wagens zum Aussteigen auf und ließ dafür die Gruppe einsteigen. Mit hoher Geschwindigkeit fuhr er zur Nordwestecke des Platzes, da sich dort die Kommandostelle befinden sollte.

Kurz vor den äußersten Absperrgittern an der Nordseite musste der Fahrer scharf bremsen. Er rief: »Wir kommen nicht mehr weiter, die Soldaten halten uns auf.« Dankend sprangen alle aus dem Wagen und machten sich zu Fuß in Richtung Kommandozentrale auf. Die Männer schwenkten die Arme und riefen: »Nicht schießen, wir wollen verhandeln.« Es handelte sich um den Arzt Song, Zhou Duo, Hou Dejian und einen unbekannten Studenten der Ordnungsgruppe, dessen Namen heute leider nicht mehr bekannt ist.

Zhou Duo berichtete später aus dem Gedächtnis:

Als wir die Einmündung der Guang Chang Dong Lu in die Chang An Lu erreicht hatten, hörten wir den lauten Befehl: »HALT, NICHT WEI-TERGEHEN, SONST WIRD GESCHOSSEN!« Wir vernahmen auch das klickende Geräusch, das beim Durchladen von Gewehren entsteht. Gleichzeitig erblickten wir ein Meer von Soldaten. Sie saßen auf der Chang An – mit voller Ausrüstung und mit Schlagstöcken in den Händen. Wir hielten inne und Hou rief: »Ich bin Hou Dejian, wir wollen verhandeln, holt bitte schnell eure Vorgesetzten.«

Diese Szene erschien Zhou Duo wie ein Wunder, das einmal in die Geschichte eingehen würde. Einige Soldaten und Offiziere eilten auf sie zu, reichten ihnen die Hände und stellten sich vor. Der Ranghöchste, ein kräftig gebauter Oberst, nannte seinen Namen: Ji Xinguo. Er war Politischer Kommissar der 38. Feldarmee, der sehr bekannten und am besten ausgerüsteten Einheit der Armee mit der Nummer 51048. Neben ihm standen noch ein oder zwei andere Offiziere, Oberstleutnante oder Majore, außerdem mehrere bewaffnete Soldaten.

Zhou Duo sprach sie an:

Ihr habt sicher durch unser Megafon gehört, dass wir die Studentenführer zum Rückzug überredet haben. Die sind dabei, die Räumung des Platzes zu organisieren. Es ist genug Blut geflossen. Wir werden alles daransetzen, um Gewalt zu vermeiden und weiteres Blutvergießen zu verhindern. Wir hoffen, dass ihr diese Botschaft an höhere Stellen weiterleitet. Gebt uns ein wenig Zeit für den Rückzug. Teilt uns mit, in welcher Richtung wir abziehen sollen, und haltet die Wege dafür frei.

Oberst Ji Xinguo schien diese Nachricht sehr willkommen zu sein. Er sagte: »Bleibt hier, ich gehe zur Kommandostelle und leite das weiter.« Doch plötzlich erlosch das Licht auf dem Tian'anmen-Platz.

Die Militärkommission des Zentralkomitees hatte ein Ultimatum für das Verlassen des Platzes gestellt. Vermutlich war diese Zeit nun abgelaufen. Die Lichter wurden schlagartig gelöscht – die Gewalt und das Blutvergießen sollten unsichtbar bleiben. Der Arzt Song zeigte sich sehr besorgt und fragte, was jetzt zu tun sei. Zhou Duo fasste ihn am Handgelenk und sprach ihm Mut zu: »Hab keine Angst, es wird gut gehen.« Die vier standen etwa zehn Minuten direkt vor den entsicherten Gewehren der Soldaten. Dann kam der Oberst Ji Xinguo mit anderen Offizieren zurück und sagte:

Ich habe meinen Vorgesetzten berichtet – eure Mitteilung wurde positiv aufgenommen. Unsere Aufgabe hier ist es, die Bestimmungen des Ausnahmezustandes durchzuführen, die Ordnung in der Hauptstadt wieder herzustellen und den konterrevolutionären Aufstand heute noch niederzuschlagen. Das Ultimatum war von der Regierung verkündet und mehrfach wiederholt worden. Es wurde ständig gefordert, den Platz zu verlassen. Auch wir wollen kein Blutbad. Aber die Fortsetzung des Hungerstreiks war für die Entschärfung der Situation nicht hilfreich. Wir hoffen, dass es euch jetzt gelingt, die Studenten zum Abzug zu überreden. Viel Zeit ist nicht mehr übrig. Nach unserem Befehl ist der Platz bis zum Morgengrauen zu räumen. Denn wenn es hell wird, kommen immer mehr Menschen auf die Straßen. Deshalb müssen wir vorher fertig sein. Das müsst ihr auch verstehen.

Zhou Duo nickte und erwiderte: »Jetzt ist nicht die Zeit für Schuldzuweisungen. Wir vier haben mit dem Hungerstreik aufgehört. Welche Rolle wir gespielt haben, werden das Volk und die Geschichte später beurteilen. Was können wir tun, wenn der Rückzugsweg von der Regierung nicht genau bezeichnet wird? Wie soll das gemacht werden?«

Darauf der Oberst: »Auf der Südseite des Platzes war die ganze Zeit ein freier Weg.«

Zhou Duo antwortete: »Woher konnten wir das wissen? Wenn unser friedlicher Rückzug jetzt aber angenommen ist, dann sind wir ja einer Meinung. Wir brauchen dennoch eure Hilfe, um die Aktion durchzuführen.«
Die vier Vertreter der Demonstranten und die Angehörigen der Armee vereinbarten, in Kontakt zu bleiben. Aber die Zeit lief unerbittlich weiter. Von Erregung und Sorge aufgewühlt, eilten die vier Männer in Richtung Denkmal. Auf dem Weg dorthin hörten sie die Stimme von Chai Ling über Megafon. Er wollte offenkundig eine Abstimmung durchführen: »Wer für den Rückzug ist, der soll laut JA rufen – die anderen NEIN. Die Mehrheit wird dann entscheiden.«
Das war als Methode eigentlich gar keine schlechte Idee, denn auf dem erhöhten Sockel des Denkmals würde man an der Lautstärke noch am ehesten zwischen JA und NEIN unterscheiden können. In diesem Moment, der über Leben und Tod der Studenten entscheiden würde, gab es keine andere Möglichkeit mehr.

Bevor es zur Abstimmung kam, erreichte die Vierergruppe den Sockel und traf dort auf Liu Xiaobo. Sie berichteten von dem Gespräch mit der Armee und informierten auch Chai Ling. Zhou Duo war der beste Redner und hatte eine klare Stimme. Man beschloss, dass er zu den Studenten sprechen solle.

Zhou schilderte kurz den Ablauf und das Ergebnis des Gespräches mit der Militärführung und rief aus: »Verlasst jetzt den Platz über die Südostecke. Der Weg ist vereinbarungsgemäß frei. Diejenigen, die nicht einverstanden sind, können bei ihrer Meinung bleiben, sollten jetzt aber der Mehrheit folgen. Ihr wollt doch Demokratie! Genau dieses Prinzip könnt ihr jetzt anwenden. Ihr solltet verständnisvoll sein und Ruhe bewahren. Unser Prinzip ist die Gewaltlosigkeit. Wir sollten es in jeder Situation anwenden und damit unsere Reife unter Beweis stellen.«

Und Hou Dejian fügte hinzu: »Wir vier werden den Platz als Letzte verlassen.«

Zhou Duo rief aus: »Wir werden unbedingt als Letzte gehen – ihr solltet euch keine Illusionen mehr machen, die Vertreter der Armee haben deutlich zu erkennen gegeben, dass sie den Platz um jeden Preis bis zum Morgengrauen einnehmen werden. Dieser Auftrag wird erfüllt, gebt euch also keinerlei Illusionen hin und nehmt unsere Aufforderung absolut ernst.«

Die beiden wandten sich mit diesen deutlichen Worten an die Menge, weil sie den Eindruck hatten, die Studenten gingen in ihrer Naivität davon aus, die Soldaten würden sie lediglich vom Platz wegtragen, wenn sie selbst keine Gewalt anwendeten. Doch dem würde nicht so sein.

Auch in diesem kritischen Moment waren Studenten mit ihren Tonbandgeräten dabei, um die Stimmen festzuhalten. Hou Dejian rief ins Megafon: »Es ist jetzt kurz nach vier Uhr am 4. Juni, alle Laternen des Platzes sind erloschen, lediglich der Chang'an-Boulevard ist noch beleuchtet. Ich bin Hou Dejian, wir waren gerade im nördlichen Teil des Platzes und haben mit einem Offizier der Truppen gesprochen. Wir haben unseren Wunsch nach einem unblutigen Rückzug geäußert. Der Politische Kommissar der Einheit mit der Nummer 51048 heißt Ji Xinguo. Nach unserem Gespräch hat er unseren Wunsch an die Oberen weitergeleitet. Man ordnet jetzt an, dass alle chinesischen Staatsbürger den Platz verlassen sollen. Bei dem Gespräch war auch Zhou Duo anwesend, dem übergebe ich jetzt das Mikrofon.«

»Je weniger Blut fließt, desto mehr Hoffnung gibt es für unsere Demokratie«, rief Zhou Duo der Menge zu. »Ihr, alle Anwesende hier auf dem Platz, egal ob Studenten oder Bürger, ihr seid die wahren Helden unserer Nation!«

Eine Stimme auf dem Tonband kommentiert die Vorgänge auf dem Platz: »Noch während Hou Dejian sprach, näherten sich zwei Schützenpanzer aus der Richtung des Museums für chinesische Geschichte.«

Zhou Duo fuhr in seiner Ansprache fort: »Wir haben der Armee versichert, dass ihr den Platz möglichst schnell verlassen werdet. Die hier vertretenen Universitäten sollen ihre Anhänger zusammenrufen und sofort geordnet mit dem Rückzug beginnen. Ruhig und diszipliniert soll der Platz im südlichen Teil zuerst geräumt werden. Der Zeitpunkt ist gekommen, zu dem wir selbst Demokratie praktizieren werden – die Minderheit wird sich der Mehrheit unterordnen.«

Auf dem Platz herrschte ein totales Durcheinander. Lautstark wurde geschrien und geklatscht. Manche riefen laut: »Wir bleiben hier, wir gehen nicht!«

Das Tonband verzeichnete dazu: »Viele Leute waren mit dem Rückzug nicht einverstanden.«

Dann meldete sich Liu Xiaobo zu Wort: »Kommilitonen, ich bin Liu Xiaobo. Unser Prinzip ist Frieden und Gewaltlosigkeit. Wir wollen für einen möglichst niedrigen Preis ein Maximum an Demokratie erreichen. Das Vergießen eines jeden Tropfen Blutes ist ein Verbrechen an unserer Nation. Eben haben Zhou Duo und Hou Dejian von den Gesprächen und der Vereinbarung mit der Armee berichtet. Wenn wir für die Demokratie kämpfen wollen, dann müssen wir nach Zhou Duos Worten bei uns anfangen. Die Minderheit beugt sich der Mehrheit, das ist das erste Gebot der Demokratie.«

Liu Xiaobo fuhr fort: »Einwohner Pekings, beruhigt euch und handelt vernünftig. Ohne eure Teilnahme und Unterstützung wäre die Studentenbewegung gar nicht möglich gewesen. Dass ihr heute hier auf dem Tian'anmen-Platz seid, ist der deutlichste Beweis für euer Opfer. Wir werden nicht zulassen, dass ihr noch mehr opfern müsst. Der größte Beitrag für die chinesische Demokratie ist euer Überleben. Kommilitonen, bitte beruhigt euch. Das Wichtigste, was jetzt hier auf dem Platz geschehen muss, ist die demokratische Unterordnung der Minderheit unter die Mehrheit. Wir appellieren an euch, keinen Müll mehr zu verbrennen und nicht noch mehr Chaos zu verbreiten. Die einzelnen Universitäten sollen ihre Anhänger sammeln und geordnet vom Platz führen. Jedes zusätzliche Opfer ist sinnlos. Ich wende mich jetzt besonders an die Bürger Pekings: Ich hoffe, dass auch ihr euch beruhigt. Mehrheit vor Minderheit. Wenn ihr heute der Mehrheit folgt, dann werden euch alle Studenten, alle Einwohner Pekings und das gesamte chinesische Volk dankbar sein.« Höchst erregt trat Xiaobo ab.

Feng Congde, der zweite Mann in der Führungsgruppe der Studenten, Doktorand an einem Beida-Institut für Fernabtastung und Ehemann von Chai Ling, sprach als Nächster: »Ruhe bitte, wir übertragen jetzt die Entscheidung über das weitere Vorgehen auf euch. Die Einzelstimmen können wir nicht zählen, wir werden das Ausmaß eurer Zustimmung aus der Lautstärke des Zurufs ableiten. Im Namen unserer Führung nenne ich jetzt die Alternativen. Das sind: Rückzug oder Ausharren. Ich werde die beiden Möglichkeiten einzeln benennen. Nach jedem Aufruf werde ich laut EINS – ZWEI – DREI zählen. Diejenigen, die dafür sind, sollen dann das von ihnen gewählte Entscheidungswort wiederholen. Macht euch dafür bereit. Lasst uns die Entscheidung durch die Kraft unserer Stimmen zum Ausdruck bringen! Nach dem Ergebnis müssen wir handeln. Diejenigen, die für den Rückzug sind, sollen jetzt RÜCKZUG rufen, EINS – ZWEI – DREI.«

Aus der Menge erschallte es: »RÜCKZUG!«

»Diejenigen, die für ein Ausharren sind, sollen jetzt AUSHARREN rufen, EINS – ZWEI – DREI.«
Zahlreiche Stimmen schrien: »AUSHARREN!«

Feng Congde machte eine kurze Pause. Dann war seine Stimme wieder zu hören: »Wir glauben, dass die Mehrheit für einen Rückzug ist. Daher sollten wir jetzt Schritt für Schritt geordnet damit beginnen. Ganz vorne unsere Fahne. Bürger, Arbeiter, Angehörige unserer Ordnungskräfte und Studenten aus den übrigen Provinzen sollen gemeinsam mit den Pekinger Studenten in den Bezirk Haidian ziehen.«

Dann ertönt wieder die kommentierende Stimme auf dem Tonband: »Ein britischer Staatsbürger und ein Journalist der Agentur Reuters machen gerade Videoaufnahmen.«

Die Zeit rückte währenddessen unaufhaltsam weiter.

Hou Dejian und Zhou Duo wollten keine Minute verlieren. Der friedliche Rückzug hatte begonnen und er musste genauso friedlich weiterverlaufen, denn Millionen von Menschenleben würden davon abhängen. Sie besprachen sich erneut mit Liu Xiaobo und Gao Xin und beschlossen, zunächst noch zu bleiben und die letzten Zögerer zum Aufbruch zu bewegen. Sie liefen erneut zur Kommandostelle der Armee, um eine Verlängerung des Ultimatums zu erhalten. Sie waren nicht sicher, wie viele der wütenden und emotional reagierenden Demonstranten tatsächlich zum Abzug bereit waren und ob die Zeit überhaupt ausreichen würde, um alle sicher und geordnet vom Platz zu führen.

Im Grunde hatte sich bereits in der Nacht des 3. Juni die Situation auf dem Platz schlagartig verändert. Da erreichte gegen 23 Uhr 30 der erste Schützenpanzerwagen mit hoher Geschwindigkeit den Platz von der westlichen Chan'an-Straße aus. Pekinger Arbeiter und andere Demonstranten stürmten auf ihn zu, um ihn aufzuhalten. Einige schleuderten Benzinflaschen auf das Fahrzeug. Das Fahrzeug kam an einem der Verkehrsgitter zum Stehen. Der Motor heulte auf. Immer mehr Benzinflaschen und brennende Decken flogen ihm entgegen. Der Panzer schien all seine Kraft zu sammeln, durchbrach die Absperrung und überrollte sie ganz einfach. Er drehte und kehrte nach Westen zurück. Die Decken brannten immer noch. Das waren die Vorboten.

Auf der »Brücke des goldenen Wassers« waren mehr als zehn Mannschaftswagen direkt vor dem Südtor der Verbotenen Stadt vorgefahren. Die Soldaten sprangen ab, stellten sich in Reihen auf, setzten sich dann auf den Boden und warteten auf die weiteren Befehle. Zugleich waren die Treppen vor dem Museum für chinesische Geschichte von schwer bewaffneten Kräften dicht besetzt. Auch am Nordtor des Museums standen mehrere Hundert Soldaten. Ebenso war der Zwischenraum zwischen dem Qianmen und dem Mao-Mausoleum vollständig besetzt. In der Großen Halle des Volkes warteten bewaffnete Einheiten auf ihre Befehle.

Gegen zwei Uhr versuchten mehrere Demonstranten mit Benzinkanistern die Fahrzeuge auf der »Brücke des goldenen Wassers« in Brand zu setzen. Die jungen Männer wurden sofort verhaftet. Aus Richtung Jianguomen und Dongdan waren in schneller Folge Gewehrsalven zu hören. Viele Demonstranten liefen von der Nordostecke des Platzes auf das Denkmal zu. Die Vertreter der Kommandostelle der Vereinigung der Arbeiter, die sich an der Nordwestecke befanden, begannen bereits mit dem Rückzug. Zu diesem Zeitpunkt rückten die Soldaten, die sich am Nordeingang des Museums bereitgehalten hatten, mit erhobenen Schlagstöcken und Gewehren im Sturmschritt auf den Chang'an-Boulevard vor und besetzten den östlichen Teil. Gegen zwei oder drei Uhr befanden sich mehr als 3000 Studenten im Bereich des Denkmals.

Zhou Duo war damals 42 Jahre alt, hager und etwas kränklich. Er hatte Magenbeschwerden, war aber durch langjähriges Training durchaus gut in Form und konnte schnell und ausdauernd laufen. Er hatte eine eigene Methode entwickelt, um sich fit zu halten. Er lief bei jedem Wetter alle zwei Tage drei Runden auf dem Sportplatz, duschte kalt und praktizierte Qigong, eine chinesische Meditationstechnik. Nicht so Hou Dejian. Er war bereits nach einer kurzen Laufstrecke erschöpft und auf dem Weg zur Kommandostelle der Armee bereits nach wenigen Schritten völlig außer Atem. Zhou ergriff seinen Arm und zog ihn mit sich. Die Anwesenheit des Arztes Song wirkte überdies beruhigend auf ihn.

Als sie jetzt zum zweiten Mal dem Kommissar Ji Xinguo gegenüberstanden, erschien er ihnen nicht mehr so erschreckend und ehrfurchtgebietend. Hou und Zhou berichteten ihm, dass man gerade dabei sei, die Studenten zu beeinflussen – der Erfolg dieser Mission sei aber noch völlig offen. Wie immer gebe es Stimmen dafür und dagegen. Um die Gegner völlig zu überzeugen, brauche man noch etwas Zeit. Der Termin der endgültigen Räumung müsse daher verschoben werden.
Ji Xinguo blickte auf seine Uhr, es war 3 Uhr 40. Er sah in Richtung des Himmels, der sich bereits aufzuhellen begann. Bedauern lag in seiner Stimme, als er antwortete: »Das geht nicht. Der Befehl ist bedingungslos durchzuführen. Der Platz muss geräumt sein, bevor es hell wird. Die Zeit ist knapp und die Armee wird jeden Augenblick mit ihrer Aktion beginnen.«

Der Oberst redete mit besorgten Worten auf Hou und Zhou ein: »Wenn schon die Studenten nicht gehen, so geht ihr doch wenigstens, sonst ist auch euer Leben in Gefahr.« Die beiden Männer waren sehr betroffen. Sie bedankten sich für den Rat, fügten aber hinzu, dass sie den Studenten ihr Wort gegeben hätten, als Letzte den Platz zu verlassen. Die beiden Vermittler und der Offizier reichten sich die Hände. Dann eilten Hou Dejian und Zhou Duo zurück in Richtung Denkmal.

Um Punkt vier Uhr ertönten die Lautsprecher der Armee, die das große Unheil ankündigten: »Die Räumung des Platzes beginnt jetzt. Studenten, verlasst bitte umgehend den Platz.«

Dann folgte die »Bekanntmachung über die sofortige Wiederherstellung der Ordnung auf dem Tian'anmen-Platz« durch die Pekinger Stadtregierung und die Kommandostelle der Armee: »Alle, die sich auf dem Platz befinden, müssen ihn sofort verlassen. Bei Nichtbefolgen wird die Armee mit allen Mitteln gewaltsam vorgehen. Nach der Räumung untersteht der Platz der Kontrolle der Armee. Alle, die das Land lieben und nicht wollen, dass es im Chaos versinkt, sollen die Armee unterstützen.«

Der Platz war absolut dunkel, nur aus der Ferne war etwas Licht zu sehen. Es mochte von einzelnen Straßenlaternen hinüberscheinen – oder von den Bränden in der Stadt. Die Truppen drangen von Norden her zum Denkmal vor. Scharfschützen zerstörten zunächst die Lautsprecher der Studenten, andere Soldaten erstürmten mit Gewehren im Anschlag von Westen her den Sockel, auf dem die Studenten saßen.

In China gilt die Zeit vor dem Tagesanbruch als die dunkelste. Diese Zeit war jetzt buchstäblich gekommen.

Auf dem Platz wurde jedes Zelt geöffnet, um zu kontrollieren, ob es bereits leer war. Als die Armee die Ostseite des Denkmalsockels erreicht hatte, sah sie die Studenten mit ihren Universitätsfahnen zum Abmarsch bereit. Sie riefen ihre Sprechchöre und setzten sich langsam in Richtung der Südostecke des Platzes in Bewegung. Der Einsatz von Liu Xiaobo und Gao Xin schien erfolgreich gewesen zu sein.

Aus den verbliebenen Lautsprechern, die in den Wochen zuvor von den Studenten auf dem Platz installiert worden waren, erklang immer noch die »Internationale«:

»Völker, hört die Signale!
Auf zum letzten Gefecht!
Die Internationale
erkämpft das Menschenrecht.«

Gesungen in einer solchen Situation, hörte sich dieses Lied noch ernster und tragischer an als sonst.

Hou Dejian und Zhou Duo blickten zum Denkmal. Auf der Ostseite des Sockels entdeckten sie einige Studenten. Sie saßen regungslos da und drückten damit ihre Entschlossenheit aus, zu bleiben. Die beiden Männer stürmten auf sie zu, versuchten sie vom Boden hochzuziehen und mit Worten zu erreichen. Mit einiger Mühe gelang das auch. Genau in diesem Moment jedoch erreichte eine große Gruppe von Soldaten das Podest und stürmte auf die langsam zurückweichenden

Studenten zu. Die Soldaten schlugen jeden mit dem Gewehr-
kolben nieder, der ihnen in den Weg kam. Sie marschierten
auch auf Hou und Zhou zu und wollten die beiden niederschlagen, als der Arzt Song in letzter Sekunde dazwischen-
sprang und schrie: »Das sind doch die Vertreter der Studenten, die haben doch mit der Armee verhandelt, die sind doch
hier, um die Studenten zum Rückzug zu bewegen!« Der Arzt-
kittel des Dr. Song bewirkte zumindest, dass die beiden nicht
geschlagen wurden – stattdessen hielt man sie fest.

Inzwischen hatten die Soldaten den östlichen Teil des So-
ckelplateaus besetzt. Und dann setzte jäh das Feuer aus den
Maschinenpistolen ein. Es wurde wahllos in den Himmel geschossen und auf die Lautsprecher auf dieser Seite des Platzes. An den Einschussstellen auf dem Denkmal sprühten die
Funken in den dunklen Morgen.

Hou Dejian, Zhou Duo und der Arzt Song drängten sich an
das Geländer, während die Soldaten hinter ihrem Rücken weiter in den Himmel schossen. Die unten auf dem Platz abziehenden Studenten bemerkten die beiden. Sie dachten wohl,
die drei Männer würden gerade verhaftet werden, und riefen: »Hou Dejian, Hou Dejian, komm, lass uns gemeinsam
abziehen.« Hou winkte ihnen zu und rief: »Bleibt ja nicht stehen, geht schnell weiter!« Eigentlich wollten die drei Männer
nochmals die Zelte überprüfen, da die Studenten aber mit ihnen stehen blieben, schlossen die drei sich ihnen an, um den
Abzug nicht ins Stocken zu bringen. So verließen sie gemeinsam den Denkmalsbereich.

Als sie die Nordostecke des Sockels erreicht hatten, sahen sie mit Schrecken, dass noch sehr viele Studenten vor ihnen auf den Stufen und auf dem Platz saßen. Sie drückten sich aneinander und hielten sich an den Händen. Die drei Männer stürmten auf die Sitzenden zu, um auch sie aufzurichten. Die aber blieben hart und argumentierten, sie würden sich nicht gegen die Soldaten wehren, sondern sich lediglich von ihnen wegtragen lassen.

Zhou redete auf die Studenten ein: »Auch wenn ihr euch nicht wehrt – wie könnt ihr denn sicher sein, dass die Soldaten euch nicht schlagen? Die sind nicht so gewaltfrei wie ihr!«

Darauf die Antwort eines Studenten: »Gut, dann wird unser Blut das Volk aufwecken.«

Als Hou Dejian das hörte, wollte er auf ihn losgehen und ihm ins Gesicht schlagen. Vernünftige Worte hätten ohnehin nicht mehr geholfen. Sie hatten so viel geredet, dass ihre Kehlen schon ganz trocken waren. Einige wenige Studenten standen zögernd auf, die Sitzenden jedoch reagierten mit wütenden Rufen: »Wer geht, ist ein Verräter!«

Zhou wurde wütend: »Könnt ihr denn auch verantworten, wenn euren Kommilitonen etwas passiert?«

Auf diese Frage erhielt er keine Antwort. Ein Student meldete sich schließlich doch zu Wort: »Lasst uns gehen. Man sagt doch, ein Edler kann zehn Jahre mit seiner Rache warten.« Er zitierte damit ein altes chinesisches Sprichwort. Mit ihm stand dann einer nach dem anderen auf und verließ den Platz. Das waren die letzten Demonstranten, die mit dem Rückzug zunächst nicht einverstanden gewesen waren.

Um genau 4 Uhr 30 flammten plötzlich alle Lichter wieder auf. Die Studenten sahen sich schlagartig mehreren Tausend bewaffneten Soldaten gegenüber, die ihnen Schritt für Schritt näher kamen. Im Hintergrund rückten die Panzer und Schützenpanzer in geordneten Reihen von der Chang'an-Straße und der »Brücke des goldenen Wassers« vor. Ein dumpfer Knall war zu hören, als ein Panzer die »Göttin der Demokratie« umstürzte. Die vordringenden Militärfahrzeuge überrollten und zermalmten die verlassenen Zelte der Studenten. Vor den Studenten, zwanzig bis dreißig Meter weit entfernt, schwenkten die Panzer nach rechts und links und machten den Weg für die Fußsoldaten frei, die nun in dichten Reihen von der Chang'an vorrückten.

Es war kurz nach fünf Uhr, als mehrere Tausend Demonstranten Hand in Hand mit den studentischen Ordnungskräften an den Grünstreifen der Bürgersteige und dem Denkmal vorbeigingen und den Platz an der Südostecke verließen. Anfangs bewegten sie sich noch langsam. Als aber die Soldaten mit Schlagstöcken auf die Abziehenden einschlugen, entstand mit einem Mal ein großes Gedränge. Um das Denkmal herum war mittlerweile alles mit Panzern und Schützenpanzern abgesperrt. Die Abziehenden mussten sich zwischen den Fahrzeugen und den vorrückenden Soldaten hindurchzwängen. Während des Rückzugs folgten die Demonstranten den Fahnen ihrer Universitäten und sangen die »Internationale«. Zwischenrufe drangen durch: »Das ist eine blutige Unterdrückung!« »Nieder mit dem Faschismus!«

»Banditen!« Manche riefen: »Verdammte Schweine« – andere spuckten in Richtung der Soldaten.

Inzwischen war es hell geworden, die Uhrzeiger standen auf 5 Uhr 20. An der Südostecke des Platzes waren nicht mehr viele Studenten zu sehen. Nur etwa 200 harrten dort noch aus. Die Panzer riegelten den Platz in diesen Minuten ab und bewegten sich langsam auf die Studenten zu, um diese abzudrängen. Sie folgten den abziehenden Menschen Schritt für Schritt. Ein letztes Häuflein Studenten verbrüderte sich mit den Bürgern und wurde dadurch wieder mutiger. Die Protestierenden schrien: »Faschisten, Faschisten, nieder mit dem Faschismus!« Die Soldaten indes, die sich im Umkreis des Mausoleums befanden, riefen laut den bekannten Mao-Spruch: »Ich tue dir nichts, wenn du mich nicht angreifst.« Dabei feuerten sie aus ihren Gewehren in die Luft.
Gegen 5 Uhr 40 war die Räumung so gut wie abgeschlossen. Nach Zeugenaussagen und späteren Untersuchungen wurde während der Räumung des Platzes niemand getötet – keiner der Demonstranten wurde von einem Panzer überrollt.

15

DAS MORGENGRAUEN

Liu Xiaobo erzählte später von einem Vorfall, der ihm besonders in Erinnerung geblieben war. Sieben oder acht Soldaten stürmten auf die Südseite des Sockels und feuerten in die Luft. Dort war bereits alles leer. Xiaobo wollte zu der verlassenen Rundfunkstelle der studentischen Kommandanten gehen und sich davon überzeugen, dass Chai Ling und die anderen auch wirklich gegangen waren. Er beugte sich vor, öffnete die Zeltplane und sah, dass wirklich niemand mehr da war. Als er sich gerade wieder aufrichten wollte, spürte er den kalten Stahl eines Gewehrlaufes im Rücken. Dann hörte er eine Stimme: »Warum gehst du nicht, die Zeit ist vorbei.« Der Soldat mit dem Gewehr drängte ihn vorwärts, sodass er die Treppe hinunterstolperte. Wäre ihm nicht eine Studentin der Peking-Universität zu Hilfe gekommen, wäre er die letzten Stufen hinuntergestürzt.

Liu Xiaobo sah, so erinnerte er sich später, wie Gao Xin mit erhobenen Armen die Studenten zu Ruhe und Ordnung aufforderte. Sie sollten sich an den Händen halten und abziehen.

Drei Panzer waren nur noch zwanzig Meter entfernt, die Einstiegsluken öffneten sich und bewaffnete Militärs zeigten mit ihren Gewehren den Weg zum Rückzug. Vor den Fahrzeugen standen Soldaten und forderten mit vorgehaltenen Waffen zu mehr Tempo auf. Nach Xiaobos Erinnerung war er damals vor Schreck erstarrt und hatte regungslos auf diese Szene geschaut. Erst als drei Soldaten ihn anschrien, wurde ihm bewusst, dass es auch für ihn Zeit wurde, zu gehen. Eine Studentin eilte herbei, ergriff seinen Arm und schrie: »Komm schnell, wir müssen weg von hier.« Nach einigen Schritten fiel ihm ein, dass er seine Tasche mit seinem Pass und den Notiz- und Adressbüchern in einem Zelt der Hungerstreikteilnehmer liegen gelassen hatte. Er drehte sich um, um sie zu holen. Als er die Mitte des Sockels erreicht hatte, kam ein Soldat die Stufen herunter und forderte ihn zum Weitergehen auf. »Ich habe doch aber meinen Pass in dem Zelt vergessen, lass mich den holen.«

»Wozu brauchst du noch einen Pass, hau jetzt ab, sonst passiert etwas!«

Beim Anblick des auf ihn gerichteten Gewehrs erschauerte er, als ob ein kalter Luftstrom sein Herz berührt hätte. Er machte einen Satz rückwärts. Der Soldat brüllte: »Wollt ihr nicht mehr leben?«

Xiaobo und Wang Yuehong gingen nicht mit den Demonstranten, sondern in die entgegengesetzte Richtung. Als sie die Nordostecke des Denkmals erreichten, begegneten ihnen die letzten mit Fahnen abziehenden Demonstranten. In dem furchtbaren Durcheinander von Menschen und Absperrgittern an den Einfassungen der Grünanlagen sahen sie, wie einige stolperten und zu Boden stürzten. Genau dort erblickte Xiaobo dann Hou Dejian, der von zwei Studenten gestützt wurde. Wang und Xiaobo stürzten auf ihn zu und ergriffen den vor Hunger und Erschöpfung ohnmächtig werdenden Hou. Sie lösten die beiden Studenten ab, die selbst verletzt waren, und versuchten, möglichst schnell mit Hou aus dem Gedränge zu kommen. Der Südostteil des Sockels war aber bereits von den Soldaten besetzt, die die Menschen von dort vertrieben.

Liu Xiaobo, Wang Yuehong und die letzten Studenten wandten sich daher in Richtung der Sanitätsstelle des Roten Kreuzes vor dem Eingang des Museums. Dort sahen sie unzählige Verletzte, die auf Tragbahren gebracht worden waren. Einer war von zwei Kugeln in den Bauch getroffen worden. Liu Xiaobo berichtete dem Arzt, legte Hou auf eine Tragbahre und deckte ihn zu. Im Umkreis des Zeltes der Krankenstation waren zu diesem Zeitpunkt noch zwei- bis dreihundert Studenten versammelt. Zwei junge Ärzte verhandelten mit den Offizieren. Als sich einer der Sitzenden erheben wollte, forderten sie ihn auf, sitzen zu bleiben, Ruhe zu bewahren und sich nicht in die Verhandlungen einzumischen. Xiaobo blieb ebenfalls sitzen, versuchte aber den Überblick zu behalten. Er war besorgt, ob seine Freunde den Platz bereits verlassen hatten und damit in Sicherheit waren. Der Gedanke an das Schicksal derjenigen, die vielleicht noch nicht abgezogen waren, beunruhigte ihn sehr.

Es war inzwischen ganz hell geworden, der Blick auf den verwüsteten Platz wurde nur noch von Panzern und Schützenpanzerwagen geprägt – Demonstranten waren keine mehr zu sehen. Die Soldaten hatten mit ihren Bajonetten die Zelte aufgeschlitzt, alles zusammengeschoben und in Brand gesetzt.

Selbst Fahrräder wurden in die lodernden Haufen geworfen. Beißender Qualm und Rauch stiegen an vielen Stellen in den Himmel auf. Der Sockel des Denkmals war von Soldaten übersät. Einige Uniformierte hatten Filmkameras dabei, um die Szene zu dokumentieren – einer zeigte stolz das Siegeszeichen in die Objektive. Extra für die Kameras überrollte ein Panzer noch einmal die bereits zerstörte »Göttin der Demokratie«. Er versuchte dann, mit kreischenden Ketten die Granitstufen der Treppe des Denkmals hinaufzufahren, wurde aber von einem Offizier mit lauten Schreien zurückgewiesen.

Die um das Zelt des Roten Kreuzes versammelten Demonstranten waren von drei Menschenringen umgeben. Den innersten Kreis bildeten Soldaten in Uniform, jedoch ohne rote Streifen an den Kragen. Sie trugen keine Mützen und waren nur mit Schlagstöcken ausgerüstet. Sie schienen gesichtslos, blickten maskenhaft nach rechts, links, oben oder unten und vermieden ansonsten den Blickkontakt mit den Demonstranten. Die Angehörigen des zweiten Kreises trugen Helme mit Gesichtsschutz und in der dritten Reihe befanden sich bewaffnete Soldaten. Diejenigen, die in dem Ring eingeschlossen waren, wagten kein Wort des Widerstands mehr, sie waren nur noch auf das Gespräch zwischen den beiden Ärzten und den Offizieren konzentriert. Und erwarteten ihr Schicksal.

Xiaobo steckte sich eine Zigarette an und zog den Rauch tief in die Lungen. Diesen Moment hat er später eindrucksvoll geschildert. Er habe eine innere Angst und große Panik verspürt. Es war hell geworden, Schüsse fielen und die maskenhaften, gefühlsfreien Gesichter versprachen nichts Gutes. »Eine einzige Kugel hätte mich töten können, wofür aber wäre ich dann gestorben?« Wenn die Ärzte nichts erreichen könnten, wusste er, würden alle hier als Konterrevolutionäre festgenommen werden. Es gab zwei Alternativen: Gefängnis oder Tod. In diesem Augenblick bereute er, dass er nicht mit der Hauptgruppe der Studenten abgezogen war.

Während er noch grübelte, hörte er einen der Ärzte sagen: »Steht auf, ordnet euch in Viererreihen und verlasst den Platz an der Südostecke.« Als sie kaum zwanzig Meter gegangen waren, fielen direkt vor ihnen wieder Schüsse. Die Leute hielten inne und setzten sich auf den Boden. Der Schusswechsel dauerte etwas mehr als zehn Minuten. Bewaffnete Pekinger Bürger und Soldaten waren offenbar aneinandergeraten, direkt vor dem Eingang des Polizeipräsidiums. Klirrend zerbrachen die Fensterscheiben unter dem Hagel der Geschosse.

Nach dem Schusswechsel liefen die Studenten in der vorbestimmten Richtung weiter. Sie wurden auf beiden Seiten von bewaffneten Kolonnen eskortiert. Xiaobo trug nur ein kurzärmeliges weißes Hemd, er fror und zitterte von Kopf bis Fuß. Wang Yuehong fragte besorgt: »Lehrer Liu, bist du krank, warum zitterst du so?« Doch dieser ging wortlos weiter. Als die Gruppe die Qianmen-Dongdajie erreichte und an der Absperrung vorbeizog, erklang erneut die »Internationale«. Vor dem Polizeipräsidium mussten die Soldaten dann wieder die Rufe hören: »Ihr Mörder, ihr Faschisten, Blutschuld muss mit Blut bezahlt werden!«

Ein Arzt, der am Kopf verletzt worden war, rief: »Ihr Schweine, ihr schlagt sogar auf Ärzte ein.« Auf den Gehwegen waren die Menschen dicht gedrängt, alte und junge, Männer,

Frauen und Kinder. Sie alle riefen unter Tränen: »Ihr habt nicht verloren, ihr seid die Besten!« Sie riefen den chinesischen Spruch: »Solange es noch grüne Berge gibt, braucht man sich keine Sorge um Brennholz zu machen« – die Studenten waren ihre einzige Hoffnung auf einen politischen Wandel.

Viele erhoben die Arme und spreizten die Finger zum Siegeszeichen. Die von heiseren Kehlen herausgeschleuderten Rufe, das Singen der »Internationale«, das herzzerreißende, wütende Heulen der Menge erzeugte zusammen mit den inneren Schmerzen der Anwesenden, der Verzweiflung, der Sorge und den aufgewühlten Gefühlen eine tragisch-pathetische Atmosphäre.

16

AUF DER FLUCHT

Hou Dejian wurde von vier Ärzten auf einer Trage in das Krankenhaus Xiehe getragen. Ein Arm hing seitlich an der Bahre hinunter und baumelte bei jedem Schritt. Xiaobo ging neben ihm und hielt seine Hand. Er hoffte, dass er aufwachen und zu ihm sprechen würde. Der reagierte aber nicht, die Hand fühlte sich wie die eines Betäubten oder gar eines Toten an. Er fragte den Arzt: »Schafft er es noch?« Der Arzt beruhigte ihn mit den Worten: »Ja, er wird es schaffen.«

Als sie die Kreuzung der Einkaufsmeile Wangfujing erreichten, sahen sie einen brennenden Omnibus. Er lag schräg auf der Seite, stechender schwarzer Rauch vom brennenden Lack stieg auf – das heiße Blech verformte sich knisternd, als ob etwas zerrissen würde. Die sonst belebte Straße war menschenleer. Hinter der kleinen Gruppe folgten einige ausländische Journalisten, die mit ihren Kameras Bilder machten und Filme drehten. Ein Rettungswagen hielt, der Fahrer steckte den Kopf aus dem Fenster und fragte: »Gibt es schwer verletzte Patienten, wer ist auf der Trage? Wollt ihr nicht mitkommen?«

Die vier Träger blieben stehen, sahen sich an und fragten Xiaobo: »Herr Liu, was sollen wir machen?«

»Es ist besser, wenn wir ihn tragen. Wenn wir im Auto sitzen, wissen wir nicht, wohin wir gefahren werden.«

Die Ärzte stimmten zu und liefen weiter.

Als sie das Xiehe-Krankenhaus erreichten, sahen sie mehrere Pekinger Bürger vor dem Eingang, die verzweifelt nach Angehörigen, Freunden und Kommilitonen suchten. Die Ärzte versuchten, die besorgten Menschen zu beruhigen. Sie erklärten ihnen, dass es einige Zeit brauche, um die Verletzten zu identifizieren. Während Hou Dejian untersucht wurde, warteten Xiaobo und Wang Yuehong vor der Tür. Xiaobo versuchte erneut, Wang Yuehong zu überreden, nach Hause zu gehen. Sie wollte aber nicht. Nach kurzer Zeit erschien Hou Dejian, gestützt von zwei jungen Ärzten. Er war blass, ansonsten aber unversehrt.

Liu Xiaobo, Hou Dejian und Wang Yuehong wurden von den Ärzten in ein kleines Zimmer geführt. Dort befanden sich ein Zweietagenbett und ein Schreibtisch. Es war vermutlich ein Aufenthaltsraum für die diensthabenden Ärzte. Es wurden Brot, Wurst, Limonade und Wassermelonen bereitgestellt. Sie nahmen etwas zu sich und Hou ging es gleich viel besser. Die Ärzte rieten ihnen, sich etwas auszuruhen. Ein guter Vorschlag. Wang Yuehong ging nach Hause und die beiden Männer legten sich auf die Betten, wo sie sofort einschliefen.

Nach Xiaobos Erinnerung wurde er durch ein heftiges Klopfen an der Tür geweckt. Wang kam herein, sie hatte zu Hause etwas erledigt und war wieder zurückgekehrt. Es war kurz nach 13 Uhr am 4. Juni. Liu weckte seinen Freund Hou Dejian. Die drei mussten sich darüber Gedanken machen, was als Nächstes zu tun sei.

Hou riet davon ab, nach Hause zu gehen: »Im Moment auf keinen Fall. Auf der Straße ist es zu gefährlich. Und unsere Familien werden sicher überwacht. Am besten tauchen wir im Diplomatenviertel unter.«

Xiaobo widersprach: »Aber meine Familie hat keine Nachricht, ob ich noch lebe. Ich muss sie auf jeden Fall benachrichtigen, dass ich mich in Sicherheit befinde.«

»Wir können ja anrufen«, antwortete Hou Dejian.

Wang Yuehong mischte sich ein: »Aber draußen ist es für euch zu gefährlich, lasst mich das machen.«

Beide schrieben ihre Telefonnummern und die eines ausländischen Freundes auf einen Zettel. Nach ihrer Rückkehr berichtete Wang: »Ich habe Tao Li und Cheng Li erreicht und beiden Bescheid gesagt, dass ihr sicher seid. Ich habe die beiden beruhigt. Euer ausländischer Freund wird euch um vier Uhr mit einem Auto hier abholen.«

In großer Unruhe und Sorge warteten die drei in dem nicht einmal zehn Quadratmeter großen Raum. Sie hatten keine Ahnung, wo sich Zhou Duo und Gao Xin befanden. Die unterschiedlichsten Gedanken brachen über sie herein. Keine schönen Gedanken …Währenddessen wurden die drei Flüchtlinge immer wieder von zwei Ärzten besucht, die sie dann endlich gegen vier Uhr zum Ausgang brachten. Hou wurde sogar mit einer Arztmütze und einem weißen Kittel getarnt, damit man sein in Peking doch sehr bekanntes Gesicht nicht sofort erkennen würde.

Nach wenigen Minuten erschien ein rotes Auto mit Diploma-tennummer vor dem Hospital. Die Tür ging auf und Liu und Hou sprangen in den Wagen. Ein paar Leute hatten Hou Dejian jedoch trotz der Verkleidung erkannt und stürzten auf den Wagen zu mit den Rufen »Hou Dejian, Hou Dejian!«. Jaime A. FlorCruz, ein Journalist philippinischer Herkunft, der für das Wochenmagazin *Times* arbeitete, startete blitz-schnell das Auto und ließ die schreienden Menschen zurück. Der Wagen erreichte nach zehn Minuten das Diplomaten-viertel und das Haus, in dem Nicholas Jose wohnte. Erst in diesem Augenblick fühlte Xiaobo eine große Erleichterung, denn während der Fahrt über den »Zweiten Ring« hatten sie kein einziges Privatauto gesehen. Es waren nur Militärfahr-zeuge unterwegs, die ohne Verkehrsregeln zu beachten in alle Richtungen fuhren.

In der Wohnung fand dann nach vielen Tagen das erste Wie-dersehen der Freunde statt. Nicholas Jose und die befreundete Schriftstellerin Linda Jaivin, Liu Xiaobo und Hou Dejian. Kei-ner hatte mit einem Überleben der Teilnehmer an den drama-tischen Ereignissen gerechnet. Sie fielen sich in die Arme und weinten vor Sorge und aus Freude über das unverhoffte Wie-dersehen. Linda Jaivin rief Tao Li und Cheng Li an und be-richtete, dass sich Xiaobo und Dejian in Sicherheit befänden.

Liu Xiaobo rief Gao Xin und Zhou Duo an, um den beiden zu empfehlen, möglichst bald nachzukommen. Unter der Num-mer von Zhou meldete sich aber niemand. Die Verlobte von Gao Xin, die den Hörer abhob, nahm die Nachricht entgegen, dass am folgenden Tag ein Auto kommen würde, um ihn ab-zuholen. Bis dahin solle er unbedingt zu Hause bleiben.

In der folgenden Nacht habe er keine Minute geschlafen, erinnert sich Liu Xiaobo später. Geremie Barmé hatte aus Australien angerufen und berichtet, dass er im Fernsehen eine Sendung über das Massaker gesehen habe. Linda hatte den Anruf entgegengenommen. Als sie den Inhalt der Nachrichten wiedergab, waren Liu Xiaobo und Zhou Duo froh, entkommen zu sein. Die eigentlichen Orte des Schreckens lagen an den Kreuzungen in der Stadt. Der Tian'anmen-Platz und insbesondere der Bereich um das Denkmal der Volkshelden waren wie das Auge eines Wirbelsturms der sicherste Platz gewesen. Zugleich empfand Xiaobo ein zunehmend stärker werdendes Schuldgefühl. Er hatte den Hungerstreik initiiert und als Folge davon waren unzählige Menschen von bewaffneten Soldaten getötet worden.

»Ohne Hungerstreik hätte die Bewegung nicht dieses Stadium erreicht. Die Regierung hätte vielleicht gewartet, bis sich die Studentenversammlung von selbst wieder aufgelöst hätte. Der Platz wäre nicht mit Gewalt geräumt worden. Dann hätte es keine gewaltsamen Auseinandersetzungen zwischen den Pekinger Bürgern und den Soldaten gegeben. Und dann hätte auch dieses Massaker nicht stattgefunden«, berichtete Liu Xiaobo später immer wieder.

Diese mit Schuld und Selbstvorwürfen beladene Schlussfolgerung begleitete ihn bis zu seiner Festnahme und bis zu seiner späteren Freilassung. Und sie wird ihn wohl selbst bis zu seinem Tode nicht mehr verlassen. Nachdem er aus dem Gefängnis Qincheng entlassen worden war, hatte er in diesem Sinne auch zu seinen Freunden gesprochen. Die widersprachen heftig:

»Das stimmt doch nicht. Die Entscheidung zur Räumung war längst getroffen, das hatte mit deinem Hungerstreik nichts zu tun.«

Es blieb aber diese schwere Schuld auf seiner Seele liegen. Bei jedem Gedanken daran hatte er das Gefühl, dass er das Massaker zusammen mit der Kommunistischen Partei herbeigeführt habe.

Am 5. Juni traf Gao Xin zusammen mit Nicholas Jose in dessen Wohnung ein. Als er unversehrt vor Xiaobo stand, umarmten sie sich schluchzend. Beiden liefen die Tränen über die Wangen. Hou Dejian gelang es, sich zu beherrschen – die innere Aufwallung war aber auch seinem Gesicht deutlich anzusehen. Gao Xin berichtete seinem Freund Liu Xiaobo, wie er die Wirren auf dem Platz des Himmlischen Friedens erlebt hatte:
»Ich bin mit Cheng Zhen und Liang Zhao'er zusammen weitergegangen, nachdem wir den Platz verlassen hatten. Im Bereich Liu Bu Kou an der westlichen Chang'an-Straße sahen wir, wie Panzer die Studenten überrollten. Manche Soldaten feuerten lachend ihre Gewehre ab, die Augen rot vor Wut. Gegen Mittag dann erreichte ich das Gelände der Pädagogischen Universität. Ich bin zu dir nach Hause gegangen und habe versucht, deine Frau zu beruhigen. Tao Li möchte, dass du dich erst einmal versteckt hältst und nicht nach Hause kommst. Du sollst nach Möglichkeit ins Ausland gehen und dir keine Sorgen um sie und Liu Tao machen. Hier sind 3000 Yuan, die ich dir geben soll. Nach dem Essen bin ich dann zu mir nach Hause gegangen. Ich habe nicht damit gerechnet, dass wir uns wiedersehen würden.«

Und dann fügte er noch hinzu: »Als gestern Abend die Schüsse fielen, war Tao Li zum Tor des Unigeländes gelaufen und hat dort von elf Uhr an bis zum nächsten Morgen gewartet. Sie fand dich nicht unter den vom Platz zurückkehrenden Studenten und rechnete damit, dass du verletzt oder sogar tot seist. Ihre Augen waren doch immer empfindlich, sie sind jetzt von den vielen Tränen entzündet.«

Liu Xiaobo hörte zu und nahm schweigend das Geld entgegen. Es wurde ihm bewusst, dass dies das Gehalt eines halben Jahres war und die gesamten Ersparnisse der Familie darstellte. Er empfand erneut Schuld – diesmal gegenüber seiner Familie. Später bekannte er: »Tao Li ist meine erste Frau, die Mutter meines Sohnes. Ihr gegenüber empfand ich mich immer als schuldig, während unserer Ehe, bei unserer Scheidung, dazu mein zügelloses Leben, womit ich ihr so viel Leid und Schmerz zugefügt habe, und dann auch noch die Teilnahme an den Demonstrationen des Jahres 1989.«

Liu Xiaobo ist damals nach China zurückgekehrt, um an der Bewegung teilzunehmen. Er wollte den Hungerstreik, er war die ganze Zeit draußen, hatte sein Publikum und wurde dadurch auch bekannt. Er hat in dieser Zeit viel Anerkennung erfahren. Er fragte sich aber auch selbstkritisch: »Was hat meine Frau damals bekommen? Außer der Angst, den Schmerzen und der Sorge, außer Krankheit und der alleinigen Arbeit mit unserem Kind hat sie nichts gehabt. Sie war zwei Jahre bettlägerig und kämpfte um ihr Leben, das war alles. Als mir auf dem Platz Jubel entgegenschlug, habe ich nicht an sie und unseren Sohn gedacht. Als ich im Rampenlicht vor den Journalisten stand und mich strahlend präsentierte, als ich in Talkshows über die aktuellen politischen Ereignisse debattierte, habe ich nicht an ihre Schmerzen gedacht. Als ich mit anderen Frauen geflirtet habe, war mir nicht bewusst, dass ihre Seele wegen meines Verhaltens blutete.« Ein Mensch voller Selbstvorwürfe.

Dass Tao Li sich schließlich von ihm abwendete und sich scheiden ließ, konnte Liu Xiaobo – bei all dem Schmerz, den diese Trennung verursachte – letztlich verstehen. Ihm war bewusst, dass er sich nie wie ein verantwortlicher Ehemann und Vater verhalten hatte. Seine Ideen, seine Ideale, seine Arbeit und der politische Kampf nahmen ihm den Blick für seine Familie. Bis es irgendwann zu spät war. Im Jahr 1993 wanderte Tao Li mit ihrem Sohn Liu Tao nach Amerika aus. Er hat die beiden danach immer seltener erwähnt. Vielleicht haben sie inzwischen überhaupt keinen Kontakt mehr zueinander.

Aber dies alles plagte ihn am Vormittag des 6. Juni noch nicht. Liu Xiaobo wurde vielmehr bewusst, dass er alles tun müsse, um Zhou Duo zu erreichen. Er nahm das Telefon von Nicholas Jose und wählte die Nummer der Familie und erreichte zur großen Überraschung aller seinen Freund Duo persönlich. Xiaobo drängte ihn, schnell in die sichere Diplomatenwohnung zu kommen. Zhou antwortete ruhig und gefasst und teilte Xiaobo mit, dass es besser sei, wenn sie vorerst getrennt blieben. Er werde tagsüber zu Hause sein, sich abends aber auswärts verstecken. Xiaobo antwortete, dass ein Treffen doch wichtig sei, um über die nächsten Schritte zu sprechen.

»Bruder, die Diskussion darüber, was wir als Nächstes tun, sollte erst einmal zurückgestellt werden, das Beste ist im Augenblick, gar nichts zu tun«, antwortete Zhou Duo. Aber Liu

Xiaobo gab nicht nach: »Gao Xin wird gleich kommen und dann kommen wir gemeinsam zu dir.«

Zhou Duo wiegelte ab: »Das ist viel zu gefährlich, bleibt an dem sicheren Ort. Übrigens, wie geht es Dejian?«

»Der ist gerade in der australischen Botschaft, morgen will er nach Hongkong fliegen.«

Zhou Duo darauf: »Warum fliegst du nicht mit, du bist in größerer Gefahr als er.«

»Wenn ihr nicht geht, warum sollte ich dann gehen?«

»Jetzt ist nicht der Zeitpunkt, um über Freundesdienste zu reden, die Rettung jedes einzelnen Lebens ist ein Gewinn.«

Xiaobo aber blieb stur: »Wenn wir fliehen, dann alle zusammen. Wann können wir uns treffen?«

»Nicht in den nächsten Tagen, wir warten erst einmal.«

»Ich bin beruhigt, dass dir nichts passiert ist. Wenn du dich in Sicherheit bringen kannst, dann tu das. Wir werden schon eine Lösung finden.«

»So machen wir das, passt gut auf euch auf!«

Zhou Duo legte den Hörer auf und Liu Xiaobo erschauderte bei dem Gedanken an die gestrige Trennung auf dem Platz des Himmlischen Friedens. Eine Trennung, die endgültig zu sein schien. Eine große Müdigkeit überkam ihn, er wollte sich nur noch hinlegen und schlafen.

Nicholas Jose hatte tagsüber in der Kulturabteilung seiner Botschaft zu tun. Es gab viel Arbeit in Zusammenhang mit den Geschehnissen in der Stadt. Gao Xin war am Abend zuvor nach Hause gegangen und Xiaobo war alleine zurückgeblieben. Er konnte nichts tun – nur essen und schlafen. Gegen sieben Uhr abends klopfte es an der Tür. Mit wild schlagendem Herzen öffnete er und sah mit großer Erleichterung Gao Xin und Wang Yuehong. Die beiden hatten das Flugticket vor der Botschaft an Hou Dejian übergeben und dann waren sie mit dem Auto eines ausländischen Freundes hierher gebracht worden. Sie nahmen Platz und begannen, die Lage zu besprechen und nach einer Lösung zu suchen. Allein es gab keine. Als Nicholas Jose gegen neun Uhr eintraf, sagte er: »Ich hole nur einige Sachen, ich muss zwei Landsleute zur Botschaft bringen, morgen fliege ich bereits nach Australien zurück.« Was letztlich auch bedeutete, dass Xiaobo nicht weiter in seiner Wohnung bleiben konnte. Er verstand das sofort und sagte: »Wir gehen gleich.«

Xiaobo packte seine Sachen, ging mit den anderen nach unten und stieg mit Jose ins Auto. Während der Fahrt sagte Jose auf Chinesisch: »Xiaobo, möchtest du in die Botschaft, möchtest du Asyl beantragen?«
Der sah ihm in die Augen und antwortete: »Nein, das möchte ich nicht.«
»Warum?«
Xiaobos Antwort war eine kurze: »Was ist dann mit Zhou Duo und Gao Xin?«

Jose schüttelte den Kopf, er sagte nichts mehr. Er hielt den Wagen kurz vor dem Tor der Botschaft an und fragte erneut: »Xiaobo, willst du nicht mitkommen? Das ist die letzte Chance.« »Nein, vielen Dank.« Er nahm seine Sachen, drehte sich wortlos zu Nicholas Jose um, stieg aus dem Auto und ging.

In der Nacht des 6. Juni, kurz nach 23 Uhr, waren wegen der Ausgangssperre keine Einwohner mehr auf den Straßen. Lediglich langsam fahrende Militärfahrzeuge mit uniformierten Soldaten in voller Ausrüstung gab es noch zu sehen. Die Straßen waren übersät mit kaputten Fahrrädern, überall lagen ausgebrannte Fahrzeuge und Reste von Barrikaden. Am Ende der Chang'an-Straße stieg Rauch auf, Schüsse und Garben aus Maschinenpistolen schallten vereinzelt durch die Nacht.

Liu Xiaobo wollte nur noch nach Hause, seine Frau wiedersehen, die keine Tränen mehr zum Weinen hatte, und seinen kleinen Sohn auf den Arm nehmen. Er musste ständig an die beiden denken und fuhr mit einem Fahrrad Richtung Tai Ping Zhuang davon. Ganz in seinen Gedanken verfangen, nahm er den Kleinbus, der sich ihm näherte, gar nicht wahr. Plötzlich und unvermittelt bedrängte ihn das Fahrzeug derart, dass er vom Rad fiel. Die Tür öffnete sich schlagartig, mehrere große kräftige Männer stürzten heraus, drückten ihn auf den Boden, knebelten ihn und verbanden ihm die Augen. Er wurde in den Wagen gestoßen, der dann mit quietschenden Reifen davonfuhr.

Am Ablauf dieser Aktion war unschwer zu erkennen, dass Xiaobo während der vergangenen Tage von der Pekinger Polizei beobachtet worden war. Jede Bewegung, jedes Telefonat, jeder Aufenthaltsort war genau überwacht worden. Man hatte nur abgewartet, bis er endlich das Diplomatenviertel verlassen hatte.

Drei Jahre später schilderte Liu Xiaobo diese überfallartige Verhaftung bekennend in seinem Buch *Monolog eines Mannes, der den Untergang überlebte*: »Mein erster Gedanke war: Warum bin ich nicht in die Botschaft gegangen? Das bereue ich zutiefst.«

2003, als Liu Xiaobo in einem Interview mit Zhang Min von Asia TV über seine Entführung in jener Nacht des 6. Juni 1989 sprach, gab er noch mehr von seiner damaligen Angst preis:

»Ich konnte meine Angst nicht unterdrücken. Wenn man mich zu Hause geschnappt hätte, wäre ich viel ruhiger gewesen. Es war einfach zu plötzlich, deshalb hörte ich nicht zu zittern auf, wahrscheinlich eine ganze Viertelstunde. Mein erster Gedanke war: Jetzt haben sie mich. Und dann fragte ich mich, wohin sie mich wohl bringen würden. Vielleicht einfach an einen abgelegenen Ort, um mich gleich zu erledigen? Nach dieser Viertelstunde war ich dann ein bisschen ruhiger geworden. Sie nahmen mir den Knebel aus dem Mund, aber meine Augen blieben noch immer verbunden. Ich bat meine Entführer um eine Zigarette.«

Am 7. Juni 1989 brachten die Abendnachrichten des staatlichen Senders CCTV die Nachricht »Liu Xiaobo geschnappt«. Xiaobo stellte sich zu dieser Zeit auf eine lange Haftstrafe ein, glaubte aber immerhin nicht mehr, dass man ihm ans Leben wollte.

17

DAS ENDE DER FREIHEIT

Das Pekinger Gefängnis Qincheng wurde 1958 von sowjetischen Architekten entworfen und auch mit sowjetischer Hilfe gebaut. Da dort hohe politische Gefangene und Spione untergebracht wurden, trug es Namen wie »1. Gefängnis Chinas« oder »Das geheimnisvollste Gefängnis«.

Qincheng befindet sich in der Nähe des Kreises Xiaotangshan im Pekinger Bezirk Changping. Wenn man die Jingchang-Straße von Peking aus dorthin fährt, bis zum Fuß des Berges Yan, erkennt man am Ende ein großes dunkelrotes Tor im Stil der chinesischen Ehrentore. Auf den fünf Meter hohen grauen Umfassungsmauern sitzen gleißend helle Scheinwerfer. Am Eingang findet sich weder eine Hausnummer noch eine anderweitige Bezeichnung des Gebäudekomplexes. Lediglich ein Wachposten mit weißem Mundschutz ist zu sehen. Hinter dem Eingang ist alles sehr streng bewacht und wirkt angsterregend. Drei hintereinander gestaffelte Wachbereiche müssen passiert werden. Der äußere ist durch metallene Absperrungen gesichert, der zweite kann nur durch elektrisch gesteuerte Türen betreten werden, danach befinden sich drei Meter hohe Torflügel aus Metallgittern. Der Blick von außen in das Innere wird durch eine quer stehende Baracke versperrt.

Qincheng ist das einzige Gefängnis, das direkt dem Ministerium für Öffentliche Sicherheit untersteht. Im Gegensatz dazu werden alle anderen Gefängnisse in China von Abteilungen des Ministeriums für Justiz geführt. Seit den 90er-Jahren des vergangenen Jahrhunderts wurden in Qincheng sehr hohe Beamte inhaftiert, wenn sie beispielsweise in Korruptionsaffären verwickelt waren. Außerdem waren dort auch Häftlinge untergebracht, die besonderer Verbrechen wie der Gefährdung der Sicherheit des Landes beschuldigt wurden. Dazu kamen Ausländer und solche, die des Landesverrats oder der Spionage bezichtigt wurden.

Seit 1990 trägt die Mauerkrone zusätzlich elektrisch geladene Drähte, wodurch eine totale Isolierung und gleichsam unüberwindbare Barriere geschaffen wurde. Da in Qincheng »besondere« Gefangene eingesperrt wurden, waren Unterbringung, Verpflegung und Krankenversorgung im Vergleich zu normalen Gefängnissen deutlich besser – besonders, wenn es sich um ältere Häftlinge oder solche mit angegriffener Gesundheit handelte. Was nach einer geradezu humanitären Behandlung aussah, galt jedoch nur für ausgewählte Inhaftierte.

Im Inneren des Gefängnisbereiches befanden sich vier dreistöckige dunkelgraue Ziegelgebäude. Sie trugen die Nummern 201, 202, 203 und 204. Die innere Aufteilung der Gebäude unterschied sich deutlich.

In der Nacht vom 6. zum 7. Juni 1989 wurde Liu Xiaobo in das Qincheng-Gefängnis eingeliefert. Er musste sich einer körperlichen Durchsuchung unterziehen, dann wurden ihm alle persönlichen Gegenstände abgenommen: Gürtel, Schuhbänder, Hosenbänder. Mit einer Schere wurden von zwei Gefängnisbeamten sogar die Bänder der Unterhose abgetrennt. Dies empfand Xiaobo als die größte Demütigung, die er je erlebt hatte. Später schilderte er, wie er bei dieser Prozedur völlig die Beherrschung verloren habe. »Ich habe mit erhobener, lauter Stimme die Beamten mit den bösartigsten und schmutzigsten Ausdrücken beschimpft. Jede meiner Nervenfasern war zum Zerreißen gespannt, ich hielt mit beiden Händen meine Unterhose fest, als ob ich in Todesangst den letzten Verzweiflungskampf führen müsste.«

Die Beamten gaben ihm den Rat, die Hose mit den Händen festzuhalten und ohne viel Aufsehen in seine Zelle zu gehen. Aber Liu Xiaobo füllte sich nackt, gedemütigt und völlig bloßgestellt. Er empfand eine große Leere. Jede Empathie, jedes Gefühl für sich oder seine Umwelt schien wie ausgelöscht. Es glich einer Entmenschlichung – hilflos, wehrlos, versklavt, entwürdigt.

Am Anfang wurde er zusammen mit Studenten in einer Zelle des dreistöckigen Gebäudes mit der Nummer 201 untergebracht. In jedem Stockwerk gab es 17 Zellen. In den größeren wurden neun bis zehn Personen einquartiert. Nach zwei Wochen wurde Liu in das U-förmige Gebäude 203 verlegt. Dort befanden sich die Einzelzellen, weswegen die Studenten es als das Gebäude der hohen Funktionäre bezeichneten. Für die Verpflegung wurden dort monatlich 120 Yuan, umgerechnet etwa 13 Euro, aufgewendet, für die Studenten lediglich dreißig Yuan, was ungefähr drei Euro entspricht. Die Einzelzellen waren fünf Quadratmeter groß, hatten eine Toilette und einen Zugang zu einem zehn Quadratmeter großen Freiraum. Die Aufenthaltsbedingen waren einigermaßen erträglich. Die Häftlinge konnten Bücher ausleihen, sie wurden aber rund um die Uhr streng bewacht. Es gab keinen Kontakt zur Außenwelt bis auf die Augen des Wärters im Guckloch der Türe. Dreimal am Tag gab es Essen und wenn nötig Medikamente. Beim Hofgang war ein finster blickender, strenger und namenloser Wachmann anwesend. Verwandtenbesuche waren nach der Gefängnisordnung nicht zugelassen.

Der politische Gefangene Chen Ziming, der ebenfalls in Qincheng eingesessen hatte, schilderte nach seiner Entlassung, wie jede Zelle zwar ein eigenes Fenster hatte, dieses jedoch so hoch lag, dass man nicht hinaussehen konnte. Es konnte lediglich um einen kleinen Winkel gekippt werden und war wegen der Milchglasscheibe undurchsichtig. Der Himmel reduzierte sich auf einen schmalen Faden. Nur ganz selten sei in diesem schmalen Spalt ein Vogel zu sehen gewesen, der neugierig schnatterte – fast so, als ob er die Gefangenen hätte trösten wollen. Der Bereich für den Hofgang befand sich im Inneren des U-förmigen Gebäudes 203 an den westlichen und östlichen Seitenmauern. Dazwischen erhob sich ein Gerüst, auf dem die ständig hin und her gehenden wachhabenden Beamten die Gefangenen von oben kontrollieren konnten. Die zu den Einzelzellen gehörenden Freiraumbereiche waren untereinander durch drei Meter hohe Mauern abgetrennt. Während des Freiganges hatten die Häftlinge das Gefühl, den Himmel aus der Tiefe eines Brunnens zu betrachten. An der offenen Seite des Gebäudes, wie auch an der gegenüberliegenden äußeren Seite standen große Bäume, die nach ihrer Höhe zu urteilen bereits 1958 beim Bau des Gefängnisses gepflanzt worden waren. Im Sommer 1989 erblickte Xiaobo immer wieder das dichte Grün einiger Äste dieser Pappeln – viel mehr bekam er nicht zu sehen.

Der Student Wang Dan von der Fakultät für Geschichte der Pekinger Universität, der damals als Nummer 1 auf der Fahndungsliste gestanden hatte und ebenfalls in Qincheng inhaftiert wurde, schilderte seine Situation wie folgt:

Meine Zelle mit der Nummer 6 war der erste Raum in dem Flur, ungefähr fünf Quadratmeter groß, mit einem hoch gelegenen Fenster aus weiß gestrichenem Glas. An der Fensterwand befand sich die Heizung, daneben das Bett, das eigentlich nur aus einem Brett bestand, ähnlich wie eine japanische Tatamimatte, und so breit war, dass zwei Menschen Schulter an Schulter darauf liegen konnten. Zwischen Bett und Tür waren etwa zwei Quadratmeter frei. An der westlichen Wand befand sich ein Waschbecken aus Beton, darüber ein Wasserhahn. Weiter, zur Tür hin, war eine Toilettenschüssel ohne Sitz und Deckel. Die Zellentür bestand aus Holz und war etwa so dick, wie ein Finger lang ist. Sie trug im oberen Bereich ein Guckloch, darunter eine Klappe, durch die das Essen hereingeschoben werden konnte. Nach innen hin war die Zelle durch ein zusätzliches Metallgitter abgetrennt, das ständig verschlossen war. Nicht einmal der Wachmann konnte es aufschließen – nur beim Gang zum Verhör wurde das Gitter geöffnet.

Das Gebäude 204 war eigentlich der Trakt für hohe Funktionäre. Die Zellen waren vergleichsweise groß und mit einem Schreibtisch ausgestattet. Neben der Toilette befand sich sogar eine Waschmaschine. Die Gefangenen konnten Bücher und Zeitungen lesen und zwischen 19 und 21 Uhr Sendungen im Fernsehen verfolgen. Gefangene mit Gesundheitsproblemen bekamen vier Mahlzeiten am Tag – die Kosten hierfür waren staatlich genau festgelegt. Familienangehörige hatten die Möglichkeit, Kleidung und Dinge des täglichen Lebens zu bringen. Die Häftlinge mussten in diesem Teil des Gefängnisses auch nicht unbedingt Anstaltskleidung tragen. Die Zellen waren beheizbar und hatten neben einer komfortablen Sitztoilette sogar ein Badezimmer. Die hölzernen Zellentüren trugen eine Lederverkleidung. Gucklöcher in den Türen ermöglichten die Überwachung rund um die Uhr. Das Bett war dreißig bis fünfzig cm hoch, zum Schreiben von Berichten brachte der Wachmann einen kleinen Schreibtisch hinein. Wichtige Gefangene wurden vorwiegend im Erdgeschoß untergebracht. Um Selbstmorde zu verhindern und um Verletzungen zu vermeiden, waren Innenwände und Türen gepolstert und alle Möbelecken abgerundet. Unter solchen Haftbedingungen haben der Parteisekretär von Schanghai, Chen Liangyu, und der Bürgermeister von Peking, Chen Xitong, dort ihre Haftzeiten verbracht. Sie durften Zeitungen und Bücher lesen, mit Einschränkungen Fernsehsendungen empfangen und Briefe schreiben.

Das Gefängnis Qincheng verfügte über eine Krankenstation, in der die »besonderen« Gefangenen untersucht und auch medizinisch versorgt wurden. Selbst ein Raum für Zahnbehandlungen war der Station angeschlossen. Bei schweren oder komplizierten Krankheitsfällen sowie für Operationen wurden die Gefangenen in das Krankenhaus Fuxing gebracht, das alle Angehörigen des Ministeriums für Öffentliche Sicherheit versorgte. Es befand sich nahe der Pekinger Innenstadt in Fuxingmenwei und verfügte über gesicherte, gefängnisartige Bereiche mit vergitterten Fenstern und Türen.

Der Tagesablauf für normale Gefangene in Qincheng sah folgendermaßen aus: Durch Trillerpfeifen wurden die Gefangenen um 7 Uhr geweckt, um 21 Uhr wurde die Schlafenszeit angekündigt. Tagsüber war das Hinlegen verboten. Während der Nacht mussten das Licht brennen und die Gesichter der Inhaftierten zum Guckloch zeigen. Die Hände durften nicht unter der Decke verborgen sein, ansonsten wurden die Gefangenen geweckt und belehrt. Verboten waren: »lautes Reden, Singen und Grimassen schneiden«.

Der Freigang war ebenso genauestens festgelegt. Für Liu Xiaobo und die anderen wichtigen Gefangenen waren an sechs Tagen der Woche zwanzig bis sechzig Minuten Einzelaufenthalte in den durch hohe Wände abgeteilten Freigangbereichen erlaubt. Die Wachmänner beobachteten von oben jede noch so kleine Bewegung der Inhaftierten.

Viele Jahre später erinnerte sich Xiaobo an diese Zeit im Gefängnis und sagte: »Körperliche Folter gab es nicht – wir waren schließlich besondere Gefangene. Leute wie wir erfuhren eine andere Behandlung als die normalen Verhafteten des 4. Juni. Gao Xin zum Beispiel wurde ins Gefängnis Banbuqiao gebracht und mit zum Tode Verurteilten gemeinsam eingesperrt. Die Behandlung von mir und meinen etwa zwanzig Mitgefangenen in Qincheng war für eine Minderheit. Die Situation, in der wir uns befanden, war keine typische.«

Im normalen Bereich des Qincheng-Gefängnisses wurden die Inhaftierten in Gemeinschaftszellen untergebracht. Sie mussten zur Essenszeit mit eigenen Schüsseln ihr Essen an der Zellentür holen. Es gab drei Mahlzeiten am Tag – mittags etwas reichlicher in Form eines Gerichtes und einer Suppe. Hauptsächlich wurden Reis, Teigwaren und gröberes Getreide zusammengemischt. Im Gebäude 203, wo die Einzelzellen der Sonderhäftlinge lagen und als Essenspreis pro Monat 120 Yuan vorgesehen waren, gab es täglich zwei Gerichte mit Fleisch, eines mit Gemüse und dazu Suppe. Das Essen wurde in die Zellen gebracht. Montags gab es zusätzlich Milch und Obst.

Der politische Sonderhäftling Liu Gang, ein Student mit einem sehr starkem Willen, wurde von den Mithäftlingen als »unnachgiebiger und harter Mann« bezeichnet. Nach seiner Entlassung berichtete er von einer merkwürdigen Begebenheit, die er im Qincheng-Gefängnis miterleben konnte.

Liu Gang war im Jahr 1996 freigelassen worden und wohnte zwei Wochen lang bei Liu Xiaobo und seiner Frau Liu Xia, die damals noch nicht formell mit Xiaobo verheiratet war. Liu Gang erzählte von dem Mithäftling Chen Mingyuan, der wegen der guten Beziehungen seiner Familie sogar noch besseres Essen erhalten hatte: »Täglich zwei Schüsseln Nudeln mit einem Ei. Als der Wachmann eines Tages nur Nudeln gebracht hatte, fragte er nach dem Ei. Der Wachmann kochte sofort ein Ei ab und reichte es ihm.«

An dieser Stelle unterbrach Liu Xiaobo die Erzählung seines Gastes und rief aus: »Das fehlende Ei habe ich bekommen! Ich staunte nicht schlecht und wusste verdammt noch mal nicht, warum es in meiner Schüssel war. Im nächsten Moment kam schon der Wachmann angerannt und wollte es wiederhaben. Ich rief, dass ich bis dahin nicht einmal ein Ei aus der Ferne zu sehen bekommen hatte – warum also sollte ich es wieder hergeben? Der Wächter öffnete sogar die sonst stets verschlossene Tür, um es zu holen.«

Liu Gang fragte:»Und, hat er es wiederbekommen?«

»Natürlich nicht«, sagte Xiaobo,»selbst wenn er mich totgeschlagen hätte. Er hat nicht einmal die Schale bekommen, ich habe das Ei einfach mit der Schale hinuntergeschluckt.«

Die ersten sechs Monate wurde Liu Xiaobo im Gefängnis in Einzelhaft gehalten. Es gab keine Zeitung und kein Radio. Als Zeitvertreib schrie er einmal deprimiert dem Zellenlautsprecher entgegen:»Eis, Eis am Stiel!« Wenn die Gefangenen von Gebäude 203 einen Brief oder Bericht schreiben wollten, konnten sie Papier und Stifte bekommen. Die benutzten sie dann, um während des Freigangs kleine Zettel mit Nachrichten auszutauschen.

Während Xiaobos Haftzeit in Qincheng war sein Zellennachbar der Dozent Liu Suli von der Hochschule für Rechtswissenschaften in Peking, der ebenfalls als einer der»Drahtzieher der Studentenbewegung« galt. Die beiden Gefangenen haben während des Freigangs kleine Zettelchen über die Mauer geworfen, wenn der Wachmann gerade nicht aufpasste. Irgendwann wurden die beiden dabei erwischt und daraufhin räumlich voneinander getrennt. Später wurde Liu Xiaobo Nachbar von Chen Xiaoping. Liu tat so, als ob er laut englische Vokabeln übte – Chen verstand sofort und tat das Gleiche. So konnten die zwei Häftlinge miteinander reden, bis auch diese Masche aufflog und die beiden Männer wieder getrennt wurden.

Dann kam der nächste Zellennachbar, Yang Guansan. Liu hörte nebenan Fußgetrampel und schloss daraus, dass dort jemand im Kreis lief. Er hob ein Stück Mauerputz auf, schrieb seinen Namen mit dem Saft eines frischen Astes darauf und warf es über die Mauer. Yang Guansan tat das Gleiche und warf seinen Gruß zurück. So erfuhren die beiden voneinander. Als sie sich nach ihrer Entlassung zum ersten Mal trafen, erinnerte sich Yang an die Sache: »Das Stück Mauerputz hatte mich an der Schläfe gestreift, war zu Boden gefallen und in zwei Teile zerbrochen. Ich habe es zusammengesetzt und dadurch erst deinen Namen erfahren. Die Kommunistische Partei hat mich nicht zerbrochen, aber du hast mich fast umgebracht.«

Die Trennwände zwischen den Freigangbereichen bestanden aus verputzten Ziegelsteinen. Die Witterung hatte den Putz gelockert und zerbrechen lassen. Liu Xiaobo wusste, wer seine direkten Nachbarn waren, hatte aber keine Ahnung von den Häftlingen, die in den Zellen gegenüber untergebracht waren. Die Wände rechts und links bestanden aus doppelten Ziegelreihen, diejenigen zu den äußeren Bereichen jedoch nur aus einer Reihe. Mit einem Holzstück gelang es ihm allmählich, den Mörtel aus einer Fuge zu kratzen und so durch ein kleines Loch hinüberzusehen. Er entdeckte dort einen Wissenschaftler des Instituts für Philosophie der Chinesischen Akademie für Sozialwissenschaften mit dem Namen Bao Zunxin. Ein Lehrer, der auch zu den sogenannten »Drahtziehern« gezählt wurde. Liu Xiaobo konnte nur den Oberkörper des Mannes sehen, der mit dem Rücken zu ihm stand und Bewegungsübungen machte. In seiner Zelle schrieb Xiaobo eine Nachricht an ihn und fragte, wie es ihm gehe. Beim Freigang schob er am folgenden Tag den Zettel mit einem Ast durch das Mauerloch und klopfte an die Wand. Bao wurde aufmerksam und zog den Zettel behutsam heraus. Xiaobo freute sich und wartete mit Ungeduld den nächsten Freigang ab, in der Hoffnung auf eine Antwort. Die blieb aber auch nach mehreren Tagen aus. Die Enttäuschung war groß. »Sind wir noch Freunde?«, dachte er und versank wieder in seiner Stille.

18

IN DER HAND DES STAATES

Dass Liu Xiaobo für seine »Unartigkeit« und »Unfolgsamkeit« im Gefängnis Qincheng keineswegs hart bestraft wurde, ist vor dem Hintergrund der damaligen Situation in den chinesischen Gefängnissen sehr schwer vorstellbar. Die Regierung musste etwas mit ihm im Sinn haben – man brauchte ihn offenbar noch. Nur so lässt sich die Toleranz der Gefängnisleitung erklären.

Die chinesische Regierung hatte schwer damit zu kämpfen, dass das »Massaker« und der »4. Juni« schon zu festen, untrennbaren Begriffen geworden waren. Die mit der Durchsetzung des Ausnahmezustandes beauftragten Truppen der Volksbefreiungsarmee hatten in Peking jede Hemmung zu töten verloren. Die ganze Welt sah zu, wie einfache Bürger – Zivilisten – erschossen wurden. Dieses skrupellose Vorgehen rief in der internationalen Gemeinschaft und bei westlichen Regierungen eine allgemeine Verurteilung dessen hervor, was bereits einhellig als »Tian'anmen-Massaker« bezeichnet wurde.

Im Juli 1989 wollte die chinesische Regierung Liu Xiaobo im Gefängnis vom staatlichen Fernsehen interviewen lassen. Er sollte schildern, wie die Räumung des Platzes in den Morgenstunden des 4. Juni tatsächlich vor sich gegangen war. Damals lehnte Liu Xiaobo im Gefängnis noch jedes Schuldbekenntnis und jedes Eingehen auf die Absichten der Regierung kategorisch ab. Denn eines war ihm klar: Wenn er öffentlich bezeugen sollte, dass auf dem Tian'anmen-Platz bei der Räumung des Platzes niemand getötet wurde, würde er nicht den wahren Sachverhalt aufklären. Er war ein Werkzeug, das China helfen sollte, die einsetzenden politischen und wirtschaftlichen Sanktionen zu überwinden. Sein Bericht würde dazu verwendet werden, davon abzulenken, dass die Truppen an vielen anderen Orten in Peking tatsächlich das Feuer gegen die Demonstrierenden eröffnet hatten.

Xiaobo hat seine damaligen Gedanken später so wiedergegeben: *Wenn ich mich interviewen lasse, dachte ich, bin ich ein williges Werkzeug, und das kann nur schlechte Auswirkungen haben. Damals glaubte die ganze Welt, die Soldaten hätten den Tian'anmen-Platz in Blut getaucht. Denn auch einige Teilnehmer an den Protesten, die sich jetzt im Exil befanden, hatten absichtlich den wahren Sachverhalt verfälscht, vielleicht um selbst als Helden dazustehen. Wu'erkaixi, Chai Ling, Li Lu und andere hatten alle Lügen verbreitet und Bäche von Blut über den Platz fließen lassen. Wenn ich jetzt im Fernsehen sage, dass ich keine tödlichen Handlungen der Soldaten gesehen habe, dachte ich, dann würde ich in der ganzen Welt Zorn auf mich ziehen und mein Image könnte großen Schaden nehmen. Ich hatte mich ja schon entschlossen, auszuhalten und nicht mit ihnen zu kooperieren – also lehnte ich auch das Interview ab. Diese Ablehnung machte klar, dass ich nicht mit der Regierung zusammenarbeitete, und konnte auch meinen Opfernimbus unterstreichen.*

Aber ein solches Schweigen gegenüber den historischen Tatsachen kam andererseits auch in die Nähe der Lüge.

Anfangs ging Liu Xiaobo gar nicht auf die Überredungsversuche seiner Verhörleiter ein. Nach einiger Zeit brachten die Verhörspezialisten der politischen Abteilung der Pekinger Polizei die *Volkszeitung* mit, in der das Interview mit Hou Dejian abgedruckt war, und sagten: »Du hast doch auch nicht gesehen, dass jemand getötet wurde, du hast ebenfalls keine Ströme von Blut miterlebt. Warum traust du dich nicht, die Wahrheit zu sagen und den wahren Sachverhalt aufzuklären? Es passt doch gar nicht zu dir, viel zu überlegen – du sagst doch auch sonst immer alles geradeheraus. Außerdem haben wir immer gesagt, dass ihr vier einen wichtigen Beitrag zur friedlichen Räumung des Platzes geleistet habt. Wenn du jetzt sagst, wie es wirklich war, gereicht das niemandem zum Nachteil.«

Xiaobo kämpfte mit sich selbst. Hou Dejian hatte tatsächlich öffentlich gemacht, was er gesehen beziehungsweise was er nicht gesehen hatte. Der Verhörbeamte hatte im Grunde recht. Es gab kaum mehr Gründe, dieses Interview noch länger abzulehnen. Liu Xiaobo hatte während der Räumung des Platzes in der Tat nicht gesehen, dass jemand getötet wurde. Er musste sich an die Tatsachen halten und die Verantwortung gegenüber der Geschichte überdenken – ebenso wie gegenüber sich selbst. Die Moral durfte nicht über den Tatsachen stehen. Es war schlimmes Unrecht geschehen, aber all das geschah nicht auf dem Platz des Himmlischen Friedens. Wu'erkaixi und andere ehemalige Mitstreiter hatten in dem Wissen, moralisch im Recht zu sein, die Wahrheit vernachlässigt, und in einem gewissen Sinn erforderte es wirklich Mut, die Tatsachen nicht zu verdrehen. Auch nicht, wenn es sich um die Demokratiebewegung handelte.

Liu Xiaobo war bewusst, dass er nach einem solchen Interview in vielen Kreisen moralisch an Wert verlieren würde, aber ihm wurde im Verlauf dieser Überlegungen klar, dass er den Verlust seines Ansehens in Kauf nehmen musste. Die historischen Tatsachen würden ihn eines Tages vielleicht wieder ins rechte Licht rücken. Auch Dejian hatte sich an die Wahrheit gehalten und stand nun in der Weltöffentlichkeit unter erheblichem Druck. Liu Xiaobo wollte seinen Freund Hou Dejian angesichts dieser weltweiten Kritik nicht alleine lassen. Hätte er geschwiegen, wäre das einer moralischen Verurteilung Dejians gleichgekommen. Beide Männer hatten in den Morgenstunden des 4. Juni auf dem Tian'anmen-Platz dasselbe gesehen: Es gab auf dem Platz des Himmlischen Friedens kein Massaker! Das war eine historische Tatsache und absolut kein Beweis für die Versuche der Regierung, den Eindruck zu erwecken, es hätte überhaupt keine Toten in Peking gegeben. Ganz im Gegenteil. Dass es zu einem Massaker in der Stadt gekommen war, war von erdrückenden Beweisen gestützt.

Es war allein dem friedlichen Rückzug der Studenten zu verdanken, dass es auf dem Tian'anmen-Platz kein Blutbad gegeben hatte. Das war allein das Verdienst der Studenten und nicht der Regierung. Liu Xiaobo machte sich bewusst, dass er mit seinem Statement die offizielle Seite keineswegs entlasten würde. Eines stand fest, sagte er später: »Hätten sich die Studenten nicht friedlich und freiwillig zurückgezogen, sondern Widerstand geleistet, wie es in Liubukou und Muxidi geschah, wären auf dem Tian'anmen-Platz ganz sicher ebenso viele Menschen getötet worden. Das Potenzial für ein Blutbad auf dem Platz war zweifellos vorhanden.«

Deshalb akzeptierte Liu Xiaobo schließlich den Wunsch der Verhörbeamten, dass er als Zeuge für die Vorgänge bei der Räumung des Tian'anmen-Platzes auftrat. Und so wurde er im September 1989 von Reportern des staatlichen Fernsehsenders CCTV 40 Minuten lang interviewt. Das Interview wurde in voller Länge ausgestrahlt und in allen staatlichen Medien verbreitet. Man wollte damit die international vorherrschende Annahme, in den Morgenstunden des 4. Juni habe auf dem Tian'anmen-Platz ein Massaker stattgefunden, widerlegen.

Liu Xiaobo hat seine Interviewaussagen später verteidigt: »Ich ließ mich befragen und erzählte genau, was ich bei der Räumung des Platzes gesehen hatte. Hätte Hou Dejian nicht den Anfang gemacht und den Sachverhalt geschildert, ohne sich um politische oder persönliche Auswirkungen zu kümmern, hätte ich für mein Image als moralisch Überlegener weiter geschwiegen und vielleicht sogar auch gelogen. Unverantwortliche Elitefiguren im Exil hatten zu ihrem persönlichen Vorteil die Medien in aller Welt in die Irre geführt, und die Medien wiederum hatten der Öffentlichkeit Dinge geschildert, die gar nicht geschehen waren. Die Lüge wurde einfach zur Tatsache.«

Es war ein schwerer Schritt für Liu Xiaobo, aber einer, der ihn am Ende sehr erleichterte. Und seine Selbstwahrnehmung veränderte. Alle Bedenken über sein Image wichen einer Verantwortung gegenüber der Geschichte, gegenüber seinen

Freunden und auch gegenüber sich selbst. Am Ende bereute er lediglich, dass er das Interview so lange abgelehnt hatte.
Die veröffentlichte Wahrheit befreite ihn von allen Zwängen.

19

EIN GESTÄNDNIS

Im Oktober 1990 indes schrieb Liu Xiaobo im Gefängnis Qincheng ein Geständnis im Umfang von 600 Schriftzeichen. Diese Aussage sollte er sein Leben lang bereuen. Er sagte einmal, er würde sogar noch einmal ins Gefängnis gehen – diesmal jedoch nur, um sich selbst dafür zu bestrafen.

Seit Juli 1989 hatten ihn die vernehmenden Beamten zu einem Geständnis gedrängt. Liu Xiaobo lehnte stets ab. Im Jahr 1990 geriet China wegen des Massakers vom 4. Juni international unter Druck und wurde politisch wie auch wirtschaftlich isoliert. Auch innerhalb Chinas war die Lage gespannt. Um die Situation zu entschärfen, begann die Regierung die Haftbedingungen der politischen Gefangenen, die an der Studentenbewegung teilgenommen hatten, zu verbessern. Was nicht mehr als ein schäbiger Trick war. Um auch Liu Xiaobo entlassen zu können, war aber zunächst ein Geständnis erforderlich, und um das zu erreichen, wurde ein Treffen mit seinem Vater arrangiert. Später ärgerte sich Xiaobo sehr darüber, kritisierte sich selbst heftig und legte sein Innerstes öffentlich dar:

»Der Besuch meines Vaters im Gefängnis stellte die letzte Stufe auf dem Weg zu einem Geständnis dar. Mit diesem Schritt habe ich mein Gewissen verkauft, ich hatte von da an keine Skrupel mehr.«

Das Treffen mit seinem Vater, den Xiaobo eineinhalb Jahre nicht mehr gesehen hatte, fand Anfang Oktober 1990 im Polizeigefängnis Banbuqiao statt. Liu Xiaobos Vater war Offizier, Professor an der Universität des Heeres in Dalian und Mitglied der Kommunistischen Partei. Er erschien in Uniform und brachte zwei große Reisetaschen für seinen Sohn mit. Auf seinem Gesicht zeichneten sich Ernsthaftigkeit, Erwartung, Fremdheit, Angst, Trauer und Sorge ab.

Das Gespräch musste unter strenger Bewachung stattfinden. Ein verlegenes Lächeln breitete sich auf dem Gesicht des Vaters aus. Um die Spannung zu lösen, öffnete er eine seiner Taschen, holte Obst, Kleidung und Zigaretten hervor und begann, von der Familie zu erzählen. Mit einem Wortschwall, der an den anwesenden Beamten gerichtet schien, brachte er Ermahnungen und Aufforderungen hervor: »Xiaobo, du musst alles gestehen. Wenn du schuldig bist, solltest du das bekennen. Partei und Regierung werden deinen Fall absolut fair und korrekt behandeln. Du sollst daran glauben, dass die Partei sich an das Prinzip, die Wahrheit in den Tatsachen zu suchen, halten wird.«

Xiaobo konnte seinen Vater gut verstehen. Die Generation seines Vaters stand unter dem Einfluss der sowjetischen Erziehung, die diese Menschen erhalten hatten. Ihre geistige Welt war durch völlige Erstarrung gekennzeichnet. Sie waren blind, engstirnig, konservativ und ängstlich. Auch wenn sie gegen die Parteiraison waren, folgten sie ihr doch bedingungslos. Sie steckten tief in diesem System, ohne sich befreien zu können: »Mein Vater war einer aus dieser Generation. Er konnte nur auf diese Art und Weise sprechen. In seinen Worten habe ich aber trotzdem seine Liebe zu mir erkannt.«

Nach den Ermahnungen wechselte der Vater das Thema: »Dritter Sohn, auch wenn du nicht an dein weiteres Leben denkst, so denk doch an deine Mutter, an mich, an deine Frau und deinen Sohn. Solange du hier im Gefängnis sitzt, wird deine Familie draußen auf dich warten. Deine Zelle hier hat eine feste Gestalt, die Zelle deiner Familie ist überall und gestaltlos. Dich hast du hier in eine Zelle mit vier hohen Wänden gebracht, gleichzeitig aber hast du auch die Seele deiner Familie mit eingesperrt. Wenn du dich eigensinnig selbst zerstörst, zerbrichst du auch deine Familie, insbesondere deine Mutter, die dich von klein auf geliebt hat. Falls du hier acht oder zehn Jahre bleiben musst, wird sie deine Entlassung wohl kaum erleben.«

Dem alten Mann versagte die Stimme, Xiaobo erhob seinen gesenkten Kopf und sah, dass das Gesicht des Vaters von Tränen überströmt war. Seine Hand, die eine Zigarette hielt, zitterte stark. Der Sohn starrte den weinenden Vater an. Die Tränen und die zitternden Hände des Vaters zerbrachen den letzten Rest von Xiaobos Willen zum Durchhalten. Während mehr als einer Stunde hatte er selbst kaum etwas gesagt. Er wusste überhaupt nicht, wie er den erschütterten Mann hätte trösten können. Beim Abschied umarmte ihn der Vater, Xiaobo spürte das starke Zittern des alten Mannes. Er spürte sein Gesicht und die Kühle der strömenden Tränen an seiner Wange. Flehend sagte der Vater: »Xiaosan, denke bitte an deine Familie und an dich. Geh nicht mit dem Kopf durch die Wand und verfolge deinen Weg nicht bis in die Dunkelheit. Dieses Versprechen musst du uns geben – mir, deiner Mutter, deiner Großmutter, deinen Brüdern, deiner Frau und deinem Sohn. Das musst du mir gegenüber jetzt ablegen.«

Es mag sein, dass der Besuch des Vaters einen wichtigen Grund für den letzten Schritt zum Geständnis dargestellt hat. Xiaobo nannte später aber noch andere Beweggründe. Die Vollzugsbeamten und Wachleute schienen ihn zu verstehen. Sie empfanden vielleicht sogar Mitleid mit ihm und waren besorgt. Mit Ausnahme von einigen Vernehmungsbeamten, die sich grob und feindselig verhielten, gaben sich die anderen tatsächlich sehr umsichtig und zeigten ihm versteckt oder offen ihr Mitgefühl.

Es fiel Xiaobo auf, dass sich die Vernehmenden dann besonders große Mühe gaben, wenn seine Aussagen für ihn zu sprechen schienen. Sie versuchten, diese durch Beweise und Zeugenbefragungen zu ergänzen und zu untermauern. Sie bezeichneten es zum Beispiel als ein großes Verdienst von ihm, dass er versucht hatte, die Studenten am 4. Juni zum friedlichen Verlassen des Tian'anmen-Platzes zu bewegen. Um das zu belegen, wurden vierzehn Personen als Zeugen gehört, sogar solche, an deren Namen und Gesichter Xiaobo sich gar nicht mehr erinnern konnte. Dazu gehörten auch die beiden Bürger, die das Maschinengewehr auf den Sockel gebracht hatten. Erst als während des Prozesses die Zeugenaussagen vorgelesen wurden, kamen ihm die Einzelheiten wieder ins Gedächtnis. Die Gefängnisbeamten, die ihn letztlich zum Ablegen eines Geständnisses überreden konnten, hatten ihm angedeutet, dass man ihn vermutlich nur milde bestrafen werde. Sie sagten ihm damals: »Herr Liu, wir meinen es gut mit Ihnen, Sie sollten mit uns zusammenarbeiten. Wenn Sie Ihre Fehler nicht erkennen und kein Geständnis ablegen, dann ist doch all unsere Mühe umsonst gewesen. Wir wollen nicht, dass die Sache schlecht ausgeht.«

Während er im Gefängnis Qincheng einsaß, brachten ihm die Verhörbeamten die *Volkszeitung* mit den Nachrichten von der Freilassung seines Freundes Zhou Duo und anderer Protestierender. Diese Nachrichten solle er sorgfältig durchlesen, hieß es. Dann sagten sie ihm: »Du solltest wissen, wie es in unserem Land zugeht. Die Maßnahmen der Partei sind von lauten Donnerschlägen begleitet, aber im Detail können sie ganz sanft sein, wie kleine Regentropfen. Wenn deine Einstellung stimmt, kann man bei der Strafe große Milde walten lassen. Besonders bei euch Politischen und Intellektuellen, da ist die Einstellung das A und das O.«

Eine Staatsanwältin des Volksgerichtshofs Mittlere Ebene sagte sogar unmissverständlich: »Herr Doktor Liu, für Sie ist doch die Freiheit das Allerkostbarste.«

»Mein Geständnis«, so äußerte sich Xiaobo später, »resultierte aus meiner inneren Schwäche – der Besuch meines Vaters sowie die Zuwendungen und Versprechungen der Vernehmungsbeamten waren nur äußere Begleitumstände. Ich konnte mich selbst nicht mehr ertragen und gab auf.«

Weiter erinnert er sich, dass er seit seiner Verhaftung in jeder Nacht träumte und bei jedem Erwachen mit seinen Gedanken beschäftigt war. Sein Gehirn kam nie zur Ruhe. Die Träume hatten meist mit Angst und Hoffnung zu tun. Es kamen schreckliche Szenen vor – Verfolgung, Folter und sogar ein Gang zum Richtplatz. Sein Körper wurde da von fünf Pferden zerrissen. Er wurde kastriert und von Tausenden von Menschen beschimpft. In einem Traum sah er sich nackt an dem Denkmal der Volkshelden zur Schau gestellt. Die umstehenden Menschen hatten keine Gesichter. Seine Geschlechtsteile wurden von blutleeren Händen mit einem Draht gebunden, seine Hoden blähten sich zur Größe von Luftballons auf, ihre Haut wurde so dünn wie die Flügel von Zikaden. Langsam wurden die blutleeren Hände zu denen seiner Frau und seiner Geliebten. Die Hautlinien an ihren Fingern bildeten den Draht. In die Träume mischten sich aber auch aufregende, gar rührende Szenen ein. So schwebten seine früheren Geliebten mit maskenverhüllten Gesichtern mit Hubschraubern im Gefängnis ein, um ihn zu retten. Auch träumte er, dass er freigesprochen und von den Massen mit nie dagewesener Festlichkeit empfangen worden sei. Aus diesem Anlass hielt er Reden, die von den Zuhörern mit Jubel und mit Tränen in den Augen begleitet wurden. Eine Sektflasche von der Größe des Denkmals wurde mit lautem Knall entkorkt, sodass der weiße Schaum und der gelbliche Inhalt bis an den Himmel spritzten und als Wolke davonschwebten. Die Zuschauer gerieten in Ekstase.

Die Angst vor Gefängnis, Tod und Ehrverlust, die Sehnsucht nach Freiheit und einem Neuanfang sowie das Bedürfnis nach Ruhm und Eingang in die Geschichte hatten vermutlich neben anderen Beweggründen entscheidend zu Liu Xiaobos Geständnisbereitschaft beigetragen.

Wie aber formuliert man ein Geständnis? Liu Xiaobo war klar, dass er versuchen musste, anhand einer Gliederung die einzelnen Schritte der Gesamtentwicklung zu analysieren. Zunächst die Entstehung der »Tat« und dann die Frage, wie man zum »Drahtzieher« wurde. Wie reagierte die »offizielle Meinung« auf die Bewegung der Studenten? Um seine Gedanken zu ordnen, hatte Xiaobo Nachdrucke der Reden von Deng Xiaoping, Yang Shangkun, Jiang Zemin, Li Peng, Li Ruihuan, Li Ximing, Chen Xitong, Yuan Mu und anderen zu diesen Ereignissen von der Gefängnisleitung erbeten. Er studierte sie sorgfältig und lernte sowohl die aktuelle Wortwahl wie auch gängige Schlagwörter kennen. Da war die Rede von »zentralen und peripheren Dingen«, von »friedlicher Evolution und Rückentwicklung vom Sozialismus zum Kapitalismus«. Und es ging noch weiter: »Das Wichtigste ist die Stabilität«, »die mühsam erreichte Stabilität in China muss ebenso sorgsam gehütet werden wie das eigene Augenlicht«, »rasche Veränderung der internationalen politischen Lage«, »die Geringschätzung des Chinesischen und die Forderung nach totaler Verwestlichung sind die geistigen Grundlagen von Aufruhr und bürgerlichem Laisser-faire« sowie »nur unsere Reformpolitik führt zur Vollendung des Sozialismus«.

Nach dem Studium der Reden und der Erforschung der Hintergründe stellte sich ihm die offizielle Lesart folgendermaßen dar: Die Verantwortlichen für die gegenwärtige Lage waren zum einen die sogenannten Reformer innerhalb der Partei. Der Astrophysiker Fang Lizhi mit seiner Forderung nach totaler Verwestlichung gehörte dazu und auch Liu Xiaobo mit seinem nationalen Nihilismus, insbesondere mit seinen Äußerungen über die koloniale Vergangenheit Hongkongs und mit seiner Geringschätzung der chinesischen Kultur.

Die offizielle Lesart der Ursachen für den Aufruhr des 4. Juni wurde so die Grundlage für Liu Xiaobos Geständnis. Nachdem er das so für sich entschieden und festgelegt hatte, bestand die restliche Arbeit nur noch darin, das Gerüst mit erläuternden Details auszufüllen. Dazu bat er die Gefängnisleitung um Zeitungsartikel, aus denen er die Meinung anderer über ihn erfahren konnte, sowie um ein Exemplar des Strafgesetzbuches der Volksrepublik China. Er stellte aus dem Zeitungsmaterial eine Liste der Bezeichnungen über ihn und seine Taten zusammen und verglich sie mit den entsprechenden Stichwörtern aus dem Gesetzbuch. Es ergab sich, dass er ein Verbrechen der konterrevolutionären Propaganda und der Volksverhetzung begangen hatte. Im Einzelnen hieß das, er habe Reden gehalten sowie Flugblätter und andere Schriften verbreitet, um das Volk gegen das sozialistische System aufzuwiegeln und die Regierung zu stürzen.

Die Zeitungsartikel über sich selbst teilte er in vier Kategorien ein. Aus der ersten Gruppe übernahm er die Aussagen, er habe Politik gegen die Partei und den Sozialismus betrieben und bezogen auf den kulturellen Bereich nationalen Nihilismus verbreitet. Auf moralischer Ebene habe er sich für absoluten Individualismus eingesetzt und sein Denken sei der Metaphysik zuzuordnen. Ein Artikel war in der Volkszeitung mit dem Titel »Vom nationalen Nihilismus zum Landesverrat – die Absurdität der Behauptungen von Liu Xiaobo über das bürgerliche Laisser-faire« von dem Autor Wen Ping erschienen. Dieser Artikel war ihm besonders hilfreich bei der Abfassung seines Geständnisses, denn darin fanden sich die Formulierungen:

Der Möchtegern-Verrückte Liu Xiaobo hat sich in die Studentenbewegung eingemischt, er hat aufgehetzt und an dem konterrevolutionären Aufruf mitgewirkt. Damit hat er ein historisches Verbrechen gegen Partei und Sozialismus begangen. Es ist kein Zufall, dass es mit ihm so weit gekommen ist. Das ist die direkte Folge seines absoluten Individualismus und seiner idealistischen und metaphysischen Einstellungen. Er hielt fest an den Vorstellungen eines bürgerlichen Laisser-faire, damit war alles andere unausweichlich.

Der offizielle Grundton und die gedanklichen Hintergründe waren also gesammelt. So wie im alten China der Pinsel über die Seide flog, so floss aus Liu Xiaobos Stift das Geständnis. Innerhalb von zwei Stunden war er fertig. Er hatte sein ganzes Leben lang geschrieben – aber zum ersten Mal brauchte er nicht einmal mehr nachzudenken. Der Stift bewegte sich wie eine Schlange über das Papier und erstellte das Schriftstück ohne Unterbrechung wie aus einem Guss.

In der Selbstreflexion sagte er später einmal: »Hoffentlich war das der erste und auch der letzte Schriftsatz, den ich so ganz ohne Mühe, so wie man Staub einfach wegpustet, zu Papier gebracht habe. Wenn man erst einmal so weit ist, lässt sich selbst das Gewissen im Handumdrehen verkaufen. Das war vielleicht auch die Folge meines langjährigen inneren Kampfes. In diesem Sinne basiert mein Geständnis auch auf intensivem Nachdenken. Ich fürchte, dass mir diese Gedanken gekommen sind, weil mir feste Überzeugungen und tiefe Ehrfurcht fehlten.«

Liu Xiaobos Geständnis war nicht die bloße Beschreibung seines »Verbrechens«, es war vielmehr eine Darstellung der Entwicklung, die dazu geführt hatte. Er zitierte Maos berühmten Satz »Die Revolution entzündet sich im tiefen Inneren des Herzens« und fuhr fort: »Grundlegende Änderungen von Weltanschauungen erfordern eine solche Initialzündung, sonst entsteht auch für einen Menschen kein Neuanfang.«

Die Kernaussagen des Geständnisses Liu Xiaobos waren:

Vom Beginn der Unruhen bis zum Aufruhr in der Zeit des Übergangs vom Frühjahr zum Sommer 1989 habe ich eine Reihe gesetzeswidriger Taten begangen. Es war kein Zufall, dass ich auf diesen verbrecherischen Weg geraten bin – das lag in meinen eigenen Gedanken begründet.

Politisch stand ich auf der Gegenseite zu Partei, Land und Volk. Ich war gegen die Führung der Partei und gegen das sozialistische System. Ich befürwortete ein Mehrparteiensystem anstelle des Einparteiensystems. Ich trat für Privateigentum ein und war gegen Volks- und Kollektiveigentum. Ich war für Pluralismus anstelle einer marxistischen Führungsspitze. Mit einem Wort, ich wollte Sozialismus durch Kapitalismus ersetzen.

Kulturell befürwortete ich einen nationalen Nihilismus und forderte die totale Verwestlichung. Alles aus dem Westen war für mich gut, alles Chinesische fand ich schlecht. Sogar die chinesische Rasse empfand ich als minderwertig. Ich war zwar im Westen, kannte aber die dortige Lebensart nur oberflächlich. Ich habe sehr viele westliche Bücher gelesen, aber das war nur »Buchwissen« – im Grunde kenne ich den Westen gar nicht. Dem Land gegenüber, in dem ich geboren wurde und aufgewachsen bin, fühle ich mich schuldig, weil ich den Westen verherrlichte und die chinesische Kultur mitsamt der heutigen Gesellschaft ablehnte.

Moralisch war ich für absoluten Individualismus. »Ob ich in den Himmel oder in die Hölle komme, dafür bin nur ich alleine verantwortlich.« Ich hörte nicht auf Freunde und Familie und beharrte eigensinnig auf meinen Ideen. So beteiligte ich mich an den Unruhen und habe aktiv am Hungerstreik mitgewirkt, als die Bewegung eigentlich schon im Abklingen war. Dadurch wurden die Unruhen zu einem Aufruhr.

Gedanklich hatte ich mich von der chinesischen Realität gelöst, betrachtete alles nach westlichen Kriterien und unterschied nur zwischen gut und schlecht. Diese schwarz-weiße Sichtweise war zu einseitig. Zu den Problemen Chinas hatte ich nur unrealistische und falsche Lösungsvorschläge.

Das, was ich hier niedergelegt habe, war die Grundlage für meine Verbrechen. Ich halte das Urteil des Gerichtes für angemessen und fair und akzeptiere es ohne Einschränkungen.

Die Richter des Volksgerichtes Mittlere Ebene Pekings signalisierten ihm, dass die Kommission, die gegen ihn ermittelt hatte, keinerlei Spendengelder bei ihm gefunden hatte. Er habe nicht in ausländischen Botschaften um Asyl nachgefragt, in Berichten an ihre Vorgesetzten hätten die Untersuchungsbeamten berichtet, dass er das Land eigentlich liebe und sie wiederholten immer wieder seinen wichtigen Beitrag zum friedlichen Abzug der Studenten vom Tian'anmen-Platz. Sie betonten insbesondere, dass er keinen Kontakt zu ausländischen konterrevolutionären Gruppen gehabt habe und seine Beteiligung an den Unruhen allein seine persönliche Entscheidung gewesen war.

Von offizieller Seite war man mit seinem Geständnis sehr zufrieden. »Die Revolution, die in seinem Herzen stattgefunden hatte«, beeindruckte sogar die Kommission zutiefst. Seine Reue sei überzeugender gewesen als die anderer Gefangener, etwa die von Wang Dan. Liu Xiaobo sei bei seinem Geständnis den Ursachen auf den Grund gegangen und habe den entscheidenden Punkt genau getroffen. Auch wenn man das Geständnis nicht als ein aus der Tiefe des Herzens kommendes ansehen und auch nicht jedes Wort auf die Goldwaage legen könne, sei seine Erkenntnis doch tiefgründig.

Auf Anweisung des Polizeipräsidiums der Stadt Peking verkündete das Volksgericht Mittlere Ebene Peking die Freilassung von Liu Xiaobo am 26. Januar 1991 und setzte die Strafverfolgung aus. Liu Xiaobo selbst hatte zu diesem Zeitpunkt nicht mit einer solchen Entscheidung gerechnet und war von einer Strafe von etwa zwei bis fünf Jahren Haft ausgegangen.

In Zusammenhang mit dem Verbrechen der konterrevolutionären Propaganda und Volksverhetzung durch Liu Xiaobo war am 25. Januar 1991 unter dem Aktenzeichen 2373 1990 folgendes Urteil des Volksgerichtes Mittlere Ebene Peking verkündet worden:

Das Gericht sieht es als erwiesen an, dass der Angeklagte Liu Xiaobo mit Schriften, Reden, Teilnahme am Hungerstreik und anderen Taten die Demonstranten aufgehetzt und zum Widerstand gegen das Gesetz, zu seiner Missachtung und zur Behinderung der Durchführung von Verordnungen aufgefordert hat. Das Ziel war, die Volksregierung und das sozialistische System zu stürzen. Diese Aktivitäten erfüllen den Straftatbestand der konterrevolutionären Propaganda und der Volksverhetzung. Solche Verbrechen sind nach dem Gesetz schwer zu bestrafen. In Anbetracht der Tatsa-

che, dass der Angeklagte die Studenten und andere Demonstranten nachweislich zum Verlassen des Platzes aufforderte, deren Abzug organisierte und Gewaltanwendung verhinderte, hat er sich große Verdienste erworben. Nach seiner Festnahme hat er seine Verbrechen gestanden und Reue gezeigt. Das Gesetz sieht in einem solchen Fall eine mildere Strafe vor. Nach Würdigung des Verbrechens, seiner Art, der Tatumstände, des Grades der Gefährdung der Gesellschaft, eventueller Verdienste und gezeigter Reue erfolgt nach Paragraf 102 Absatz 59 des Strafgesetzbuches folgendes Urteil: Der Angeklagte Liu Xiaobo ist des Verbrechens der konterrevolutionären Propaganda und Volksverhetzung überführt worden. Die Strafverfolgung wird ausgesetzt.

Liu Xiaobo schilderte später den Augenblick, in dem er die Freiheit wiedererlangte, mit folgenden Worten: »Ich reagierte nur instinktiv. Ich bin, nachdem ich den Gerichtssaal verlassen hatte, in die Luft gesprungen, habe die Hände über dem Kopf zusammengeschlagen, als ob sich niemand um mich herum befände. Ich habe laut geschrien, ich bin der Größte, ich alter Kerl habe wieder einmal gewonnen. Da waren aber noch zwei Wachmänner, die hielten mich fest und flüsterten mir ins Ohr, »Liu, beherrsch dich mal. Hier ist nicht der richtige Platz, um deine Freude zu zeigen. Wir gehen jetzt in einen anderen Raum, da kannst du dich dann gehen lassen.«

Dort baten ihn die Wachmänner freundlich, Platz zu nehmen, boten ihm eine Zigarette an und gaben ihm Feuer. Kurz darauf trat der Vorsitzende Richter Tan Jingsheng ein, er wurde vom Dekan der Sinologie der Pädagogischen Universität Peking, Professor Liu Qingfu, sowie den Dozenten Wang Xianda und Huang Zhixian begleitet. Tan Jingsheng zog die

Gerichtsakten, das Urteil des Volksgerichtes Mittlere Ebene Peking, eine Bürgschaftsurkunde des Volksgerichtes Mittlere Ebene Peking, ein Erklärungsformular für Bürgen sowie die Urkunde über die Freilassung hervor. Der Dekan unterschrieb das Erklärungsformular – Xiaobo musste die Urkunden unterschreiben und mit seinem Fingerabdruck siegeln. Nach Erledigung dieser Formalitäten hatte er nur noch den Wunsch, nach Hause zu seiner geschiedenen Frau und seinem Sohn zu gehen. Doch der Vorsitzende Richter sagte ihm: »Dein Fall ist etwas Besonderes. Es wäre nicht sehr klug, wenn du dich weiter in Peking aufhieltest. Du solltest nach Dalian zu deinen Eltern fahren. Alles ist bereits geregelt, du brauchst nur abzufahren.«

Für denselben Abend luden die Richter ihn sogar ein, gemeinsam mit ihnen chinesische Maultaschen zu essen. »Wir machen diesen Job jetzt seit vielen Jahren, haben aber noch nie mit einem Angeklagten zusammen gegessen.« Gegen 22 Uhr 30 brachte ihn ein Dienstfahrzeug zusammen mit den beiden Dozenten Wang Xianda und Huang Zhixian direkt zum Ostbahnhof Peking. Sie bestiegen den Zug nach Dalian, in dem für sie in der ersten Klasse Plätze reserviert waren. Um 23 Uhr 37 fuhr der Zug 229 planmäßig ab. Xiaobo blickte aus dem Fenster hinaus in die dunkle Stadt. Er war überwältigt von der Freude über die wiedererlangte Freiheit und stellte sich nach 22 Monaten Haft in Qincheng bereits das Wiedersehen mit seiner Familie vor.

Das Urteil und die wesentlichen Inhalte seines Geständnisses wurden unmittelbar nach seiner Freilassung im Staatsfernsehen CCTV und über das Radio als Nachrichten verbreitet.

20

DAS SCHLECHTE GEWISSEN

Liu Xiaobo traf kurz vor dem Frühlingsfest in Dalian ein. Zu diesem Familienereignis kamen auch alle vier Brüder mit ihren Familien aus Changchun und aus der Provinz Guangdong. Sie fanden es richtig, dass Xiaobo seine Fehler eingestanden hatte. Sie nahmen gar die Rolle von Kaufleuten ein und sagten: »Es hat sich wirklich gelohnt, für den geringsten Preis wurde der größte Profit erzielt. Xiaosan, dritter Bruder, wir haben wieder mal gewonnen!« Fürsorge, Liebe, Lob und Ermahnungen der Familie machten ihn wieder empfindungslos gegenüber seiner Reue. Während der beiden Monate in seiner Familie wurde er von Wärme umgeben. Er sprach mit den anderen und erzählte, wie er an den Ereignissen auf dem Platz teilgenommen habe, wie er verhaftet wurde und wie es im Gefängnis war. Er prahlte gar damit, dass er sich im Gefängnis nicht an die Vorschriften gehalten und die Wärter zum Narren gehalten hätte. Die anderen berichteten, was sie während der Ereignisse erlebt und getan hatten und wie besorgt sie über seine Verhaftung waren.

Er selbst wollte in dieser Zeit mit der Außenwelt nichts zu tun haben. Er nahm den Anruf von Zhou Duo aus Peking nicht entgegen und rief auch nicht zurück, als er von der versuchten Kontaktaufnahme erfuhr. Der Brief von Gao Xin blieb ebenfalls unbeantwortet. Viele seiner Bewunderer aus anderen Städten waren extra nach Dalian gekommen. Er wollte sie nicht sehen, geschweige denn empfangen. Er schottete sich derart ab, dass selbst das Gerücht, er sei im Gefängnis geschlagen worden, bis er in ein Wachkoma gefallen sei, nicht bis zu ihm drang. Er hatte auch keine Vorstellung davon, wie die Öffentlichkeit auf die Nachricht seiner Freilassung reagierte. Was ihn am meisten quälte, war die Tatsache, dass seine Frau sich von ihm abgewandt hatte und dass er seinen Sohn nicht sehen konnte. Das Schicksal seiner Frau lastete schwer auf seinem Gewissen, sein skrupelloses Leben und der politische Druck waren harte Schläge für sie gewesen. Er hatte ihr nur Schmerzen zugefügt und brach bei jedem Gedanken daran in ein lautes Schluchzen aus. Schriftlich bat er Tao Li, mit dem Kind nach Dalian zu kommen; der abgeschickte Brief war aber verschwunden wie ein ins Meer geworfener Stein. Es kam keine Antwort. Ihm blieb nur die stille Hoffnung, dass es den beiden gut ginge.

Xiaobo kehrte Mitte März 1991 nach Peking zurück und tauchte aus der relativen Abgeschiedenheit Dalians in die Wirren der Hauptstadt ein. Das Polizeipräsidium hatte ihn damals aus Peking abgeschoben, er besaß daher keine Aufenthaltserlaubnis, war geschieden, die Universität hatte ihn entlassen und er konnte nicht zu Tao Li, die immer noch auf dem Campus wohnte. Liu Xiaobo übernachtete daher vorübergehend in der Wohnsiedlung für Überseechinesen in Shuangyushu bei Hou Dejian. Dieses unstete Leben, ohne Arbeit und Wohnsitz mit dem Fahrrad ziellos herumzufahren, störte ihn jedoch überhaupt nicht. Er fühlte sich frei, weil er nicht mehr von der Universität und von keinem Straßenkomitee überwacht wurde. Die Zeit gehörte ihm ganz allein – er konnte in aller Ruhe nachdenken, lesen und schreiben.

Liu Xiaobo verfügte in jener Zeit über kein Einkommen, aber auch das beunruhigte ihn nicht. Das Gerede aber und das Gefühl, dass seine alten Freunde anders als früher auf ihn reagierten, verunsicherten ihn und ließen ihn nicht zur Ruhe kommen. Freunde, Bekannte und sogar Fremde ließen ihn auf verschiedenste Weise, direkt oder indirekt, wissen, wie man über die Umstände seiner Freilassung dachte. Diese Leute machten ihre Haltung daran fest, dass er »große Verdienste« erworben habe, wie es in seinem Urteil nachzulesen war. Nach chinesischer Meinung konnten solche »Verdienste« auch bedeuten, andere Mitstreiter verraten zu haben – große Verdienste indes wiesen sogar auf sehr schweren Verrat hin. All das machte ihn zum Verräter der Studentenbewegung von 1989.

Das Gerede und die Vermutungen über die »großen Verdienste« von Liu Xiaobo, Zhou Duo, Hou Dejian und den anderen hatten ihn jedoch kaum berührt. Er wusste, was er und seine Mitstreiter tatsächlich erreicht hatten. Ihre wahre Leistung war schließlich der friedliche Abzug der Demonstranten vom Tian'anmen-Platz. Das war ihnen gelungen und dieser Erfolg stimmte ihn etwas ruhiger. Dies geschafft zu haben erlaubte ihm, den Menschen und der Gesellschaft mit reinem Gewissen gegenüberzutreten.

Was ihn wirklich beunruhigte, war das Geständnis. Auch wenn kaum einer davon wusste und die meisten Vorwürfe und Vermutungen sich auf die »großen Verdienste« bezogen, nahm er gleichwohl an, dass sein Geständnis von allen gelesen worden war. Von offizieller Seite würde es benutzt werden, um ihm zu schaden. Er hatte keine Chance, der Öffentlichkeit die wahren Umstände zu schildern und seine Beweggründe mitzuteilen. Seiner Meinung nach war das Geständnis ein vernichtender Schandfleck für ihn als öffentliche Person. Die Qual dieser Schande und Reue erdrückte ihn.

»Wenn man mich noch einmal in das Gefängnis Qincheng einliefern und ich erneut vor die Wahl gestellt würde, dann werde ich bis zum Ende standhaft bleiben.« Der Begriff »wenn« gewann eine besondere Bedeutung. Er verführte einerseits zur Selbstbetäubung, konnte Liu aber auch von innen her zerfressen. Die aufkommende Reue ließ ihn wieder und wieder von den Tränen und dem Zittern seines Vaters erzählen. Liu Xiaobo hoffte, damit Verständnis für seine Entscheidung zu gewinnen. Wer hätte denn an seiner Stelle nicht so gehandelt, schien er fortwährend fragen zu wollen.

So gingen nach seiner Freilassung eineinhalb Jahre vorbei. Er lehnte jedes Interview ab und hatte nur wenige Kontakte. Vor allem aber mied er diejenigen, die wie er in die Ereignisse des 4. Juni mit all den Folgen verwickelt waren. Er las viel, lernte Englisch und vertrieb sich die Zeit mit Freundinnen. Gelegentlich besuchte er seine geschiedene, kranke Frau und den inzwischen achtjährigen Sohn.

Es war ihm bewusst, dass es ihm im Vergleich zu den Verletzten und den immer noch Inhaftierten sehr gut ging. Er dachte an sie und auch an die vielen Toten des 4. Juni. Waren es Hunderte? Tausende? Die Gedanken an die Opfer erzeugten ein schlechtes Gewissen in ihm. Er analysierte dieses Gefühl: »In meinem Inneren bin ich überzeugt, dass die Welt noch von mir hören wird. Ich spüre deutlich, dass das Schicksal ein solches Los für mich bereithält, obwohl ich mich doch nur dann erst richtig wohl fühle, wenn ich einen Stift in der Hand halte, wenn ich schreiben kann. Nur so werde ich zu mir finden, Selbstvertrauen und Kontrolle über mich haben.«

Nach seiner Freilassung erfuhr Xiaobo, dass zwei seiner Gefährten, Wang Juntao und Chen Ziming, als Drahtzieher der Studentenbewegung zu dreizehn Jahren Gefängnis verurteilt worden waren. Es war eigenartig, er war nicht besonders erregt darüber, wohl eher etwas eifersüchtig oder gar neidisch. Er erschrak, als ihm diese Gedanken so richtig bewusst wurden. Wie konnte man jemanden um sein Leid beneiden? War das noch normal oder schon pervers? Am 9. März 1991 hatte er in Dalian den Brief von Zhou Duo mit der Nachricht von der Verurteilung der beiden erhalten. Zhou Duo war wütend über das Ausmaß und die Schwere der Strafe. Das sei ein schreckliches Fehlurteil. Die beiden seien aber damit – ganz so, wie sie es gewollt hatten – zu Märtyrern geworden und tief in die Herzen der Menschen eingedrungen. Das war der eigentliche Grund für Xiaobos Eifersucht, wie er später selbst zugestand.

Während seiner Zeit im Gefängnis war Liu Xiaobo offiziell als erster Drahtzieher der Studentenbewegung bezeichnet worden. Das staatliche Fernsehen CCTV brachte damals zur besten Sendezeit einen langen Bericht mit dem Titel »So ergreifen wir die schwarze Hand des Drahtziehers Liu Xiaobo«. Nun aber waren zwei andere Männer zu langen Haftstrafen verurteilt worden und dadurch in der Rangordnung der Widerstandskämpfer höher aufgestiegen als er. Sie waren damit die »Helden«, nicht Liu Xiaobo.

Er reflektierte diese Zeit: »In der von mir selbst geschaffenen Zelle meiner Seele bin ich noch immer gefangen. Meine Unfähigkeit zur Auseinandersetzung mit der Realität war das eigentliche Gefängnis und der Ursprung des Teufelskreises der Lügen.«

Bei seiner Rückkehr nach Peking im Frühsommer 1991 zog es ihn mit Macht zum Tian'anmen-Platz. Er wollte dort den Seelen der Verstorbenen gedenken und auf Knien seine Beichte ablegen. Diejenigen, die vor den Gewehrläufen ihr Leben gelassen hatten, waren noch immer namenlos – sie waren aus dem Gedächtnis getilgt worden und hatten ihren verdienten Ruhm nicht erlangt. Seine Gefühle beschrieb Xiaobo mit folgenden Worten: »Es war immer so und es entspringt den niedrigsten Instinkten, dass man berühmten Menschen und Führern schmeichelt. Die einfachen Leute aber und insbesondere die Toten werden nicht erwähnt. Selbst die gestorbenen jungen Soldaten, die oft gerade erst zwanzig Jahre alt waren und am Anfang ihres Lebens standen, waren zunächst Mittel, dann Opfer der Gewalt. Ihr Schicksal ist noch schlimmer als das der Studenten und Demonstranten. Sie haben nicht nur ihr Leben verloren, die Geschichte hat sie geächtet und ausgestoßen. Weil sie ihre Gewehre gegen das Volk richten mussten, werden sie bis in alle Ewigkeit verdammt sein.« Liu Xiaobo hoffte, dass man eines Tages die Ereignisse sachlich bewerten würde. Jeder, der die toten Studenten und Demonstranten mit Blumen ehren wollte, sollte auch im Stillen an die toten Soldaten denken.

Er hatte oft den Wunsch empfunden, den Platz zu besuchen, war aber stets davor zurückgeschreckt. Zweimal war er bis zur Xidan-Straße gekommen, dann aber wieder umgedreht. Er hatte Angst, dass die Erinnerung ihn überwältigen könnte, wenn er alleine vor dem Denkmal der Volkshelden stehen würde. »Zu vieles in der Vergangenheit ist mit mir aufs Engste verbunden, das zerreißt mir das Herz. Ich kann dann die Tränen nicht zurückhalten.«

Eines Tages brachte der Chauffeur von Hou Dejian Xiaobo und seine Freundin nach Jianguomen und fuhr auf der Chang'an-Straße nach Osten. Die beiden unterhielten sich, ohne auf die Umgebung zu achten. Auf der Höhe des Platzes jedoch blickte Xiaobo zufällig aus dem Fenster und sah das Denkmal. Er empfand einen starken Druck, als ob mächtige Berge und turmhohe Fluten auf ihn einstürzten und ein schreckliches Unheil unmittelbar bevorstünde. Sein Körper begann heftig zu zittern, er fühlte einen bohrenden Schmerz in seinem Herzen und wollte den Kopf abwenden. Es gelang nicht. Sein Blick blieb an dem Denkmal hängen. Es schien Xiaobo, als ob es ihn mit unbändiger Kraft durch das Fenster hinaussaugen wollte. Die Tränen begannen zu fließen, er heulte laut auf und bebte am ganzen Körper.

Nachdem er etwas zur Ruhe gekommen war, stiegen in ihm Gefühle von Abscheu und Hass gegen sich selbst auf. Später schrieb er darüber:

Ich habe wie die anderen an der Bewegung teilgenommen, mein Blut aber wurde nicht vergossen. Später dann, im Gefängnis, wurde ich besser behandelt als die meisten, die aus den gleichen Gründen verhaftet worden waren. Ich lebe, ich habe mir sogar einen, wenn auch schändlichen Namen gemacht, ich bin frei, habe Liebe und Fürsorge von Freunden und von Fremden empfangen. Was aber ist mit den Gestorbenen und den Gefangenen, was ist mit ihren Familien und Freunden, was ist aus dem jungen Mann geworden, der mit seinen ausgebreiteten Armen die Panzer aufzuhalten versucht hatte? Haben die Verstorbenen und Verletzten ihr Blut vergeblich vergossen? Hat man eure Tapferkeit, euer Gewissen und eure Opferbereitschaft nur zum Narren gehalten?

Das Schuldgefühl gegenüber den Seelen der Opfer des 4. Juni und die Verantwortung gegenüber den noch immer in Not und Leid Lebenden waren zu den Hauptinhalten von Liu Xiaobos Leben geworden. Das berührt mich am meisten.

Im zweiten Halbjahr 1991 begann Liu Xiaobo mit der Arbeit an seinem autobiografischen Werk über die Ereignisse von 1989, *Monolog eines Menschen, der den Untergang überlebte*. Im September 1992 erschien dieses Buch im Verlag Shibao Wenhua in Taiwan. Es ist bis heute Liu Xiaobos einziges Buch, in dem es nur um seine Erinnerungen geht. Gleichzeitig ist es in der chinesischsprachigen Welt vielleicht das wirkungsmächtigste Memoirenbuch eines an der Protestbewegung Beteiligten. Damit ist es auch eine wichtige geschichtliche Quelle. Liu Xiaobo hatte damals nach seinem Gefängnisaufenthalt kein festes Einkommen, deshalb erreichten seine Freunde in Taiwan, dass Yu Jizhong, der Chef des damals größten Zeitungsverlags in Taiwan, zu dem auch der Verlag Shibao Wenhua gehörte, Liu Xiaobo das Buch zu sehr guten Bedingungen abnahm. Die Erstauflage betrug jedoch nur bescheidene 2500 Exemplare.

Auf dem Umschlag dieses Buches steht in der Originalausgabe ein einprägsamer Satz:»China, alles, was du hast, sind Lügen.« Das erste Kapitel trägt den erstaunlichen Titel»Mein Geständnis und meine Lügen«. Im Stil von Rousseaus *Bekenntnissen* nannte er sich einen»mit schwerer Schuld beladenen Überlebenden«. Im Vorwort schrieb er:

Vor den Seelen der Toten, vor den Menschen im Gefängnis, vor den Lügen, die in China und weltweit über den 4. Juni 1989 verbreitet werden, vor meinen Erfahrungen und meiner inneren Welt (finster und niederträchtig), habe ich keine andere Wahl – ich kann nicht anders und muss alles offenlegen. Das ist meine Verantwortung gegenüber mir selbst, deshalb muss ich alles durchleuchten. Nackt steh ich vor Gott.

In diesem Buch seziert er sich selbst, legt damit aber auch die innere Welt der anderen berühmten Teilnehmer an der Protestbewegung bloß, darunter die über Nacht berühmt gewordenen Studentenvertreter. Deshalb war dieses Buch unter den Chinesen im Exil ein Schock. Xiaobo schrieb an Geremie Barmé: *Mein Temperament lässt mich überall an Wände stoßen. Aber wenn ich am Ende auch am Kopf blute, nehme ich es doch gerne in Kauf.*

Der seit 1989 im Exil in den USA lebende chinesische Schriftsteller Zheng Yi schrieb als Erwiderung auf Xiaobos Buch:»Was ist das für eine Beichte?«

Auf Einladung von Geremie Barmé reiste Liu Xiaobo von Januar bis Mai 1993 wieder ins Ausland, nachdem er einen neuen Pass erhalten hatte. Als Gastprofessor an der Australian National University in Canberra hielt er mehrere Vorträge zu den Themen »Die Beziehung der Massenkultur zur KP-Kultur«, »Demokratie in China im Lichte der Lügen über 1989« und »Chinesische Gelehrte im Exil«. Das waren genau die Themen, mit denen sich auch Barmé beschäftigt hatte.

Im März reiste Xiaobo auf Einladung von Prof. Tu Wei-ming, Dekan der Ostasien-Fakultät der Universität Harvard, in die USA. In Boston an den Universitäten Harvard und Wellesley sowie in Kalifornien an der UC Berkeley hielt Xiaobo Vorträge über die Vorfälle im Jahr 1989. In Boston wurde er auch von Carma Hinton interviewt, die gerade den Dokumentarfilm *The Gate of Heavenly Peace* produzierte. Danach fuhr er nach New York, besuchte Freunde und ließ sich von Ya Yi für die Zeitschrift *Beijing Spring* interviewen. Im April ging er wieder nach Australien zurück und wurde von seiner alten Freundin, der Schriftstellerin und ehemaligen »Asiaweek«-Korrespondentin Linda Jaivin umsorgt.

Am 4. Juni 1994 veröffentlichte Liu Xiaobo in der taiwanischen Zeitung *Lianhe Bao* zum Gedenken an fünf Jahre Tian'anmen-Proteste den Artikel »Die entweihten und vergessenen Toten«, in dem er seine Standpunkte aus dem Buch *Monolog eines Überlebenden* abermals bekräftigte. Am 5. Juni 1993 veröffentlichte Liu Xiaobo in der taiwanischen Zeitung *Zhongyang Ribao* den Artikel »Wir wurden von unserer eigenen Gerechtigkeit niedergedrückt«.

21

MINUTENSCHNELL INS ARBEITSLAGER

1991 bis 1994 führte Liu Xiaobo das Leben eines Schriftstellers mit scharfer Feder und erschütternden Werken, die jedoch nur in Taiwan und Hongkong und ein paar anderen Ländern außerhalb der Volksrepublik China publiziert werden konnten. Von offizieller Seite stellte man sich unwissend. Natürlich mochte alles, was er schrieb, gegen ihn zählen, aber vorläufig gab es keine Sanktionen. Liu Xia zog nach ihrer Scheidung in die Wohnung ihres jüngeren Bruders in der Wanshou-Straße nahe dem Militärmuseum in Peking. Dort wohnte sie zunächst allein, bis sie ihre Beziehung zu Liu Xiaobo öffentlich machte und ihren wohnungslosen Freund bei sich aufnahm.

Ab 1995 war Xiaobo wieder politisch aktiv. Er verwendete seine bürgerlichen Rechte und machte Eingaben an den Nationalen Volkskongress und an die Regierung, in denen er die Demokratisierung der Gesellschaft einforderte. Allmählich wurde er nicht nur in seinen Schriften, sondern auch in seinen Handlungen ein oppositioneller Faktor. Am 20. Februar 1995 wurde die von Xiaobo entworfene und von zwölf Oppositionellen unterzeichnete Eingabe an das Dritte Plenum des Achten Nationalen Volkskongresses publik. Bald darauf verfasste er gemeinsam mit Wang Dan, Chen Xiaoping, Zhou Duo und anderen den Aufruf »Die Lehre aus dem blutigen Ereignis – Vorantreiben des demokratischen und rechtsstaatlichen Aufbaus. Appell zum sechsten Jahrestag des 4. Juni 1989«. Diese beiden gemeinschaftlichen Appelle gegen Korruption, für die Bewahrung der Menschenrechte und die Aufarbeitung der Ereignisse von 1989 stellten einen klaren Affront gegen das Verbot dar, sich außerhalb der KPCh in einer Gruppe mit mehr als drei Mitgliedern politisch zu betätigen. Die Reaktionen ließen nicht lange auf sich warten. Der ehemalige Studentenvertreter Wang Dan wurde erneut verurteilt – dieses Mal zu elf Jahren Haft. Der Novellist Liu Nianchun wurde dauerhaft in ein weit entferntes Arbeitslager eingewiesen.

Am 18. Mai 1995 wurden Zhou Duo und Liu Xiaobo vom Pekinger Amt für Öffentliche Sicherheit festgesetzt. Sie wurden in einem traditionellen Wohnhof nahe des Duftberges (Xiangshan) im Westen der Stadt eingesperrt. Nach einem Monat ließ man Zhou Duo frei, Liu Xiaobo indes wurde weiterhin festgehalten. Liu Xia durfte ihn nur einmal im Monat besuchen. Bei diesen Treffen brachte sie ihm stets unzählige Bücher mit. Liu Xiaobo war in diesem Hof fast acht Monate eingesperrt – bis Ende Januar 1996. Dann brachte man ihn mit Liu Xia zusammen nach Dalian, in die Heimat seiner Familie. Dort sollten sie das Frühlingsfest verbringen und durften erst danach wieder nach Peking zurückkehren.

Am 11. August 1996 traf Liu Xiaobo in Lanpu am Nordrand von Kanton den berühmten Dissidenten Wang Xizhe. Die beiden erarbeiteten und veröffentlichten zusammen das »Manifest vom 10. Oktober – Meinungskundgebung zu wichtigen Staatsfragen, gerichtet an die KPCh und an die KMT [Guomindang, Regierungspartei in Taiwan]«. Dies geschah in Anspielung an den 10. 10., der in Taiwan der Nationalfeiertag ist, weil an diesem Tag der Gründung der Republik China im Jahr 1911 durch Sun Yatsen gedacht wird. Dieses mutige und weitsichtige Dokument mit Vorschlägen zu grundlegenden Fragen der Taiwanpolitik musste die herrschende Klasse vollends vor den Kopf stoßen.

Am frühen Morgen des 8. September 1996 wurden Xiaobo und Liu Xia durch heftiges Klopfen an der Wohnungstür geweckt. Xiaobo stand auf und öffnete die Tür. Draußen stand der Polizist Ju Xiaofei von der nahegelegenen Wachstube, zusammen mit einem fremden Kollegen. Ju, der sonst immer in Zivil auftrat, erschien diesmal in Uniform und von seinem ernsten Auftreten her konnte Xiaobo schon spüren, dass es nicht nur um eine Vorladung ging, wie er sie früher schon oft erhalten hatte. Xiaobo kannte Ju, seit er zu Liu Xia in die Wanshou-Straße gezogen war. Ju war zu dem etwas älteren Xiaobo immer sehr höflich gewesen und hatte stets freundlich gelächelt. Xiaobo schätzte ihn als gewissenhaften Polizisten, obwohl er wusste, dass er von Ju überwacht wurde.

Liu Xia war ebenfalls aus dem Schlaf geschreckt worden, Liu Xiaobo tröstete sie:
»Es ist nur Herr Ju, keine Sorge.« Liu Xia stand nicht auf, sie nahm wahrscheinlich an, dass es nur um eine der üblichen

Amtsschikanen ging, denen sie immer wieder ausgesetzt waren. Die beiden Polizisten wiesen Xiaobo an, sofort mit ihnen auf die Wachstube zu kommen. Xiaobo wusste schon, dass es wohl ernst sein würde. Er hätte seine Frau gerne aufstehen lassen, damit sie ihn zur Wachstube begleiten konnte. Denn wenn etwas Schlimmeres mit ihm geschehen sollte, würde sie wenigstens den ganzen Vorgang bis dahin miterlebt haben. Andererseits wollte es Xiaobo seiner Frau nicht antun, sie aus dem Bett zu jagen und mit ansehen zu lassen, wie man ihn mitnahm. Er wollte ihr tränenüberströmtes Gesicht und ihre hysterischen Protestschreie nicht auch noch selbst verursachen. Also zog er sich ganz ruhig an, ging mit den beiden hinaus und die Treppe hinunter. Zwanzig, dreißig Meter nach der Haustür drehte er sich noch einmal um. Ihr Schlafzimmerfenster, das nach Norden ging, war einen Spalt offen. Er hoffte, Liu Xias Kopf in diesem Spalt zu sehen.

Die beiden Polizisten brachten Xiaobo gleich in das Sitzungszimmer im ersten Stock der Wachstube in der Wanshou-Straße. Dort warteten schon sieben oder acht andere Polizisten. Manche waren in Uniform, manche in Zivil. Die drei Männer in Zivilkleidung hatten den Vorsitz an einem langen Tisch. Dieses Zimmer und diese Tische kenne ich sehr gut. Ich selbst war dort häufig mit Beamten der »ersten Dienststelle der Pekinger Sicherheitswache«, also der politischen Polizei, des Bezirkspolizeikommissariats Haidian in der lokalen Wachstube zusammengetroffen. Meistens waren es nur relativ harmlose »Gespräche« im Sinne eines »Austausches«, denen ich routinemäßig ausgesetzt war.

Xiaobo kam herein und musste sich den drei Polizisten gegenüber an den Tisch setzen. Er war sehr durstig, denn normalerweise trank er nach dem Aufstehen immer ein Glas abgekochtes, warmes Wasser. Also bat er die Polizisten um einen Becher Wasser. Als er ausgetrunken hatte, durfte er sich eine Zigarette anzünden. Doch als er den Kopf hob, sah er in der Südostecke des Zimmers jemanden mit einer Kamera stehen, der ihn filmte. Xiaobo wollte gerade fragen, was das solle, als ihn der ihm gegenüber sitzende Polizist zu befragen begann. Es waren die üblichen Fragen mit ihren üblichen, längst bekannten Antworten: Name, Alter, Herkunftsort, Volkszugehörigkeit und so fort. Nachdem Xiaobo alles beantwortet hatte, zeigten ihm die Beamten zwei Zeitungen, die außerhalb der Volksrepublik China erschienen waren. Es ging um einen Aufsatz und einen Appell. Xiaobo sollte bestätigen, dass er diese Schriftstücke verfasst, mitverfasst oder zumindest unterzeichnet hatte. Danach wurde ihm der »Bescheid der Kommission für Umerziehung durch Arbeit der Volksregierung Peking« vorgelesen, nach dem Liu Xiaobo wegen »Verleumdung und Verbreitung von Gerüchten« sowie »Störung der öffentlichen Ordnung« für drei Jahre zur Umerziehung durch Arbeit angehalten werde.

Xiaobo war zuvor bereits zweimal seiner Freiheit beraubt worden und ahnte in diesem Fall schon, was ihm bevorstand. Deshalb geriet er gar nicht erst in Panik. Es kam nicht einmal eine innere Unruhe auf, als er von den drei Jahren Umerziehung erfuhr. Die Anweisung der Beamten, das Urteil zu unterschreiben, lehnte er sofort ab. Nicht zornig, sondern sehr gelassen verkündete er, dass er das Urteil nicht akzeptiere und dagegen Einspruch erheben wolle. Die Beamten fingen an, ihn zu bedrohen: »Überlegen Sie sich die Folgen einer Unterschriftsverweigerung!« Diese Masche kannte Liu Xiaobo nun schon zur Genüge, beeindrucken konnten ihn solche Drohungen schon lange nicht mehr. Als die Beamten merkten, dass er nicht nachgeben würde, ließen sie ihn unter die Akte schreiben »Der Angeklagte verweigert die Unterschrift«. Diesen Satz schrieb ihnen Xiaobo gerne in Ruhe hin.

Anschließend durfte sich Liu Xiaobo noch eine Zigarette anzünden, während sie ihn hinausbegleiteten und in einem Wagen wegbrachten.

Liu Xiaobo bat darum, seine Frau noch einmal sehen zu dürfen. Das jedoch wurde abgelehnt. Man werde Liu Xia schon benachrichtigen, hieß es, und damit war die Angelegenheit für die Polizisten beendet.

Mehrere Polizeiwagen parkten außerhalb der Wachstube. Xiaobo wurden keine Handschellen angelegt, man wies ihn vielmehr höflich an, sich in eines der Autos zu setzen. Herr Ju und ein weiterer Polizist nahmen ihn auf der Rückbank in die Mitte. Vorne saßen der Fahrer und ein etwas älterer Polizeibeamter. Auf dem Boulevard des Ewigen Friedens rasten die Polizeiwagen unter fortwährendem Hupen durch die Stadt nach Osten. An der Lijiao-Brücke beim Prinzessinnengrab ging es nach rechts auf den damals noch relativ neuen westlichen Dritten Ring und von dort auf den südlichen Zweiten Ring. Nach einer knappen halben Stunde bogen die Polizeiwagen in eine enge Gasse und erreichten das berüchtigte Untersuchungsgefängnis der Stadt Peking – Beijing shi gong'anju kanshousuo, abgekürzt Bei kan, an der Halbschritt-Brücke 44.

Als sie vor dem Tor des Untersuchungsgefängnisses warteten, steckte Ju seinem Sitznachbar Xiaobo eine Schachtel Zigaretten der Marke »Wanbaolu« in die Tasche. Xiaobo saß im Wagen und rauchte. Ein Polizist in Zivil verteilte einige in Öl gebackene Krapfenstangen (Youtiao) als Frühstück. Xiaobo aß sogar zwei. Später wunderte er sich, dass er so ruhig war und dass sein Appetit völlig normal zu sein schien.

Schließlich wurde Liu Xiaobo in den Registrierungsraum des Untersuchungsgefängnisses geleitet. Als die Beamtin Xiaobos Daten aufgenommen und ihn einem kurzen Verhör unterzogen hatte, erbat dieser sich Stift und Papier, um seinen Antrag auf Berufung zu schreiben. Die Beamtin ging hinaus, im Zimmer verblieben nur Liu Xiaobo, Ju und ein junger Polizist.

Ju fragte Xiaobo, ob er Liu Xia etwas ausrichten könne. Xiaobo leerte seine Taschen und gab alles dem Polizisten Ju: Geldbörse, Schlüssel und auch die Schachtel Zigaretten, die ihm Ju gerade zugesteckt hatte. Er sollte alles an Liu Xia weitergeben. Xiaobo wollte ihm noch auftragen, ihr ein paar Worte zu sagen, aber es fiel ihm nichts Passendes ein, und dann waren die Beamten des Untersuchungsgefängnisses auch schon wieder zurück.

Vom Verlassen der Wohnung und dem Gang zur Wachstube bis zur Fahrt ins Untersuchungsgefängnis waren nicht einmal zwanzig Minuten vergangen. Die Entscheidung, Liu Xiaobo drei Jahre umerziehen zu lassen, kam aus einer hohen Etage der Partei. Einen Staatsbürger seiner Freiheit zu berauben, dazu bedurfte es weder Verhaftung noch Vernehmung, weder Anklage noch Prozess – nur zehn bis zwanzig Minuten lagen zwischen dem normalen Leben in Freiheit und dem Weg in ein Arbeitslager.

Die chinesische Regierung hatte am 3. August 1958 die »Entscheidung über die Frage der Umerziehung durch Arbeit« verkündet. Ein System, eine Vollmacht gewissermaßen, die Menschenrechte mit Füßen zu treten. Von diesem Tag an war es möglich, Bürger nicht nur vor einem ordentlichen Gericht zu einer Haftstrafe zu verurteilen, sondern auch von einer Polizeibehörde. Keine Richter, keine Staatsanwälte und vor allem keine Verteidiger. Die Polizeidienststellen waren somit in der Lage, bei »kleineren« Vergehen bis zu drei Jahre »Administrativhaft« anzuordnen. Eine Maßnahme, die besonders gerne bei politischen Dingen angewendet wurde, da man aufmüpfige Bürger so ohne viel Aufwand für drei Jahre verschwinden lassen konnte – zur »Umerziehung durch Arbeit«.

Das verstößt sogar gegen die von der KPCh selbst festgelegte Verfassung des Staates. Paragraf 37 der Verfassung besagt:

Die Freiheit des Staatsbürgers darf nicht verletzt werden. Kein Staatsbürger darf verhaftet und festgehalten werden, außer von Sicherheitsorganen auf Anordnung eines Volksstaatsanwaltes oder aufgrund eines Urteils eines Volksgerichtshofes. Es ist untersagt, einen Staatsbürger illegal festzusetzen oder seine Freiheit mit anderen Mitteln illegal zu beschränken.

In Paragraf 5, Absatz 3 und 5 heißt es außerdem:
Alle Gesetze und administrativen Richtlinien dürfen keinesfalls der Verfassung widersprechen.

Erst als Liu Xiaobo nach drei Jahren wieder entlassen wurde, erzählte ihm Liu Xia, wie der Polizist Ju Xiaofei seinen Auftrag ausgeführt hatte. Ju kehrte aus dem Untersuchungsgefängnis zurück, suchte Liu Xia auf und gab ihr alles, was Xiaobo ihm gegeben hatte. Außerdem sagte er ihr, Liu Xiaobo werde drei Jahre in ein Umerziehungslager eingewiesen und sei im Moment im Untersuchungsgefängnis Bai Kau arretiert. Für diese Geste erhielt auch der Polizist Ju eine administrative Strafe, denn seine Vorgesetzten hatten bestimmt, dass die Polizisten nicht verraten durften, wo Liu Xiaobo festgehalten wurde. Liu Xia hatte angenommen, dass Ju ihr diese Information im Namen der Wachstube gegeben hatte. Deshalb erwähnte sie sogar seinen Namen, als sie von ausländischen Medien interviewt wurde. Ein bedauernswerter Fehler.

22

DIE SCHLECHTEN
INS KRÖPFCHEN

Die Gründung des Arbeitslagers Lüda erfolgte am 22. Mai 1980. Später wurde es in Arbeitslager Dalian umbenannt und seit dem 24. Mai 2004 heißt es Umerziehungsanstalt Dalian.

Die Sicherheitsabteilung des Polizeipräsidiums Peking sorgte dafür, dass Liu Xiaobo in der Umerziehungsanstalt Dalian untergebracht wurde. Seine Eltern wohnten dort und man nahm an, das könne einen positiven Einfluss auf seine Umerziehung haben.

Der Sonderkorrespondent der Hongkonger Zeitung *Wenhuibao*, Jiang Weiping, berichtete, dass er nach Dalian geschickt worden war, um sich mit einem Agenten des Geheimdienstes zu treffen. Von ihm erfuhr er Einzelheiten über Liu Xiaobos Aufenthalt, die von einem Regierungsbeamten in Dalian, der allerdings seinen Namen nicht preisgeben wollte, bestätigt wurden.

Die Informationen besagten, dass der Geheimdienst in Dalian für die Umerziehung und Überwachung zuständig gewesen sei. Nachdem Liu dort eingetroffen war, habe man versucht, die Sehkraft des Häftlings durch Arbeit zu schwächen, damit er nicht mehr lesen und schreiben, seine verleumderische Tätigkeit also nicht fortführen und damit die gesellschaftliche Ordnung nicht weiter untergraben könne. Dies war dem Geheimdienst in Dalian auf Anordnung höchster Pekinger Kreise auferlegt worden. Nach langer Diskussion entschied man sich für die mühsame und eintönige Arbeit des Bohnensortierens. Drei Jahre lang. Täglich musste Xiaobo einen großen Berg gemischter Bohnen, die auch noch mit Sand und Erde vermengt waren, nach Art, Größe und Farbe sortieren. Die einzelnen Sorten wie grüne Bohnen, kleine dunkelrote Bohnen und Sojabohnen mussten sorgfältig getrennt werden. Man hoffte, dass Liu Xiaobos Augen Schaden nehmen würden, denn die Arbeit war überaus anstrengend und konnte nach einiger Zeit zum Schielen führen. Um seine Tätigkeit zu überwachen, ordnete man ihm einen Mitarbeiter zu. Dieser war ein junger Verbrecher ohne Schulabschluss und bar jeglicher Bildung. Der Geheimdienstmann sagte nicht ohne Schadenfreude: »Liu ist doch ein Doktor, der gerne redet. Jetzt hat er jeden Tag einen Analphabeten um sich und kann quasi einer Kuh auf der Laute vorspielen.«

Noch vor Tagesanbruch wurden die Häftlinge geweckt. Sie mussten gemeinsam laufen und Gymnastik treiben, danach erst gab es Frühstück. Dann begann Liu Xiaobo in Yoga-Hockstellung damit, seine Bohnen zu sortieren. Die Bohnen wurden angeblich wirklich weiter verarbeitet, aber das sollte nur ein schwacher Trost sein. Wenn es eilte, musste er bis in die Nacht hinein arbeiten. Doch seine Anpassungskraft war groß. Seine Hände wurden zwar rau und rissig, seine Augen wurden aber nicht beeinträchtigt. Er schielte nicht, die Sehkraft blieb genauso gut wie früher.

Der Chef der Ersten Abteilung des Geheimdienstes, Wang Fuquan, berief daher eine Sitzung ein, in der man diskutierte, wie man unbemerkt zu einer besseren Methode gelangen könnte, um das Ziel der Augenschädigung tatsächlich zu erreichen. Am Anfang hatte Xiaobo die Sortiertätigkeit außerhalb des Bohnenlagers durchgeführt, fortan sollte er das drinnen, in einem kleinen, feuchten und dunklen Raum, bei schlechterem Licht fortführen. Der junge Gehilfe brachte ihm das Material und gemeinsam füllten sie die getrennten Bohnen dann in die jeweiligen Säcke. Man hoffte, das Ziel der Anordnung von oben auf diese Weise zu erreichen. In China sagt man, der Himmel hat Augen. In Xiaobos Fall hat er wohl dafür gesorgt, dass dieser weder schielte noch blind wurde. Das Gegenteil war nach drei Jahren der Fall: Liu Xiaobo konnte sogar schärfer sehen als zuvor.

Liu Xia war infolge der erneuten Verhaftung sehr erschüttert. Sie verließ die Wohnung nicht mehr. Das Lächeln dieser Frau war mit einem Mal erloschen. Liu Xiaobo sagte später: »Ich habe drei Jahre in einem festen Gefängnis gesessen – meine Frau aber in dem sich ständig wechselnden Gefängnis ihres Herzens.«

Einmal im Monat kam Liu Xia nach Dalian, um ihren Mann zu besuchen. Sie war sehr traurig – die weite Fahrt, die Einsamkeit in der leeren Wohnung und die ständigen Belästigungen durch die Behörden lasteten schwer auf ihrem Gemüt. In diesen drei Jahren hat sich Bao Zunxin, ein älterer guter Freund, der sich viel mit Philosophie beschäftigt hatte, am meisten um Liu Xia gekümmert und ist wie ein Vater zu ihr gewesen. Vor jeder ihrer Fahrten nach Dalian trafen sich die beiden. Ganz gleichgültig, welche Bitte sie äußerte, er erfüllte sie.

In dem Gedicht »Ihr kleinen eiskalten Füße« vergleicht Xiaobo Xia mit den Frauen der Verbannten der Dezemberrevolution im zaristischen Russland, die ihre Männer im tausend Kilometer entfernten Sibirien besuchten:

Der Weg, den du gehen musst, ist weit, sehr weit.
Danach erst erreichst du das eiserne Tor des Winters.
Ihr kleinen Füße, ihr müsst so weit laufen.
Eure eiskalten Zehen berühren das kalte Gitter,
nur um mich, den Gefangenen, für eines Blickes Länge zu sehen.

23

EINE HOCHZEIT IN UNFREIHEIT

Zum Frühlingsfest des Jahres 1996 haben Liu Xiaobo und
Liu Xia geheiratet. Da Xiaobo keinen ständigen Wohnsitz
hatte und daher auch in keinem Einwohnerverzeichnis registriert war, wurde kein Trauschein ausgestellt. Die Eltern
des Brautpaares, Verwandte und Freunde trafen sich jedoch
zu einem gemeinsamen Essen. In Peking gab es ein großes
Hochzeitsbankett mit vielen Gästen und im Oktober desselben Jahres kam es dann zu der Verhaftung und Einliefe-
rung Liu Xiaobos für drei Jahre in die Umerziehungsanstalt
Dalian.

Liu Xia wollte ihren Mann jeden Monat besuchen. Sie nahm
die beschwerliche Reise von Peking nach Dalian auf sich, sie
brachte ihm Bücher und Dinge des täglichen Bedarfs mit, aber
da sie keinen Trauschein besaßen, galt Liu Xia offiziell nur
als seine Freundin und wurde nicht zu ihm vorgelassen. Sie
konnte die Dinge, die für Liu Xiaobo vorgesehen waren, lediglich den Wachleuten am Tor übergeben. Das ging mehr als
ein Jahr so, bis sich Liu Xia an den Anwalt ihres Mannes, Mo

Shaoping, wandte und ihn um seine Hilfe bat. Der ließ Xiaobo einen Antrag schreiben und leitete ihn direkt an die An-
staltsleitung weiter. Das Gesuch wurde letztlich vom Geheimdienst in Dalian und der Justizbehörde an die leitenden Stellen
in Peking weitergeleitet und schließlich genehmigt. Nachdem
sein Vater Xiaobo bei der Polizeibehörde in Dalian angemeldet hatte, konnte endlich die juristische Eheschließung erfolgen. Liu Xiaobo hatte einen festen Wohnsitz – wenn auch nur
in der Umerziehungsanstalt von Dalian. Aber das spielte keine
Rolle mehr – die beiden waren nun endlich Mann und Frau.

Liu Xia erinnert sich später: »Es war der 8. April 1998. Die
Umerziehungsanstalt Dalian hatte extra ein Datum mit einer 8 ausgesucht, damit das Ereignis wenigstens unter einem
glücklichen Stern stehen würde. Die Mitarbeiter der Zivilver-
waltung der Stadt schickten einen Fotografen, um ein Hoch-
zeitsfoto zu machen. Der Film war aber so schlecht, dass am
Ende nichts zu sehen war. Ein altes, von mir selbst mitge-
brachtes Schwarz-Weiß-Foto wurde daher auf die Heiratsurkunde geklebt.« Während sie das erzählte, strahlte sie, als ob
die glückliche Zeit von damals zurückgekehrt sei. Liu Xiaobo
war drei Jahre in der Anstalt – in dieser Zeit hat Liu Xia ihn
achtunddreißig Mal besucht.

Zu der Hochzeitsfeier in der Haftanstalt waren nicht nur alle
Gefangenen geladen, auch die Wachmannschaften waren
Gäste und wirkten aktiv mit. Selbst die Geheimdienst-agen-
ten, die seine Augen zerstören wollten, zeigten sich gerührt.
Diese Geste trieb allen Beteiligten die Tränen in die Augen.
Der Agent Peng Donghui sagte: »Eigentlich sollte Liu Xiaobo
doch nur die richtigen Bohnen heraussuchen. Keiner konnte

ahnen, dass er dabei eine so treue und ergebene Frau an seiner Seite hatte.«

Liu Xiaobo kann als ein echter Gefängnisdichter bezeichnet werden. Auch in der Umerziehungsanstalt hat er viele Gedichte geschrieben. Die meisten davon entstanden aus Anregungen, die er aus den ihm zur Verfügung stehenden Büchern bezog, zum Beispiel »Ich lese Rilke«, »Für St. Augustin« oder »Der bärtige Platon«. Vieles aber hat er auch für seine Frau geschrieben. Zahlreiche Gedichte haben Titel wie »Für Xia«, »Für meine Frau« oder beginnen mit Kosenamen. Ein Gedicht heißt »Ich bin lebenslänglich dein Gefangener – für Xia«. Zu diesen Zeilen schrieb er ein Vorwort, in dem es heißt: »Meine Liebste, ich sitze hier im Gefängnis der Staatsgewalt. Egal, wie lange es dauert, eines Tages werde ich frei sein. In deinem Gefängnis gibt es keine Zeit, ich will freiwillig dein Gefangener auf Lebenszeit sein.«

Als er Tag für Tag seine Bohnen sortierte, hat er am Abend seine Verse für Liu Xia geschrieben, die seine Frau damals allerdings sehr stark belasteten. In dem Gedicht »Sich verpflichten – für die leidende Ehefrau« schrieb er:

Bevor deine Asche im Grab versinkt,
schreib mir damit einen Brief und
vergiss deine Anschrift im Jenseits nicht.

Der Schriftsteller Liao Yiwu erkannte die Tiefe dieses Gedichtes und erklärte: »Diese drei Zeilen haben die gesamte chinesische Dichtung der 90er-Jahre übertroffen. Über diesem Liebesgedicht schweben die Seelen unzähliger Toten –

Xiaobo trägt diese Last auf seinem Rücken, er liebt, hasst und betet.«

Mich persönlich bewegen am meisten die Liebesgedichte der beiden Eheleute, die sie gegenseitig für einander geschrieben haben. Um ihrer Liebe während dieser drei leidvollen Jahre zu gedenken, wollte Xiaobo einen Gedichtband mit dem Titel *Ausgewählte Gedichte von Liu Xiaobo und Liu Xia* im Ausland herausbringen. Er bat mich damals, nach einem Verleger zu suchen. Ich brachte aus diesem Grund einen Teil dieser Texte Anfang 2000 nach Hongkong. Der Besitzer der Verlagsgesellschaft Xiafei'er, Liu Dawen, der auch Chefredakteur der Zeitschrift *Vorposten* war, las die Gedichte und war sofort einverstanden. Später erinnerte sich Xiaobo: »Dieser Gedichtband konnte nicht in China erscheinen. Ich fragte meine Freunde, darunter Bei Ling. Sie haben die Kontakte geknüpft und das Buch ist dann in Hongkong erschienen. Zwei gute Pekinger Freunde haben die Texte redigiert, auf eine CD gebrannt und nach Hongkong gebracht.«

Der Band *Ausgewählte Gedichte von Liu Xiaobo und Liu Xia* erschien im September 2000 in Hongkong.

24

DIE »MÜTTER DES TIAN'ANMEN-PLATZES«

Schuldgefühle gegenüber den Toten und Verantwortung gegenüber den heute noch Leidenden lasten seit zwanzig Jahren schwer auf Liu Xiaobos Leben. Und dieses Kreuz wird er immer tragen müssen.

Nach der Entlassung aus dem Gefängnis Qincheng im Jahr 1991 erfuhr er von ehemaligen Lehrern, dass der Schüler Jiang Jielian am 3. Juni 1989 um 23 Uhr 10 am Eingang zur U-Bahnstation Muxidi von Soldaten erschossen worden sei. Er war der jüngste Sohn des Philosophieprofessors an der Renmin-Universität (Universität des chinesischen Volkes) Jiang Peikun, der auch Kommissionsmitglied und Betreuer in Liu Xiaobos Promotionsverfahren gewesen war. Mit dem Schüler kamen an diesem Ort weitere fünfunddreißig namentlich bekannte Menschen ums Leben.

Jiang Peikun war damals Direktor des Instituts für Ästhetik-
forschung an der Philosophie-Fakultät der Renmin-Universität. Seine Frau arbeitete als Assistenzprofessorin an der gleichen Fakultät. Ihr Onkel, der weltbekannte Geologe Ding
Wenjiang, hatte sein Leben lang nach dem Motto gelebt, dass
kein individuelles Opfer groß genug sein könne, wenn es um
die Ideale der Menschheit gehe. Das hatte auch stets für die
Großfamilie Ding gegolten. Der Schüler Jiang Jielian hatte
zwar zwei ältere Halbgeschwister, war aber das einzige gemeinsame Kind von Jiang Peikun und Ding Zilin. Er wuchs
sehr behütet auf und hatte sich zu einem edelmütigen und
großzügigen Menschen entwickelt. Schnelle Auffassungsgabe
und Intelligenz hatten ihn in der Schule stets zu den Besten
gehören lassen. In der letzten schulischen Prüfung seines jungen Lebens hatte er in den sechs wichtigen Fächern insgesamt
570 Punkte erreicht. Von den mehr als 300 Schülern seines
Jahrgangs war er der drittbeste und konnte im Mai von seiner alten Mittelschule in die der Volksuniversität angegliederte überwechseln. Für die Teilnahme an der kommenden Ma-
thematikolympiade war er angemeldet und hatte sich noch
drei Tage vor seinem Tod bis spät in die Nacht hinein darauf
vorbereitet.

Am Nachmittag des 1. Juni 1991 besuchte Xiaobo das Professorenehepaar Ding Zilin und Jiang Peikun. Als Schüler
und Angehöriger einer jüngeren Generation empfand er sich
den beiden gegenüber als schuldig – indirekt auch am Tod ihres Sohnes. Mit Überraschung entdeckte er auf dem Bett des
Jungen die hölzerne Urne mit der Asche des Verstorbenen.
Jiang erzählte von der Teilnahme seines Sohnes an der Bewegung und insbesondere von der Zeit unmittelbar vor und

nach seinem Tod. Xiaobo verließ erschüttert die Wohnung, kehrte aber nach kurzer Zeit zurück, um einen Blumenstrauß vor der Urne abzulegen. Er brach weinend zusammen. Am Tag darauf kam er erneut und trug schluchzend ein Trauergedicht vor, das er in der Nacht geschrieben hatte. Nach einer Strophe unterbrach ihn Jiang und hielt Xiaobos zitternde Hand. Die Frau lag weinend auf dem Bett. Er konnte nicht mehr weiterlesen, legte das Blatt schweigend vor der Urne nieder und ging.

Allein das Vorwort zu dem Gedicht ist sehr anrührend:

Du hörst nicht auf deine weinende Mutter. Sie versucht, dich aufzuhalten. Du flüchtest durch das kleine Fenster im Badezimmer. Als du zu Boden stürztest, hieltest du noch eine Fahne in der Hand. Damals warst du gerade siebzehn Jahre alt. Ich habe überlebt und bin sechsunddreißig geworden. Gegenüber der Seele eines jungen Toten ist mein Überleben ein Verbrechen. Dass ich dir ein Gedicht schreibe, ist für mich sehr beschämend. Die Lebenden sollen still sein und die Toten sprechen lassen. Ich bin nicht würdig, dir ein Gedicht zu widmen. Deine Lebensjahre können nicht mit Worten beschrieben werden – vor ihnen verlieren selbst alle Gegenstände ihre Bedeutung.

Hier sollen nur zwei Strophen wiedergegeben werden:

Ich bin nicht würdig.
Ich habe auch kaum den Mut,
um mit einer Blume und einem Gedicht
vor einem lächelnden Siebzehnjährigen zu stehen.
Ich weiß, dass man mit siebzehn noch nicht klagt.
…

Das Lebensalter überschritten.
Den Tod überwunden.
Nach siebzehn Jahren bereits die Ewigkeit.

Eigentlich war es ein langes, handgeschriebenes Gedicht, das Xiaobo den Eltern übergab. Das Papier ist schon längst verblasst, die Schriftzeichen sind jedoch noch klar und deutlich zu sehen. Liu Xiaobo besuchte die beiden Professoren fortan sehr häufig.

25

DER KAMPF UM DIE WAHRHEITEN

Die taiwanesische Zeitung *Central Daily News* brachte am 5. Juni 1993 einen Artikel von Liu Xiaobo mit der Überschrift »Wir wurden von unserer eigenen Gerechtigkeit niedergedrückt«. Die Professoren Ding Zilin und Jiang Peikun bekamen ihn Ende Juni zu lesen. Der Beitrag war während Xiaobos Aufenthalt in Australien entstanden. Er basierte auf dem Austausch von Gedanken und auf Gesprächen zwischen Xiaobo und dem australischen Sinologen Geremie Barmé. In dem langen Artikel kritisierte Xiaobo die Anführer der Studentenbewegung und die chinesischen Intellektuellen scharf:

Die studentischen Führer, die sich als Kämpfer für Demokratie und als Helden fühlen, und die chinesischen Intellektuellen im Widerstand kennen Demokratie nur aus Lehrbüchern. Sie haben keine Ahnung von deren Umsetzung in die Wirklichkeit. Sie wissen nicht, wie Demokratie als politisches System und als Rechtsgebäude errichtet und mit Inhalten gefüllt werden muss. Der als »chinesischer Sacharow« bezeichnete Astrophysiker

Professor Fang Lizhi hat schon vor der Demokratiebewegung des Jahres 1989 die Chance zum Schutz von Menschenrechten durch Gesetze nicht genutzt. Er war von Präsident Bush zu einem Treffen eingeladen, von der chinesischen Regierung aber gehindert worden, daran teilzunehmen. Das nahm er aber ohne Protest hin. Der Dissident und als »Chinas gesellschaftliches Gewissen« bezeichnete Liu Binyan bekannte sich noch bis zum Einsetzen der Demokratiebewegung zu Marxismus und Sozialismus. Er beharrte weiter auf seiner »Zweiten Loyalität«. Die jetzige Bewegung wird angeführt von Personen, die nicht einmal die Grundzüge der Demokratie verstanden haben. Wie kann sie dann erfolgreich werden? Daraus kann doch nur ein oberflächliches ideologisches Gejammer entstehen.

Das Gefühl, eine historische Mission erfüllen zu müssen, war weit überzogen. Die Studenten hatten dadurch die Fähigkeit zu nüchterner Selbsteinschätzung und wirkungsvoller Selbstkontrolle verloren. Sie wussten nicht, dass ihre zarten Schultern ein solch schweres Schicksal nicht tragen konnten. Sie erlagen der Verlockung, die Gerechtigkeit herbeiführen zu können, und glaubten, für den Preis ihres Lebens die Regierung zu immer weiteren Zugeständnissen bringen zu können – ohne sich klarzumachen, dass das letztlich sinnlos sein würde. Lässt sich die Regierung denn durch Menschenopfer beeindrucken und das Volk sich aus seinem Schlaf aufrütteln? Lassen sich denn Tod und Gerechtigkeit gegeneinander austauschen? Dürfen denn nur diejenigen über Gerechtigkeit reden, die bereit sind, ihr Leben zu opfern? Man warf den Studenten vor, sie hätten nur Mut und Leidenschaft und keinen Verstand. Es ist gar nicht verwunderlich, dass die oberste Anführerin Chai Ling, der es gelang, ins Exil zu gehen, Folgendes sagte: »Damals auf dem Platz zählten nur Mut und Opferbereitschaft, nicht der Verstand oder die Vernunft. Wir sind die Helden der Widerstandsbewegung 1989.«

Seit mehr als vierzig Jahren wurde in China keinerlei Erfahrung mit De-
mokratie gemacht. Was wir täglich sahen und erlebten, waren nur die grau-
samen Kämpfe und Intrigen innerhalb des autoritären Systems. Wenn wir
an einer Revolution teilnehmen, ähnlich wie bei unserem Mitwirken an der
Kulturrevolution, dann halten wir uns gleich für die größten Revolutionäre.
Als wir uns der Demokratiebewegung anschlossen, hielten wir uns für be-
sonders demokratisch. Wir hungern für die Demokratie, wir opfern für die
Demokratie. Daraus schließen wir, dass alles, was wir tun, der höchsten Ge-
rechtigkeit entspringt, dass unsere Stimme die einzige Wahrheit ist und dass
wir absolute Macht besitzen. Wahrheit wird dadurch absolut, Gerechtigkeit
wird Beliebigkeit und führt zu Erpressung, Demokratie wird zu einem Pri-
vileg. Der Tian'anmen-Platz ist das Testlaboratorium für Wahrheit, Stärke
des Willens und Tiefe des Wertgefühls. Er ist zudem der Ort, an dem man
gleichzeitig für Gerechtigkeit eintritt und Macht ausübt. Wer nicht zu diesem
Platz kommt, wer sich nicht zu seinem Wesen bekennt, der ist gegen Demo-
kratie und Gerechtigkeit, der ist ein Feigling. Der Platz wurde zum Prüf-
stein. »Ich habe mich dort aufgehalten«, »Ich war mal dort«, solche Sätze
waren Beweise für Demokratiebewusstsein und gesellschaftliches Gewissen.

Wir machen Revolution, wir praktizieren Demokratie, wir brauchen kei-
ne Abstimmung, wir brauchen keine Zusammenarbeit, wir bilden belie-
bige Cliquen, wir gründen Organisationen, wir benennen unsere Führer,
wir bilden autonome Studenten- und Arbeitervereinigungen, wir machen
Hungerstreik, organisieren Diskussionsgruppen, bilden Gruppen für In-
tellektuelle, Journalisten, Kamikaze, Flying Tigers (Motorrad-Rocker),
Seidenstraße-Soldaten und Pfadfinder. Keiner hört dem anderen zu, keiner
ist einem anderen untertan.

Wir machen Revolution, wir praktizieren Demokratie, wir haben einen
unversöhnlichen Hass gegenüber der Kommunistischen Partei und klagen
sie mit unseren blutigen Kleidern an. Wir beschimpfen die anderen mit

knirschenden Zähnen, wir betreiben Rufmord ohne jegliche Hemmung, wir können sagen, wir erschießen dich, braten dich, begraben dich bei lebendigem Leibe. Wir können diejenigen, die nicht zu uns gehören, grob beschimpfen und sogar schlagen, wir können im Namen der Gerechtigkeit unsere persönlichen Rechnungen begleichen.

Wir machen Revolution, wir praktizieren Demokratie, wir erzählen mit offenen Augen Lügen, wir erfinden am helllichten Tag Gerüchte. Wenn wir zur Rede gestellt werden, benutzen wir billige Ausflüchte und bestehen auf unserem Recht. Ohne jedes Verantwortungsgefühl können wir verkünden, Deng Xiaoping sei tot, Li Peng sei geflüchtet, Yang Shangkun sei niedergeschlagen, Zhao Ziyang sei rehabilitiert worden, Wan Li habe in Kanada eine neue Regierung gegründet. Der Tian'anmen-Platz, das Symbol der Demokratiebewegung, wurde zu einer Gerüchteküche, die Lügen wurden immer zahlreicher und größer. Die Demokratiekämpfer des 4. Juni, denen die Flucht ins Exil gelungen war, haben die Tatsachen verdreht, Gerüchte erfunden und mit ihren Worten den Platz mit Blut überflutet. Dadurch wurde die internationale Presse in die Irre geführt. Um selbst besser dazustehen, wurden die Verbrechen und die Brutalität der Kommunistischen Partei vorsätzlich vergrößert.

Wir machen Revolution, wir praktizieren Demokratie, wir lassen nur unsere Meinungsfreiheit zu und verbieten diejenige der anderen. Wir verhalten uns genau wie Mao Zedong und dulden keine andere Meinung. Wir unterdrücken genau wie die Handlanger der KPCh diejenigen Bilder der Journalisten, die uns nicht gefallen, wir nehmen die Filme aus der Kamera und zerschlagen die Kamera. Um der Regierung keine Handhabe gegen uns zu geben, liefern wir jene drei Männer aus Hunan, die das große Mao-Porträt mit Farbe besprühten, der Polizei aus, damit der eine dann zu 15, der andere zu 18 und der letzte zu 20 Jahren schweren Kerkers verurteilt wird.

Die »Gerechtigkeit« der Demokratiebewegung wurde geradezu zu einer Bedrohung, denn wenn jemand anderer Meinung war, fühlte er sich unter Druck gesetzt und schwieg lieber. Durch den Hungerstreik waren die Studenten zu unfehlbaren Heiligen der Revolution geworden. Keiner aus der Bevölkerung würde sich jetzt mehr trauen, Kritik an den Studenten zu üben, angesichts der Bereitschaft, das eigene Leben hinzugeben. Die »Helden« schalteten ihren Verstand aus, die anderen schwiegen.

Das hier Geschilderte erklärt die fanatische Jagd nach einer blinden »Gerechtigkeit auf dem Papier« – was dafür aufgegeben wurde, war die vernünftige »Gerechtigkeit in der Realität«.

Im selben Jahr schrieb Xiaobo seinem Freund Hu Ping: *Nach dem 4. Juni wurde sehr viel geschrieben – mein Artikel trifft sicherlich den Punkt am genauesten, besorg ihn dir doch mal. Du wirst sehen, dass mein Urteil über mich selbst angemessen ist.*

Der Inhalt des Artikels war einerseits übertrieben, andererseits aber auch sehr tiefgründig. Durch ihn wurde jedenfalls eine breite Diskussion unter den chinesischen Intellektuellen und Andersdenkenden in China und im Ausland ausgelöst. Die Professoren Ding Zilin und Jiang Peikun waren Opfer des 4. Juni und voller Wut und Zorn auf die Geschehnisse. Sie konnten daher einige Passagen des Artikels nicht akzeptieren. Sie griffen Xiaobo nicht öffentlich an, ließen ihn aber durch Bekannte wissen, dass er sie nicht weiter besuchen sollte, um die alte Wunde nicht erneut aufzureißen. Diese Zurückweisung und die Infragestellung ihrer Beziehung belasteten Liu Xiaobo sehr und er besuchte die beiden nicht wieder.

1995 wurde Liu Xiaobo für acht Monate festgehalten. Die Festnahme war geheim geblieben. Nach der Entlassung bat er einen Freund, der ein Schüler der beiden Professoren war, um die Übermittlung einer Nachricht. Er wünschte sich ein Treffen, um in einem Gespräch seine Gedanken und Beweggründe selbstkritisch darlegen zu können.

1996 stimmten Ding Zilin und Jiang Peikun schließlich zu. Xiaobo besuchte sie eines Abends in ihrer Wohnung. Frau Ding war sehr kühl und distanziert. Sie hatte sich in den vergangenen Jahren mit vielen Opfern getroffen und leidvolle Erinnerungen ausgetauscht, von denen sie sich nicht lösen konnte. Sie fühlte sich verletzt und wollte Xiaobos Meinung nicht akzeptieren. Sie zog sich zurück und ließ ihren Mann mit dem Besucher alleine im Zimmer. Während des Gesprächs lockerte sich die Spannung zwischen den beiden aber langsam wieder auf. Herr Jiang empfahl Liu Xiaobo, das Sammeln von Unterschriften und das Veröffentlichen von Artikeln mit anderen Autoren einzustellen. Wenn er etwas äußern wolle, dann doch lediglich unter seinem eigenen Namen – ohne andere mit in die Sache hineinzuziehen. Er nahm diesen Rat an.

Liu Xiaobo blieb sich letztlich aber doch treu. Bei dem Treffen hatte er seine Meinung nicht grundsätzlich geändert. Er glaubte, nichts falsch gemacht zu haben. So schrieb er den beiden Professoren später:
Ich weiß, dass ihr eine eigene, nicht ganz so positive Meinung von mir habt. Trotzdem schätze ich euch beide in meinem Herzen sehr. Ich habe nie etwas auszusetzen gehabt. Ich wollte ehrlich zu euch und auch gegenüber den Toten sein. Eines Tages werden wir doch noch zusammenkommen.

Ding Zilin indes hatte eine Initiative gestartet. Sie versuchte, die Mütter der Toten des 4. Juni ausfindig zu machen. Zunächst war sie ganz allein, gewann aber mit der Zeit immer mehr Verständnis und erreichte schließlich auch die Unterstützung anderer. Im Jahr 1995 war die Gruppe der »Mütter des Tian'anmen-Platzes« entstanden. Diese forderte die Regierung auf, die Opfer zu rehabilitieren, die Ereignisse gründlich zu untersuchen, das Ergebnis zu veröffentlichen und eine Entschuldigung gegenüber den Angehörigen auszusprechen. Eine Namensliste der Toten wurde von den »Müttern« erstellt.

Im September 1996 haben Liu Xiaobo und Wang Xizhe das sogenannte »Manifest vom 10. Oktober« abgegeben. Wegen dieser Erklärung wurde Liu dann für drei Jahre in das Umerziehungslager geschickt. Die beiden Professoren waren bestürzt über die Nachricht.

Im Oktober 1999 wurde Xiaobo wieder entlassen. Am Ende des Jahres besuchte er mit seiner Frau das Professorenpaar. Frau Ding übergab ihm bei diesem Treffen eine Zusammenstellung mit Zeugenaussagen von Familienangehörigen der Opfer, die sie unter großer Mühe in den vergangenen Jahren erarbeitet und unter der Überschrift »Augenzeugen des Massakers – Suche nach Gerechtigkeit« niedergeschrieben hatte. Die Liste wurde von der Organisation »Menschenrechte in China« 1999 in New York herausgegeben. Im Mai 2000 schrieb Liu Xiaobo unter dem Titel »Wir hören die Stimmen der Tian'anmen-Mütter – Gedanken zum Bericht über die Opfer des 4. Juni« in einem Artikel: *Am Abend des 31. Dezember haben meine Frau und ich die beiden Professoren Ding Zilin und Jiang*

Peikun besucht. Die Stimmung war sehr düster, das schwarz umrande-te Bild des verstorbenen Sohnes war für jeden von uns sichtbar. Wir sa-ßen nach einem einfachen Abendessen, bei dem wir mehr geschwiegen als gesprochen hatten, noch eine Weile zusammen. Ich wusste nicht, wie ich die traurige Stimmung aufhellen und die beiden trösten konnte, ob-wohl mir das Reden sonst nicht schwerfällt. Beim Abschied redete mir Frau Ding immer wieder ins Gewissen und sagte, ich sollte an meine Frau denken und sie nicht durch Leichtsinn wieder in Bedrängnis brin-gen und sie in dem Gefängnis ihres Herzens alleine zurücklassen. Da-ran konnte man sehen, wie sehr ihnen auch unser Schicksal am Herzen lag. Das Leid der Frau eines politischen Gefangenen wurde von ihr als ebenso groß angesehen wie das des Gefangenen selbst – vielleicht sogar als noch größer. Frau Ding hatte in den vergangenen Jahren den Ver-lust ihres Sohnes und das Leid der anderen Mütter erlebt. Daher lag ihr mehr am Schicksal meiner Frau als an meinem eigenen. Die Familien der Betroffenen leiden schwer unter der Verfolgung durch das System und die Gewissenlosigkeit der Gesellschaft. Hinzu kommen die Sorgen und Ängste, dass sie jederzeit von ihren Angehörigen getrennt, überwacht und ihres Privatlebens beraubt werden könnten. Durch Gehirnwäsche sollen die Ereignisse ungeschehen gemacht werden und die Mitmenschen ab-stumpfen. Zum Glück unterstützen sich die Betroffenen gegenseitig und erhalten auch Zuspruch aus dem In- und Ausland. Das macht den Op-fern des 4. Juni Hoffnung und Mut und gibt ihnen Kraft, weiter zu kämpfen.

Beim Abschied übergaben die beiden eine Sammlung von Berichten von Angehörigen der Opfer an Liu Xiaobo. Zu Hause angekommen, beschäftigte er sich mit dem Bericht »Augenzeugen des Massakers – Suche nach Gerechtigkeit«, der einen Umfang von acht Seiten hatte. Er enthielt 155 Na-men von Toten, deren Lebensläufe und Fotografien. In einem Anhang befand sich eine Sammlung von Einzelberichten von Angehörigen der Opfer, der weitere fünfundzwanzig Seiten füllte.

Nach der Durchsicht war Xiaobo sehr erregt. Sein Gewissen zwang ihn dazu, seine Gedanken unter der Überschrift »Die Stimmen aus den Gräbern erschüttern uns« zu dokumentieren:

Nach meiner Rückkehr öffnete ich das Material voller Ungeduld. Ich nahm nicht einmal einen Schluck Wasser zu mir. Bereits während ich die erste Seite las, kamen mir die Tränen. Ich las Liu Xia vor – das Schluchzen unterbrach häufig meine Stimme. Ich weiß nicht, wie oft ich neu ansetzen musste. Bei jeder Unterbrechung war es so still wie auf einem Friedhof, wir glaubten die Klagen und das Weinen der Toten in der Erde zu hören. Sie waren schwach und hilflos, zerrissen aber unsere Herzen. Ich danke den beiden Professoren für die Unterlagen. Der Jahreswechsel brachte ein neues Jahrtausend. Wir hörten, dass nicht weit von unserer Wohnung entfernt mit Musik und Feuerwerk gefeiert wurde. Während die meisten Menschen diese Nacht mit anderen Gedanken und sicher auch mit Fröhlichkeit verbrachten, haben wir uns mit den Seelen der Toten getroffen. Es erfüllte uns mit Trost, das neue Jahrtausend auf diese Art zu beginnen. Ich schreibe jetzt meine Gedanken über den 4. Juni nieder und höre dabei im Hintergrund die Toten zu mir sprechen.

Später sagte er dazu: »Seit zehn Jahren spüre ich die Last meines Gewissens auf meinen Schultern. Im Gefängnis Qincheng habe ich mit meinem Geständnis die Seelen der Toten verraten. Nach der Entlassung erfuhr ich Aufmerksamkeit und Anerkennung, was aber war mit den Toten, den einfachen Leuten, die ihr Leben gelassen hatten, was ist mit den Namenlosen im Gefängnis, was haben die bekommen? Bei jedem Gedanken daran wage ich nicht in mein Inneres zu schauen. Darin gibt es zu viel Egoismus, Feigheit, Lügen und Gemeinheit.«

Ende 2003 musste Professor Jiang am Herzen operiert werden. Xiaobo war frühmorgens ins Krankenhaus gegangen und hatte den Kranken mit dem Bett vom oberen Stockwerk nach unten zum OP gebracht. Während der Operation verbrachte er die Zeit zusammen mit Frau Ding. Sie brachten den Frischoperierten dann später in den Beobachtungsraum. Das Ehepaar war Xiaobo sehr dankbar dafür. Während des Aufenthaltes im Krankenhaus besuchte Liu Xiaobo den Patienten öfters und berichtete ihm über die Nachrichten des Tages.

Mehrmals schlug Xiaobo dem Professorenpaar vor, sie sollten doch eine Autobiografie schreiben, solange sie noch dazu in der Lage seien. Er könnte dafür sorgen, dass jemand Fragen entwerfen und das Material in Dialogform auf Band aufnehmen würde. Er selbst sei bereit, beim Schreiben behilflich zu sein. Dazu ist es aber letztlich nicht gekommen.

In diesen Jahren beobachtete Frau Ding, dass Xiaobo sich ausschließlich mit aktuellen Tagesfragen und mit dem Schreiben von Artikeln beschäftigte. Sie sagte zu ihm: »Du bist doch eigentlich ein Wissenschaftler, warum arbeitest du nicht in deinem Fach? Schreib doch Bücher. Und wenn die nicht in China gedruckt werden können, dann doch sicher im Ausland.« Sie meinte damit wohl: Warum schreibst du ständig nur Dinge, die die Regierung provozieren und dir nur Ärger einbringen?

»Ich kann nur über diese Angelegenheiten schreiben, das ist meine Pflicht. Es gibt kein Zurück mehr zu meiner Vergangenheit«, war seine direkte Erwiderung. Nach dieser Antwort wollte er aber doch etwas beschwichtigen: »Klar, von drei Nächten schlafe ich nur in zweien. Ich will nur etwas schreiben, um ein bisschen Geld für Liu Xia zu verdienen – für den Fall, dass ich wieder eingesperrt werde.« Den beiden Alten wurde klar: Xiaobo war ein sturer Mensch und würde bei dem bleiben, was er einmal gesagt hatte. Eine Umkehr gab es für ihn nicht.

Ende März 2003 begleiteten Liu Xiaobo und seine Frau das Professorenehepaar auf eine Urlaubsreise. Sie besuchten Suzhou, die Insel Taihu Sanshan und die Gemeinde Taixing Huangqiao Zhen in Subei, wo sich das alte Haus von Frau Dings Onkel befand. Sie erlebten das Narrenfest am 1. April auf der Insel. Das war gleichzeitig Liu Xias vierzigster Geburtstag. Sie hätten gerne einen Festtagskuchen gegessen, aber es gab nirgendwo eine Bäckerei. Also fragten die beiden Alten die Besitzerin eines Restaurants, ob sie nicht ein Nudelgericht mit Entenfleisch zubereiten könne. Das wurde dann sogar ein richtiges Festessen. Zur Überraschung aller Anwesenden erhob sich Xiaobo und kündigte an, er werde einen Tanz aufführen wie damals die Rotgardisten für Mao, um seiner Frau die Treue zu schwören. Er begann wirklich zu singen und zu tanzen. Alle lachten aus vollem Halse und spürten Xiaobos wahre Liebe zu seiner Frau.

Liu Xiaobos Hilfsbereitschaft war in Peking und in den Kreisen chinesischer Dissidenten bekannt. Er versuchte, jede Bitte zu erfüllen – egal, ob er die Person kannte oder nicht. Das betraf nicht nur die Bittsteller selbst, sondern auch deren Angehörige. Wer ihn um Hilfe bat, durfte sicher sein, von ihm gehört zu werden. Was an Spenden für die Gefangenen des 4. Juni aus dem Ausland ankam, landete in der Regel bei Liu Xiaobo. Seine Frau und er leiteten das Geld dann an die richtigen Stellen weiter, was Liu Xia die scherzhafte Bezeichnung »Frauenvorsitzende« einbrachte.

Die »Mütter des Tian'anmen-Platzes« aber beschäftigten Xiaobo am meisten. Um diese Frauen schien sich kein Mensch zu kümmern. Seine Worte bezeugen dies: »Im heutigen China können wir an der Kaltblütigkeit und dem Egoismus der Machthaber nichts ändern. Was wir aber tun können, ist, dass wir an uns selbst die strengsten Anforderungen stellen. Wir dürfen uns nicht gehen lassen. Trotz des Fehlschlages der Bewegung haben wir für den Preis vieler Menschenleben sehr viel moralischen Gewinn erzielt. Das müssen wir genauso zu schätzen wissen wie die Freiheit selbst.«

Aus diesem Grund schrieb Xiaobo jährlich einen Artikel zum Gedenken an diesen Tag. Mit diesen Texten fasste er seine Reue und auch sein schlechtes Gewissen in Worte. In Artikeln wie »Die Stimmen aus den Gräbern erschüttern uns« hat er dabei immer wieder sein Geständnis in Qincheng als großen Fehler bezeichnet. Es war deutlich abzulesen, dass er mit sich selbst einfach nicht ins Reine kommen konnte. Auch das alte Professorenpaar ging mit diesem Zustand sehr vorsichtig um und wollte ihn nicht erneut vorsätzlich verletzen. Einmal jedoch konnten sie sich nicht zurückhalten. Sie sagten etwas, was sie schon jahrelang hatten ausdrücken wollen: »Hör auf mit deinen Vorwürfen, wer bleibt bei einer solchen Bewegung fehlerlos? Die Situation war damals so furchtbar – ein Geständnis ist doch gar nichts dagegen. Die Regierung hatte damals beschlossen, auf das Volk schießen zu lassen. Ihr vier Männer seid unter Lebensgefahr zu den Offizieren gegangen, habt verhandelt und so viele Leben gerettet. Das war doch euer großes Verdienst und das weiß doch jeder! Deshalb musst du mit den Selbstanklagen aufhören.« Und Frau Ding ergänzte:»Wer von den damaligen Studentenführern hat sich denn später selbstkritisch zu den Ereignissen geäußert und sich Vorwürfe gemacht?«

Am 28. Dezember 1999 flog ich von Kanton nach Peking. Liu Xiaobo war gerade entlassen worden und ich besuchte ihn umgehend. Beim Abschied erzählte er mir, dass für den folgenden Tag ein Treffen mit den beiden Professoren geplant sei, und fragte mich, ob ich nicht mitkommen wolle. Vorwurfsvoll stellte er mir auch die Frage, warum die ausländischen Freunde und Organisationen nichts für die Mütter des Tian'anmen-Platzes täten. »Die Mütter haben es hier so schwer. Wenn jeder Überseechinese jährlich nur 200 Dollar spenden würde, wäre das eine sehr große Hilfe. Den Spendern würde ein solcher Betrag bestimmt nicht fehlen.« Der Ton, in dem er das sagte, machte mir klar, dass ich mich der Sache irgendwie annehmen sollte. Sein Vorwurf war nicht direkt an mich gerichtet, ich fühlte mich aber angesprochen, weil ich ja zu der Gruppe der Chinesen im Ausland gehörte. Ich konnte das so aber nicht akzeptieren. Ich antwortete, dass ich die beiden Alten natürlich sehen wollte. Ich sei jedoch nicht bereit, auf einen pauschalen Vorwurf hin irgendetwas zu tun. Am Ende sagte ich den Besuch ab und beschloss, die beiden Professoren später einmal zu besuchen. Doch dazu kam es nicht mehr. Die

Wohnung des alten Paares wurde natürlich überwacht und jeder Besucher wurde registriert. Man wollte keine intensiven Kontakte zur Außenwelt zulassen. Ich konnte die beiden nie wiedersehen. Und das bereue ich bis heute.

Die Unterstützer der »Mütter des Tian'anmen-Platzes« hatten weltweit um Hilfe gebeten. Daraufhin machte die chinesische autonome Professoren- und Studentenvereinigung in Amerika im Januar 2002 den Vorschlag, die »Mütter« mit dem Friedensnobelpreis 2002 auszuzeichnen. Liu Xiaobo unterstützte diesen Vorschlag mit aller Kraft und schrieb dazu: »Die Mütter des Tian'anmen-Platzes sollen den Preis bekommen«. Darin heißt es: *Die Tränen der Mütter sind ein Beweis – die unendlichen Alpträume haben sie zu der Erkenntnis gebracht, dass die Menschenrechte geschützt werden können, wenn man das Recht jedes Einzelnen achtet. Wenn man das Einzelrecht missachtet, wird auch das Gesamtrecht verletzt. Jedes Menschenrecht ist universal. Wenn Freiheit ein natürliches Menschenrecht ist, dann ist es die Aufgabe jedes Einzelnen, es zu schützen. Zu dieser Erkenntnis war zuerst eine der Frauen gekommen, dann wurden es zwei und schließlich sehr viele, die unter Tränen, sich gegenseitig stützend und ermutigend, aus der Menge heraustraten und sich zu einer standhaften Gruppe zusammenschlossen.*

Xiaobo appellierte an die Öffentlichkeit, diese Nominierung mit Demut und Respekt zu unterstützen. Er gewann acht renommierte Wissenschaftler in China und viele Vereinigungen im Ausland für diese Idee. Es erschien eine Flut von Berichten und Artikeln, es wurden Vorträge gehalten und Aufrufe veröffentlicht. Die »Mütter des Tian'anmen-Platzes« wurden für jedermann zu einem Begriff und erzielten internationale Aufmerksamkeit. Der Vorschlag wurde 2003 wiederholt.

Die siebenundsechzigjährige Professorin Ding Zilin wurde am 28. März 2004, kurz vor dem Totenfest, das Anfang April begangen wird, und außerdem im Vorfeld des fünfzehnten Jahrestages des 4. Juni 1989 in Wuxi überraschend verhaftet, ihre Wohnung durchsucht. Zwei weiteren Angehörigen von Toten des 4. Juni 1989, Zhang Xianling und Huang Jinping, widerfuhr das gleiche Schicksal in Peking. Xiaobo erfuhr davon und verlangte in Protestartikeln die sofortige Freilassung. Über das Internet forderte er die Menschenrechtsorganisationen der Vereinten Nationen auf, sich der Sache anzunehmen. Er schrieb:

Die Volksrepublik China hat gerade in ihrer Verfassung den Schutz der Menschenrechte verankert. Die Verhaftung erfolgt während der Konferenz der Vereinten Nationen für Menschenrechte in Genf. Die chinesische Regierung bricht ihr Versprechen, das sie gerade erst gegeben hat. Dadurch missachtet China die Ideen der Konferenz.

In einem Interview mit ausländischen Journalisten betonte er, die Mütter seien friedfertig und vernünftig, sie sagten die volle Wahrheit und ihre Forderung an die Regierung eine Untersuchungskommission zu gründen und die Opfer zu entschädigen, sei seiner Meinung nach gerechtfertigt. Wenn eine Regierung solchen Leuten die Gefährdung der staatlichen Sicherheit vorwerfe, werde dann dieser Vorwurf nicht zu einem Instrument der Unterdrückung und Aberkennung der Menschenrechte? Internationale Organisationen und unzählige Dissidenten griffen den Appell auf und protestierten. Am 2. April 2004 um 17 Uhr wurde Frau Ding wieder freigelassen.

Für die drei verhafteten Mütter schrieb Xiaobo in dem Artikel »Tränen und Liebe leidender Mütter«:

Seit fünfzehn Jahren gedenken sie am Totenfest (Anfang April) und am 4. Juni ihrer Verstorbenen. Sie verharren trauernd in stillen Gruppen oder alleine unter Tränen. Aus wütenden Ausbrüchen wurden stille Zeugnisse. Diese Mütter sind mutig und klug, geduldig und überzeugend. Damit setzen sie sich jedoch der staatlichen Bedrohung, Überwachung, Verfolgung, Durchsuchung ihrer Wohnungen und Verhaftung aus. Die »Mütter« halten engen Kontakt untereinander und sammeln Beweise, ohne dabei eine einzige Spur zu übersehen. Die blutigen Tatsachen werden dadurch lebendig und durch konkrete Details ergänzt. Ohne dieses Wissen würde die Erinnerung der Menschen verblassen. Die Ergebnisse ihrer Suche werden dadurch zu Beweisen der Demokratiebewegung 1989, des Massakers am 4. Juni und der darauf folgenden zwölfjährigen Tyrannei der kommunistischen Partei. Sie wurden zu Teilen der Seele der Gesellschaft.

Noch heute denkt Liu Xiaobo ständig an die Toten und deren Hinterbliebene. Seine Anteilnahme gilt daher unverändert den »Müttern«. Seine eigene Aufgabe bestand lediglich darin, den Kontakt zu halten und die Spenden weiterzuleiten. In die inneren Angelegenheiten mischte er sich nicht ein. Er war der Meinung, die »Mütter« könnten das alleine – es genüge, sie dabei finanziell zu unterstützen. Frau Ding sah das auch so. Sie würdigte die Selbstlosigkeit der Spender, die keinerlei politischen Einfluss nehmen und für sich selbst keinen Vorteil erlangen wollten. Das war ausschließlich eine moralische Angelegenheit. »Wir, die Leidensgenossen, sind alt, krank und behindert – von uns kann man außer Risiko keinen Gewinn erwarten«, sagte sie. Der Kontakt zwischen den Empfängern und den Spendern war von Anfang an sehr vertraut und entspannt. Darauf war man besonders stolz.

Am Nachmittag des 7. Dezember 2008, dem Tag vor Xiaobos Verhaftung wegen der »Charta 08«, wurde Professor Jiang in das Dritte Krankenhaus der Medizinischen Universität Peking eingeliefert. Er war zur Hälfte gelähmt und konnte
nicht mehr sprechen. Seine Frau wollte niemanden zu ihm
lassen. Das Ehepaar Liu drang aber bis zu ihm vor, da Xiaobo ahnte, dass ihm eine erneute Bedrohung bevorstand.
Die beiden verbrachten eine halbe Stunde bei dem Patienten,
das Hauptthema war natürlich die Charta. Xiaobo berichtete über die letzte Fassung des Textes und die bisherigen Unterschriften. Herr Jiang nahm das wahr und nickte zustim-
mend und zufrieden. Beim Abschied informierte ihn Xiaobo
über die kommenden Schritte der Fertigstellung des Textes,
der Unterschriftensammlung und der Suche nach Unterstützung im Ausland sowie über den Plan, die »Mütter« im Januar 2009 erneut für den Friedensnobelpreis vorzuschlagen.
Wenn das akzeptiert würde, wäre der zwanzigste Jahrestag gerade das richtige Datum.

26

DER UNABHÄNGIGE
CHINESISCHE PEN-CLUB

Als Liu Xiaobo gegen Ende 1999 nach Peking zurückkehrte, traf er ein China an, dessen Bewohner nur noch an Geld interessiert waren, und eine Gesellschaft, in der sich alles am Besitz ausrichtete. Geld regierte die Zukunft, das wusste man schon seit den 80er-Jahren, als in Deng Xiaopings Parole – nach vorne zu schauen (und nicht zu viel an die Wunden der Zeitgeschichte zu denken) – das Wort »vorne« gerne durch den Begriff »Geld« ersetzt wurde, weil die beiden Wörter (qian) in der chinesischen Sprache gleich klingen.

Liu Xiaobo begann zu schreiben. Am 12. Mai 2000 teilte er seinem guten Freund Hu Ping, dem Chefredakteur des Exilantenmagazins *Beijing Spring* in New York, in einem Brief mit:
Hier sind alle von morgens bis abends beschäftigt. Nach drei Jahren Gefängnis wundert mich am meisten, dass meine Freunde sehr reich geworden sind. Mir selbst gefällt es hier immer weniger. Ich kann aber wegen der Erinnerung an die schlimme Zeit nicht einfach weggehen.

War das reine Selbstquälerei, mit der er in erster Linie sein schlechtes Gewissen beruhigen wollte?

Er hatte seine dreijährige Gefängnisstrafe als Sühne für sein früheres Geständnis im Gefängnis Qincheng angenommen. Er ertrug diese Zeit auch, um Opfern des 4. Juni zu gedenken – und, um um sie zu trauern. Nach seiner Entlassung war er sowohl bei den Untergrundkünstlern als auch in den Kreisen akzeptiert und geachtet, die nach dem 4. Juni entweder von den offiziellen Stellen nicht geduldet wurden oder sich bewusst von ihnen abheben wollten. Zu Letzteren gehörte auch der populäre Romanautor Wang Shuo, mit dem Xiaobo unter seinem Pseudonym Lao Xia das Buch *Eine Schöne reicht mir einen Betäubungstrank* publizierte. Eigentlich hätte sich Xiaobo durchaus irgendwo eingliedern können – er stand jedoch dem sogenannten Mainstream unversöhnlich gegenüber und wollte überhaupt nichts mit solchen Leuten zu tun haben. Dadurch wurde er zur Symbolfigur der politisch Verfolgten nach dem 4. Juni. In der kleineren, abgespaltenen Gruppe der Andersdenkenden genoss er großen Respekt.

Meine Literaturzeitschrift *Tendency* wurde mittlerweile in Taiwan verlegt. Weil die Redakteure der Zeitschrift auf der ganzen Welt verstreut waren, pendelte ich seit 1995 zwischen Boston, Kanton, Taipeh und Hongkong hin und her. Nur während zweier Monate war ich in Peking. Das war auch die Zeit, als Xiaobo im Umerziehungslager in Dalian saß. Ich selbst durfte mich in China nur eingeschränkt bewegen, wurde vom Geheimdienst rund um die Uhr überwacht und konnte mich nur unter großen Schwierigkeiten mit Liu Xia treffen. Wir telefonierten daher oft. Bei meinem Aufenthalt Ende 1998 folgten mir die Agenten der Staatssicherheit jedoch nicht mehr. Als ich am 28. Dezember 1999 erneut nach China flog, war Liu Xiaobo bereits aus dem Gefängnis entlassen worden und hielt sich wieder in Peking auf.

Ich besuchte ihn ein paar Tage später zu Hause. Dabei fiel mir auf, dass er sich mit ständig wechselnden Freunden aus verschiedenen Berufen umgab. Er traf hauptsächlich diejenigen, die inzwischen als private Unternehmer im Reichtum lebten. Sie waren in gewisser Weise stolz auf ihn – auf einen, der sich damals um das Leben der Studenten gesorgt hatte. Sie fühlten sich durch die Bekanntschaft mit ihm geehrt, luden ihn häufig zum Essen ein und ließen ihn mit ihren großen Autos abholen. Liu Xiaobo war ein echter Gourmet und liebte das gute Essen, und das ging jeden Abend so. Ich hatte damals das Gefühl, dass in seinem Kalender bereits eine Warteliste für Einladungen geführt wurde. Ich sagte ihm, dass es für die Gesundheit nicht gut sei, jeden Abend so üppig zu essen, er solle doch mal selbst kochen und ein normales Leben führen. Das kam für ihn aber nur während eines Hausarrestes in Frage. Dann kochte er daheim gemeinsam mit Liu Xia. Und lebte gesünder.

Im Sommer 2001 mietete ich in Hepingbeili im Pekinger Bezirk Chaoyang eine Wohnung. Ich wollte die 13. Ausgabe der Zeitschrift *Tendency* in Peking drucken lassen. Ich wusste natürlich, dass mein Telefon abgehört wurde, weshalb ich niemals private Gespräche mit Freunden und auch nicht mit der Druckerei von diesem Anschluss aus führte. Selbst mein Bruder Huang Feng hatte keine Ahnung von meinen Plänen und auch Liu Xiaobo nicht, mit dem ich zu jener Zeit regelmäßig in Kontakt stand.

In der 13. Ausgabe der Zeitschrift sollten Gedichte von Xiaobo, Liu Xia und Liao Yiwu erscheinen. Anfang August waren bereits 2000 Exemplare heimlich gedruckt worden. Ich rief Xiaobo an und sagte ihm, er werde von mir einige »Bücher« erhalten. Ich erfuhr, dass er am folgenden Freitag gemeinsam mit Liu Xia für zwei Wochen nach Guizhou fahren wollte. Der Besitzer des »Sisyphus-Buchladens« in Guizhou, Xue Ye, hatte die beiden eingeladen. Ich dachte mir, dass dies eine gute Gelegenheit wäre, ein paar Exemplare zu verteilen. Weil mein Telefon abgehört wurde, teilte ich ihm in verschlüsselter Form mit, ich hätte einige Bücher gekauft, die er bitte nach Guizhou mitnehmen möge.

Nur zwei Tage später traf ich ihn persönlich und konnte ihm einige Hefte überreichen. Ich sagte ihm, sie seien in Peking gedruckt worden. Er war überrascht und hielt meine Aktion für äußerst gefährlich, aber dass sie unbemerkt und gut gelungen war, freute ihn natürlich sehr. An einem Freitag dann traf ich mich um elf Uhr mit ihm und mit Liu Xia an einem vereinbarten Ort auf dem Weg zum Bahnhof. Ich übergab ihm weitere vierzig Exemplare und wünschte beiden eine gute Zeit in Guizhou. »So viele Tendenzen!«, stöhnte er und ging.

Nur diese vierzig Exemplare sind in Guizhou erhalten geblieben. Xiaobo erfuhr eine Woche später, dass ich in Peking von der Sicherheitspolizei wegen illegalen Herausgebens einer ausländischen Zeitschrift verhaftet worden war. Ich wurde in das Pekinger Untersuchungsgefängnis Qincheng eingeliefert. Die Polizei durchsuchte die Wohnungen aller meiner Freunde, die Exemplare dieser *Tendency*-Ausgabe zur Aufbewahrung erhalten hatten. Auch mein Bruder wurde wegen Hehlerei und Weitergabe von Informationen an ausländische Journalisten verhaftet. Unzählige Menschen fühlten sich zu jener Zeit bedroht.

Xiaobo erzählte mir später, dass seine Frau und er wegen meiner Verhaftung sehr besorgt gewesen waren und täglich in Peking telefonisch nachgefragt hatten. Ende August hatten einige international bekannte Schriftsteller, darunter Günter Grass und Susan Sontag, an die Öffentlichkeit appelliert und sich für meine Freilassung eingesetzt. Susan Sontag wandte sich an das amerikanische Außenministerium und erreichte letztlich, dass ich ohne Prozess in die Vereinigten Staaten abgeschoben wurde. Von dort aus rief ich Xiaobo an, der mir sagte, dass er noch nie so besorgt gewesen sei wie während der Zeit meiner zweiwöchigen Verhaftung. Das hat mich sehr gerührt.

Zwischen November 2000 und Anfang 2001 hatte der mexikanische Dichter Homero Aridjis, der Vorsitzende des Internationalen PEN-Clubs, den Vorschlag gemacht, dass ich eine Sektion für chinesische Schriftsteller im Exil gründen solle. Er kam nach Los Angeles, um mich davon zu überzeugen. Eine solche Organisation war nun wirklich nicht meine Sache. Ich war nicht der Meinung, dass ich der richtige Mann für so ein Unternehmen war, aber die Dinge nahmen ihren Lauf. Also beschloss ich, Xiaobo anzurufen und ihn um Rat zu fragen. Seine Frau nahm den Hörer ab, wir sprachen über ein paar alltägliche Dinge. Nachdem aber Xiaobo das Gespräch übernommen hatte, ging es wie immer ausschließlich um unsere Sache. Ich fragte ihn, ob ich denn verpflichtet sei, die Verantwortung für die Gründung eines solchen Clubs zu übernehmen und ob er selbst und andere Untergrundschriftsteller in China sich diesem Vorhaben vielleicht anschließen würden.

Die Zusage für seine eigene Teilnahme war mir das Wichtigste. Xiaobo bestand darauf, dass das meine Pflicht sei – er werde mitmachen und auch andere dazu bewegen. Ich zögerte wegen der persönlichen Gefahren, denen sich die chinesischen Schriftsteller in der Volksrepublik aussetzen würden, aber er zerstreute meine Bedenken. Ich solle unbesorgt sein, er werde nur unerschrockene und von der Regierung unabhängige Persönlichkeiten als zukünftige Mitglieder vorschlagen. Er nannte auch sofort die Namen von Ren Bumei, Yu Jie, Wang Yi, Yu Shichun und anderen. Im Frühling 2001 habe ich dann mit voller Unterstützung von Xiaobo an der Seite von Meng Lang Tag und Nacht in meiner Wohnung gesessen und gearbeitet. Und schon im Juni wurde das Independent Chinese PEN Center gegründet. Im November 2001 auf der Jahrestagung wurde das Center dann per Abstimmung als Mitglied von International PEN aufgenommen.

Im November 2003 fand eine Onlinesitzung des Independent Chinese PEN Center statt. Einige Mitglieder schlugen neben anderen Kandidaten auch Liu Xiaobo für den Vorsitz vor und er wurde umgehend für die kommende Amtsperiode gewählt. In seiner Antrittsrede sagte er: »Zur Eröffnung meiner Amtszeit gilt mein besonderer Dank dem Gründer dieser Sektion, Bei Ling. Sein Verdienst kann nicht hoch genug eingeschätzt werden. In seiner Amtszeit hat er mit Herrn Cai Chu sehr viel grundlegende Arbeit geleistet. Natürlich gab es auch nebensächliche Tätigkeiten zu erledigen, die aber eben gemacht werden mussten. Das alles wurde ehrenamtlich geleistet. Egal, wo Bei Ling später einmal leben wird, sein Verdienst wird uns immer im Gedächtnis bleiben. Wir hoffen, dass er auch weiterhin die Arbeit unseres PEN-Clubs verfolgen und die Erfahrungen aus seiner Amtszeit einbringen wird.«

27

DIE CHARTA 08

Bereits in einem der letzten Jahre der Qing-Dynastie, 1908, war ein Verfassungsentwurf für China verkündet worden, und 2008 jährte sich dieses Ereignis zum einhundertsten Mal. Liu Xiaobo und der Verfassungsrechtler Zhang Zhuhua diskutierten insbesondere die »Charta 77« von Václav Havel, um einen für China geeigneten analogen Entwurf zu entwickeln. Sie wollten diese Arbeit bis zum Jahresende abschließen und der »Charta 08« besonderes Gewicht verleihen – durch Bezug auf andere historische Ereignisse wie den sechzigsten Jahrestag der »Allgemeinen Erklärung der Menschenrechte«, den dreißigsten Jahrestag der Errichtung der »Mauer der Demokratie« an der Xidan-Kreuzung in Peking und den zehnten Jahrestag des Beitritts Chinas zum »Internationalen Pakt über bürgerliche und politische Rechte«.

Zhang Zuhua hatte den Entwurf geliefert – die notwendigen Ergänzungen und redaktionellen Änderungen stammten von Liu Xiaobo. Darüber hinaus holten sie Vorschläge von Persönlichkeiten aus den verschiedensten Bereichen der Bevölkerung sowie von Fachleuten ein. Der Text wurde ausgiebig diskutiert und am Ende von allen Beteiligten unterschrieben. Am 10. Dezember, dem Jahrestag der »Allgemeinen Erklärung der Menschenrechte«, sollte die »Charta 08« der Öffentlichkeit vorgestellt werden. Aber bereits während der Unterzeichnung wurden die Vorgänge um die Charta von der Geheimpolizei beobachtet. Und in der Nacht vom 8. auf den 9. Dezember wurden Liu Xiaobo und Zhang Zuhua als Initiatoren und führende Köpfe in ihren Wohnungen verhaftet. Die Nachricht verbreitete sich in Windeseile. Noch in derselben Nacht wurde die »Charta 08«, mit 303 Unterschriften versehen, vorzeitig bekannt gemacht.

Die »Charta 08« war eigentlich nur eine Erklärung elementarer politischer Gedanken und Auffassungen einer Gruppe von Bürgern. Da die Autoren in der Nacht der Veröffentlichung auf Anordnung der Regierung verhaftet worden waren, hatte sich der Text blitzschnell über das Internet in China verbreitet. Auf einer später eingerichteten Website erschien dann der gesamte Wortlaut, der auf dieser Site auch unterschrieben werden konnte. Menschenrechte wurden gefordert und es wurde zu einem Wechsel vom autoritären System zu einem Rechtsstaat aufgerufen. Das Ziel war, möglichst große Unterstützung zu erhalten, um erneut eine demokratische Bewegung in China ins Leben zu rufen.

Während der Arbeit an der »Charta 08« waren die englische Magna Charta, der Text der amerikanischen sowie der französischen Unabhängigkeitserklärung und die Allgemeine Erklärung der Menschenrechte herangezogen worden. Oppositionelle Schriften aus Taiwan fanden ebenfalls Beachtung.

Der Name, Teile des Inhalts und die Form der Namenslisten der Unterzeichner wurden direkt aus der »Charta 77« des Philosophen Jan Patočka, des Dramatikers Václav Havel, des Schauspielers Pavel Landovský und des Schriftstellers Ludvík Vaculík übernommen. Deren Erklärung war im Januar 1977 von 241 Persönlichkeiten unterschrieben worden.

Die »Charta 08« umfasste neunzehn Punkte:

1. Änderung der Verfassung
2. Gewaltenteilung
3. Verfassungsgemäße Verankerung der Demokratie
4. Unabhängigkeit der Justiz
5. Gemeinschaftliche Nutzung der gemeinschaftlichen Organe (Entpolitisierung des Militärs!)
6. Garantie der Menschenrechte
7. Vergabe von öffentlichen Ämtern auf der Grundlage von Wahlen
8. Gleichberechtigung von Stadt und Land
9. Freie Gründung von Vereinigungen
10. Versammlungsfreiheit
11. Freiheit der Meinungsäußerung
12. Religionsfreiheit
13. Recht auf Bildung
14. Garantie von privatem Eigentum
15. Finanz- und Steuerreform
16. Sozialversicherung
17. Schutz der Umwelt
18. Föderalismus
19. Wiedergutmachung von Unrecht

Der Inhalt dieser Charta betraf politische und wirtschaftliche Reformen, die Beseitigung der Unterschiede zwischen Land und Stadt, Umweltschutz und anderes.

Unter den 303 Unterzeichnern waren Rechtswissenschaftler, Philosophen, Wirtschaftswissenschaftler, Politologen, Geschichtswissenschaftler, Soziologen, Theologen, Verwaltungswissenschaftler, Gesundheitswissenschaftler, Dramatiker, Schriftsteller, Dichter, Maler, Künstler, Literaturkritiker, Redakteure, Journalisten, Medienfachleute, Rechtsanwälte, Ingenieure, Designer, Lehrer, Forscher, Ärzte, Persönlichkeiten des gesellschaftlichen Lebens, Umweltschützer, Informatiker, Geschäftsleute, Unternehmer, Arbeiter, Bauern, Angestellte, Beamte und Rentner.

Unter denjenigen, die später im Internet unterschrieben, waren Mittelschüler, Studenten, Hochschulabsolventen, Auslandsstudenten, Arbeitslose, Behinderte, Mathematiker, Geologen, Computerspezialisten, Zahnärzte, Krankenschwestern, Übersetzer, Reiseführer, Manager, Entwickler, Techniker, Wanderarbeiter, Tontechniker, Filmemacher, Verleger, Wissenschaftsjournalisten, Kinderbuchautoren, Erfinder, Fotografen, Investmentberater, Finanzanalytiker, Köche, Verkäufer, Selbstständige, Mitglieder demokratischer Parteien, Priester, Theologen, Buchhalter, Finanzprüfer, Gutachter, Stadtentwickler, Designer, Internetfachleute, Mittelschulrektoren, Polizisten, Soldaten, Piloten, Fischer, Tierzüchter, Blumenzüchter, Immobilienmakler, freischaffende Künstler und viele andere.

Am 5. März 2009 wurden die Namen und Berufe der Unterzeichner von zwölf Unterschriftensammlungen auf der Website der »Charta 08« im Internet veröffentlicht. Die Daten stammten aus 31 Provinzen, regierungsunmittelbaren Städten und autonomen Gebieten. Im Einzelnen entfielen auf Peking 700 Unterschriften, auf Tianjin 47, Hebei 96, Shanxi 238, Innere Mongolei 19, Liaoning 199, Jilin 55, Heilongjiang 382, Schanghai 413, Jiangsu 394, Zhejiang 755, Anhui 92, Fujian 153, Jiangxi 66, Shandong 891, Henan 151, Hubei 336, Hunan 158, Guangdong 531, Guangxi 71, Hainan 15, Chongqing 111, Sichuan 359, Guizhou 97, Yunnan 52, Tibet 6, Shaanxi 117, Gansu 120, Qinghai 3, Ningxia 4 und Xinjiang 20. Neben Han-Chinesen waren es Tibeter, Uiguren, Kasachen, Mongolen sowie Chinesen aus Hongkong, Macau und Taiwan. Auch Auslandschinesen und Bürger aus folgenden fünfunddreißig Ländern waren unter den Unterzeichnern: Algerien, Irland, Australien, Österreich, Pakistan, Brasilien, Belgien, Polen, Dänemark, Deutschland, Russland, Frankreich, Finnland, Südkorea, Holland, Kanada, Kambodscha, Tschechien, Malaysia, USA, Südafrika, Nepal, Norwegen, Portugal, Japan, Schweden, Schweiz, Thailand, Spanien, Singapur, Neuseeland, Italien, Indien, England und Vietnam. Bis November 2009 haben siebzehn Unterschriftensammlungen stattgefunden mit insgesamt mehr als 10 000 Namen!

Die Bezüge zwischen der »Charta 77« und China reichten viel weiter zurück als bis in das Jahr 2008. Ich hatte schon Ende 1990 in New York dazu beigetragen, dass die Organisation Human Rights in China den Text der »Charta 77« ins Chinesische übersetzte und veröffentlichte. Die Organisation war im April 1989 mit meiner Beteiligung gegründet worden. Im folgenden Dezember kam es in der Tschechoslowakei zu der sogenannten samtenen Revolution gegen das kommunistische Regime, die unter der Führung von Václav Havel letztlich erfolgreich war. Ich hatte dem damaligen Vorsitzenden der Organisation Human Rights in China, Dr. Zheng Xinyuan, vorgeschlagen, den Text der Charta möglichst schnell ins Chinesische zu übersetzen, damit man ihn nach China bringen und dort verbreiten könnte. Er ging darauf ein. Übersetzung und Veröffentlichung erfolgten Ende 1990 und die Schrift wurde bei der nächsten Gelegenheit nach China gebracht. Im Januar 1994 traf ich Liu Xiaobo in Peking – die Charta war mein Geschenk an ihn. Er hatte sich bereits seit längerer Zeit damit vertraut gemacht und betrachtete Havel als sein geistiges Vorbild. In dieser Zeit nahm er mich oft mit, wenn er sich im Wohnheim des Instituts für Politikwissenschaft mit jungen Leuten traf, die Havels Bücher aus dem Englischen ins Chinesische übersetzen wollten. Es gab nächtelange Diskussionen über die Charta und Havels Ideen. Xiaobo ermutigte mich später, die Qualität der Übersetzungen zu überprüfen. Er hoffte, dass ich behilflich sein könnte, die Buchrechte an Havels Werken für die Dissidenten zu erwerben, damit sie möglichst bald in China publiziert werden könnten.

Während der folgenden Jahre war Liu Xiaobo beständig um diese Sache bemüht. Ich selbst habe fast zehn Jahre damit verbracht, bis schließlich sechs Bücher von Havel sowie eine Studie über sein Leben und seine Gedanken übersetzt, redigiert und veröffentlicht waren. 2003 schrieb ich in einem Vorwort zu den gesammelten Werken, die unter dem Titel *Die Macht der Ohnmächtigen* erschienen:

Das Übersetzen, das Redigieren, die Auswahl der Beiträge und die Veröffentlichung dauerten fast zehn Jahre. Was jetzt vorliegt, ist die Essenz der

Zusammenarbeit frei denkender chinesischer Intellektueller unter dem Einfluss der Ideen und Gedanken von Václav Havel.

Ende 1993 war ich nach fünfjähriger Abwesenheit zum ersten Mal wieder nach China gekommen. In Peking stellte mir Liu Xiaobo einige der Intellektuellen, die mit der Übersetzung beschäftigt waren, bei einem ihrer Arbeitstreffen vor. Dazu gehörten die Dozenten Zhang Yongjin, Wang Dongcheng, Liang Xiaoyan und andere. Sie hatten wichtige Werke Havels aus den 70er- und 80er-Jahren übersetzt, darunter auch *Briefe an Olga. Betrachtungen aus dem Gefängnis.* Havels Schriften waren durch die Zeitschrift *Tendency* und Cui Weipings Übersetzungen unter den Intellektuellen weit verbreitet. Im September 1999, als Präsident Havel mich in Prag empfing, habe ich über das große Interesse der chinesischen Intellektuellen an seinem Werk berichtet. Insbesondere erwähnte ich Liu Xiaobo, einen der »Ehrenmänner des Tian'anmen-Platzes«. Ich fügte hinzu, dass Xiaobo seine Werke genau studiert und mich überredet habe, sie zu übersetzen und herauszubringen. Natürlich haben wir auch über andere Dissidenten gesprochen. Ich glaube, dass Havel damals zum ersten Mal Xiaobos Namen hörte – er wird sich sicher noch heute daran erinnern.

Im Jahr 2006 hat Xiaobo in einem im Ausland veröffentlichten Artikel die »Charta 77« erwähnt und als Klassiker des zivilen Widerstandes gegen die Staatsmacht bezeichnet. Er schrieb:

In einem autoritären Staat kann ein offener Brief, der von einer Einzelperson oder einer Gruppe unterschrieben ist, eine scharfe Waffe der Bürger gegen die Diktatur und für die Freiheit sein. Havels offener Brief an

den Diktator Gustáv Husák und die Charta 77 sind die klassischen Do-
kumente des Widerstandes. Wird ein solcher Brief spontan auch von der
Bevölkerung unterschrieben, dann kann daraus eine große Kraft gegen die
Diktatur erwachsen.

Václav Havel erinnerte sich an die Zeit, in der die »Charta 77«
in der Tschechoslowakei bekannt gemacht wurde: »Damals
war der Wandel in der Gesellschaft bereits bemerkbar, der Prozess der Bewusstwerdung lief natürlich nur in einer sehr kleinen Gruppe ab. Die meisten Bürger erwachten erst, als größere Ereignisse eintraten. Sie gaben unrealistische Illusionen
auf und begannen, selbstständig zu denken. Sie beendeten ihr
Verharren in ihrer Verdrossenheit und wurden sich klar darüber, dass man nicht auf andere, insbesondere nicht auf die Ob-
rigkeit oder das Ausland warten könne, damit sich die Situation änderte. Sie ertrugen ihre eigene Passivität nicht mehr, sie
wollten nicht mehr nur als Beobachter gelten, sondern aktiv im
Rahmen der Möglichkeiten an der Gestaltung der Zukunft teilnehmen. Viele Leute hatten sich mit der existierenden Gesellschaft abgefunden, jetzt empfanden sie die Atmosphäre darin
als geradezu erstickend. Nachdem ihnen das bewusst geworden
war, spürten sie die gemeinsame Verantwortung, ihr Schicksal
zu ändern … Früher begab sich die Gesellschaft in eine selbst
gewählte Abkapselung, jetzt sollte dieser Käfig gesprengt werden. Den Bürgern wurde die Notwendigkeit des gegenseitigen
Helfens und Unterstützens bewusst. Die Freiheit des Individuums gewann derart an Bedeutung, dass ihre Verletzung als Verletzung der Freiheit aller Bürger in ihrer Gesamtheit empfunden wurde. Wenn die Gemeinschaft bei der Verfolgung und
Quälerei eines Einzelnen tatenlos zusieht, dann kann dieses
Los leicht auch jeden anderen treffen.«

Das entsprach genau der Situation in China, als die »Charta 08« im Entstehen war. Als sie dann auf einer ausländischen Website erschien, gab es in China ganz unterschiedliche Reaktionen. Die chinesische Regierung betrachtete die Unterzeichner als Feinde und führte landesweit Verhaftungen, Vorladungen zu Verhören, Durchsuchungen und Blockaden von Websites durch. Die Zahl der Unterschriften stieg allerdings ständig weiter. Alle Altersgruppen und Berufe waren vertreten. Diskussionen fanden auf allen Ebenen und mit allen Mitteln der elektronischen Kommunikation statt – das Interesse war unglaublich groß, wie schon seit vielen Jahren nicht mehr.

Yang Guang, einer der Unterzeichner, meinte: »Der Inhalt der Charta ist doch positiv und konstruktiv. Es ist kein einziger Satz enthalten, in dem die Regierung provoziert oder angegriffen wird. Es wird keinerlei Klage geführt oder Unzufriedenheit geäußert. Es gibt keine Drohungen, es wird wohlwollend und in guter Absicht aufgeklärt. Alles Trennende wird vermieden, alles Gemeinsame wird in den Vordergrund gestellt. Nicht Feindschaft, sondern friedliches Zusammenleben wird propagiert. Der Hass soll nicht verstärkt, nein, die Wunden sollen geheilt werden. Die Charta verbreitet keine Illusionen, sondern sieht die Dinge so, wie sie sind. Die Vergangenheit soll nicht abgetrennt, sondern die Zukunft gemeinsam gestaltet werden.«

Beide Dokumente waren zwar von Intellektuellen entwickelt und formuliert worden, fanden aber großen Anklang in allen Schichten der Gesellschaft. Die »Charta 08« übernahm wie die »Charta 77« die Menschenrechtsforderungen und verlangte im Grunde nur eine Reform des Rechtssystems innerhalb der bestehenden Gesellschaft. Trotz dieser Gemeinsamkeit gab es aber folgende Unterschiede: In China war die politische Situation durch größere staatliche Autorität und umfangreichere Kontrolle gekennzeichnet als damals in der Tschechoslowakei. Die chinesische Wirtschaft war geprägt durch jahrelanges Wachstum. Die chinesische Regierung konnte ihren Bürgern daher verschiedene kurzfristige Vorteile gewähren, um sich damit ihre stillschweigende Zustimmung zur autoritären Kontrolle zu erkaufen.

Zum Zeitpunkt des Erscheinens der »Charta 08« war die gesellschaftliche Entwicklung in China viel weiter vorangeschritten als damals in der Tschechoslowakei. Es herrschte zwar Unzufriedenheit, von einer gesellschaftlichen Krise konnte jedoch keine Rede sein. Auch wenn viele Rechte, besonders die politischen, eingeschränkt waren, gab es in der Masse der Bevölkerung keine Motivation zu einem Systemwechsel. Es ging den Leuten schließlich einigermaßen gut.

Der Kalte Krieg war inzwischen vorbei und die chinesische Regierung spielte international bereits eine nicht zu übersehende Rolle als Großmacht. Vom chinesischen Wirtschaftswachstum wollten auch die westlichen Länder profitieren, daher nahm der politische Druck in Hinblick auf innere demokratische Reformen und die Verwirklichung von Menschenrechten in China kontinuierlich ab.

In der Volksrepublik herrschen zudem andere kulturelle und gesellschaftliche Voraussetzungen als im Westen. Traditionell wird Unterdrückung durch die Herrschenden leichter akzeptiert. Die Inhalte einer solchen Charta zu verwirklichen war daher viel schwieriger als im Westen.

Die Initiatoren der »Charta 77« hatten Folgendes vereinbart: Es gab drei Sprecher, die im Namen aller Unterzeichner verantwortlich sprachen und handelten. Sollte einer von ihnen verhaftet werden, trat der Nächste automatisch an seine Stelle. Die Charta diente als Fundament einer Bürgerbewegung. Deren Auseinandersetzung mit der herrschenden Macht war dauerhaft, ihre Widerstandskraft stark. Die »Charta 08« hingegen enthielt keine konkreten Handlungsanweisungen. Es existierten kein Büro und keine Organisation. Nach der Verhaftung der Initiatoren gab es daher keine Personen oder Gremien, die Gegenmaßnahmen ergreifen konnten. Schon aus diesen Gründen konnte die »Charta 08« selbst keine dauerhafte Bewegung darstellen.

Liu Xiaobo, der jetzt noch im Gefängnis sitzt, und Zhang Zuhua, der sich wieder in Freiheit befindet, sowie alle anderen Unterzeichner werden genug Zeit haben, darüber nachzudenken.

28

DIE SCHLINGE ZIEHT SICH ZU

Liu Xiaobo hat sein Leben der vergangenen Jahre einmal so zusammengefasst:

Ich lebe in einem real existierenden Gefängnis mit hohen Mauern, meine Frau in einem unsichtbaren, aber angsterfüllten, dem Gefängnis ihres Herzens. Die Angst vor der Macht des Polizeistaates verfolgt sie wie ihr eigener Schatten. Nachdem man mich im Oktober 1996 in die Umerziehungsanstalt in Dalian gebracht hatte, war vor dem Zugang zu der Gasse, in der wir wohnten, eine weitere Kontrollstelle eingerichtet worden. Das geschah ganz öffentlich, ohne jede Heimlichkeit – nur um meine Frau besser überwachen zu können.

Jedes Mal, wenn ich mein kleines Gefängnis verließ, tauchte ich sofort in das unsichtbare große Gefängnis der Gesellschaft ein.

Ich wurde meiner Meinungsfreiheit beraubt, meine Schriften durften in China nicht mehr veröffentlicht werden.

Mein Recht auf freien Briefverkehr wurde eingeschränkt und zensiert. Mein Telefon wurde abgehört, mein Internetanschluss kontrolliert. Manchmal wurde beides einfach abgeschaltet.

Meine Bewegungs- und Handlungsfreiheit waren begrenzt. Während vieler Jahre stand mein Leben unter Polizeikontrolle. Egal, wo ich hinging, ich wurde verfolgt. Zwischendurch erhielt ich Hausarrest oder wurde bei der Polizei vorgeladen. Am 3. Dezember 2004 hat man sogar meine Wohnung durchsucht.

Zu verschiedenen Jahrestagen wurden diese Maßnahmen auch auf meine Frau ausgedehnt. Und das geschah mehrmals im Jahr. Während der Dauer meines Hausarrestes wurde sie bei jedem Gang, ob zum Supermarkt oder zu ihren Eltern, überwacht.

Jedes Mal, wenn ich oder meine Frau oder wir beide zusammen Peking verlassen, werden wir von Polizisten zum Zug begleitet. Und an den Orten, die wir aufsuchen, kümmert sich die örtliche Polizei um uns und folgt uns überallhin.

Die Polizisten kommen sogar oft zu uns. Nur, um sich mit uns zu unterhalten.

Am 8. Dezember 2008 hat die Polizei auf Anordnung der Parteiführung um elf Uhr gleichzeitig bei den beiden Verfassern der Charta Durchsuchungen und Verhaftungen durchgeführt. Dadurch sollte die Veröffentlichung dieses wichtigen Papieres verhindert werden.

Zu jener Zeit haben Liu Xiabo und Liu Xia gerade zu Hause gearbeitet. Er war mit der Korrektur beschäftigt, als heftig an die Wohnungstür im Gebäude der Bank of China, Eingang 1, Wohnung Nr. 502, in Qixiancun im Bezirk Haidian geklopft wurde. Noch während Xiaobo aufstand, um die Tür zu öffnen, bat er Liu Xia, mit seinem Mobiltelefon einen Freund anzurufen. Offenbar ahnte er schon etwas. Was Xiaobo allerdings nicht bedachte: Liu Xia wusste gar nicht, wie man dieses Telefon bedienen musste. Er öffnete und wurde sofort von etwa zehn Polizisten umringt, die versuchten, ihn aus der Wohnung zu drängen. Ausweise wurden nicht gezeigt. Weitere Polizisten kamen hinzu und durchsuchten bis zum nächsten Mittag die Wohnung. Liu Xia konnte kein Auge zumachen – sie musste zusehen, wie die Beamten die Wohnung auf den Kopf stellten. Zwei Laptops und ein weiterer Computer wurden mitgenommen, dazu Ausdrucke der Charta, die aber noch keine endgültigen Fassungen darstellten. In diesen Jahren waren Durchsuchungen sehr häufig. Danach sah die Wohnung stets wie ein Schlachtfeld aus.

Bei der Durchsuchung fiel einem Polizisten eine kleine Schachtel mit Sparbüchern auf. Er machte eine erstaunte Armbewegung auf Liu Xia zu und fragte: »Wieso liegen bei euch die Sparbücher einfach so herum?« Sie antwortete: »Wir haben keinen Safe. Wir werden doch von euch gut beschützt. Hier traut sich kein Dieb hinein. Deswegen liegen die Bücher so offen herum.« Der Polizist fragte weiter: »Habt ihr nur so wenig Geld?« »Wieso wenig, das reicht doch für mehrere Jahre,« antwortete Xiaobos Frau verwundert.

Zum gleichen Zeitpunkt wurde die nicht weit entfernte Wohnung von Zhang Zuhua auf die gleiche Weise heimgesucht. Es klopfte zunächst heftig an der Tür. Die Frau fragte, wer da sei, und als sie durch das Guckloch in der Tür blickte, sah sie, dass der ganze Flur mit Polizisten vollgestopft war. Als Zhang Zuhua die Tür öffnete, drangen etwa zehn Beamte ein. Es wurden sogar Fotos gemacht. Zhang fragte nach den Dienstausweisen und nur einer, der wie ein leitender Beamter aussah, zeigte seinen Ausweis. Es war Jiang Qingjie vom Polizeipräsidium Peking. Zwei Beamte wedelten mit einer schriftlichen Vorladung zum Verhör sowie einem Durchsuchungsbefehl für die Wohnung. Auf der Vorladung war »Mutmaßliche Volksverhetzung und Untergrabung der Staatsmacht« als Grund angegeben. Zhang Zuhua unterschrieb in völliger Ruhe, bestand aber darauf, dass seine Frau eine Kopie behalten könne. Das jedoch wurde mit der Begründung abgelehnt, die Schriftstücke müssten zu den Akten genommen werden.

Zhang Zuhua ergriff eine Jacke, nahm auf Anordnung hin seinen Ausweis und sein Handy und ging mit den Beamten aus dem Haus. Zum Abschied beruhigte er seine Frau mit den Worten: »Mach dir keine Sorgen, das ist nichts.«
Unten, vor dem Haus, standen mehrere Autos, er stieg in eines ein und sah sich in dem Wagen von vier Polizisten umgeben. Nach kurzer Fahrt erreichten sie die Polizeistation in der Wanshou-Straße, wo er in einen Besprechungsraum geführt wurde.

Er erinnerte sich später an einen großen ovalen Tisch. Ihm wurde der Platz gegenüber der Tür angewiesen. Auf der anderen Seite saßen sechs Polizisten in zwei Reihen. Kommissar Jiang begann das Verhör mit der Frage nach den Personalien und dann kam er ohne Umweg zur Sache.
»Weißt du, warum wir dich vorgeladen haben?«
»Wie soll ich das wissen, ihr habt mich doch mitgenommen!«
»Hast du etwas von der ›Charta 08‹ gehört?«
»Ja.«
»Hast du das verfasst?« Er zeigte ihm den Text. Zhang Zuhua nahm das Papier in die Hand, überflog es und sagte dann:

»Ich habe an dem Entwurf mitgearbeitet, aber nicht alles geschrieben.«

»Welche Teile stammen denn von dir?«

»Die Teile, die mit Freiheit, Demokratie, Menschenrechten,
Rechtssystemen, Regierungsformen, Verfassung und mit Föderalismus zu tun haben. Außerdem war ich auch am Hauptteil beteiligt. Ich habe an Textkorrekturen und Verbesserungen mitgearbeitet.«

»Wer hat denn sonst noch mitgewirkt?«

»Das weiß ich nicht. Ihr habt euch doch schon seit so vielen
Jahren mit mir beschäftigt. Ihr kennt mich doch − ich beantworte nur die Fragen, die mich betreffen. Was die anderen an-
geht, da weiß ich nichts. Ich beantworte solche Fragen nicht.«

»Was waren denn Motivation und Ziel dieser Charta, warum
macht ihr so etwas?«

»Ich kann nur für mich sprechen. Mein Wunsch war es, eine
Diskussion über Menschenrechte, Demokratie, Rechtssysteme
und Regierungsformen in Gang zu bringen. Es ist mir weiter
wichtig, die Stimmen der einfachen Bürger zu hören und als
Vorschläge zur Gestaltung der Zukunft Chinas weiterzugeben.
Was ist daran falsch? Verstößt das gegen irgendeines der gel-
tenden Gesetze? Muss das zu solchen Reaktionen führen?«

Der Kommissar antwortete nicht, daher fuhr Zhang Zuhua
fort:

»Obwohl ich nur an einigen Teilen mitgearbeitet habe, bin ich
mit allem einverstanden und übernehme die Verantwortung.
Falls ich dafür ins Gefängnis gehen muss, bereue ich das nicht.«

Gegen drei Uhr morgens wurde das vierstündige Verhör
durch einen Telefonanruf für Kommissar Jiang unterbrochen.

Er kam nach einer halben Stunde zurück und ließ Zhang Zuhua von einem jungen Polizisten das Protokoll zeigen. Er las
es durch und korrigierte zwei Stellen. Die Änderungen wurden aufgenommen, er unterschrieb und siegelte mit seinem
Fingerabdruck. Der gesamte Vorgang wurde von einer Kamera festgehalten.

Gegen elf Uhr wurde Zhang Zuhua von Kommissar Jiang in
Begleitung von zwei Polizisten in seine Wohnung zurückge-
bracht.

Während des nächtlichen Verhörs war seine Wohnung von
elf Polizisten gründlich durchsucht worden. Bücher, schriftliches Material, Adressbücher und sämtliche Visitenkarten von
Freunden und Bekannten wurden mitgenommen. Die meisten der konfiszierten Bücher hatten etwas mit den Vorgängen
des 4. Juni zu tun. Vier Laptops, 47 CDs und Bargeld im Wert
von 50 000 RMB, was in etwa 7500 US-Dollar entspricht,
dazu 5600 US-Dollar, 5300 Hongkong-Dollar, fünf Kredit-
karten und fünf Sparbücher wurden ebenfalls mitgenommen.
Der Familie wurden 10 000 RMB, also vielleicht 1500 Dollar,
zur Verfügung zurückgelassen.

Liu Xia war grundsätzlich pessimistisch, sie rechnete stets
mit dem Schlimmsten. Seit sich ihr Mann mit der Charta beschäftigte, sagte sie oft: »Pass auf, die Polizei wird dich irgendwann verhaften.« Er glaubte ihr nicht. Später sagte sie einem
Freund: »Ich hatte seit Jahren ständig damit gerechnet, dass
der zweite Schuh herunterfällt. Jetzt ist es eingetroffen – jetzt
muss ich nicht mehr warten.« Sie benutzte einen chinesischen
Ausdruck, der andeutete, dass man noch auf etwas wartete.

Die »Charta 08« sollte eigentlich am 10. Dezember, dem sechzigsten Jahrestag der Veröffentlichung der »Allgemeinen Erklärung der Menschenrechte«, erscheinen. Die chinesische Regierung verhaftete aber die beiden Verfasser zwei Tage davor, um genau das zu verhindern. Der offizielle Grund, Liu Xiaobo zu verhaften und an einem geheimen Ort unter »Hausarrest« zu stellen, war der Vorwurf der »Mutmaßlichen Volksverhetzung und Untergrabung der Staatsmacht«. Nach chinesischem Recht wird ein Hausarrest eigentlich in der Wohnung des Betroffenen durchgeführt, in Liu Xiaobos Fall aber wurde das anders geregelt. Seine Frau erfuhr den Aufenthaltsort Xiaobos nicht und war daher sehr besorgt.

Der wichtigste Grund für die Verhaftung waren aber wohl die Ermittlungen im Vorfeld des 20. Jahrestages des 4. Juni 1989 im folgenden Sommer. Beim Abhören des Telefons von Liu Xiaobo hatte die Polizei erfahren, dass er am zwanzigsten Gedenktag eine Reihe von Veranstaltungen geplant hatte. Wenn man ihn aus dem Verkehr ziehen würde, dann wären alle diese Aktivitäten mit einem Schlag erledigt.

Nach chinesischem Recht darf ein Hausarrest nicht länger als sechs Monate dauern. In Xiaobos Fall begann der Arrest mit der Festnahme am 8. Dezember 2008. Nach Aussage seines Anwalts, Mo Shaoping, entsprach dieses Verfahren jedoch nicht der Gesetzgebung. Seine Ausführungen sind hier wiedergegeben:

1. Auf dem Haftbefehl, der bei Liu Xiaobos Festnahme vorgelegt worden war, gab es keine Angabe über einen Tatbestand. Das ist offensichtlich rechtswidrig, denn bei der Einschränkung der Freiheit eines Bürgers muss ein Grund ausgewiesen werden.

2. *Nach dem entsprechenden Paragrafen muss ein Hausarrest in der Wohnung des Betroffenen durchgeführt werden. Er wurde aber von der Polizei an einen anderen Ort gebracht. Das war geradezu eine Entführung und damit verboten.*

3. *Der Betroffene darf nach geltendem Recht seine Familienangehörigen und seinen Anwalt jederzeit treffen. Das war in Liu Xiaobos Fall nicht erlaubt.*

Am 1. Januar 2009 durfte Liu Xia ihren Mann zum ersten Mal besuchen. Er schilderte ihr an diesem geheim gehaltenen Ort, wie sein Leben dort ablief: »Das Zimmer, in dem ich mich aufhalten muss, hat kein eigenes Fenster, ein kleines gibt es lediglich im Badezimmer. Ich darf das Zimmer nicht verlassen und bin daher sehr bedrückt.«

Am 6. Januar 2009, gegen elf Uhr, haben der ehemalige Präsident der Tschechoslowakei, Václav Havel, und zwei weitere Verfasser der »Charta 77«, Pavel Landovský und der Bischof von Prag, Václav Malý, die chinesische Botschaft in Prag aufgesucht und einen offenen Brief an Staatspräsident Hu Jintao überreicht. Darin wurde betont, dass der Staatspräsident die politische Verantwortung für die Verhaftung und Verurteilung von Herrn Liu Xiaobo und die sich ergebenden Konsequenzen werde tragen müssen. Genau 32 Jahre zuvor, am 6. Januar 1977, waren der Dramaturg Václav Havel, der Schauspieler Pavel Landovský sowie der Schriftsteller Ludvík Vaculík wegen des Verfassens der »Charta 77« und einer Unterschriftensammlung von der Polizei verhaftet und nach den gleichen Tatbeständen wie im Fall Liu Xiaobo verurteilt worden. Zur Überreichung des offenen Briefes hatten sie genau diesen Tag ausgewählt und klar zum Ausdruck gebracht: »Bitte nehmen Sie zur Kenntnis, dass wir mit großer Aufmerksamkeit das Schicksal von Liu Xiaobo und den anderen Unterzeichnern der »Charta 08« verfolgen werden. Wir werden uns mit vielen Unterzeichnern unserer damaligen Charta aus der Republik Tschechien und aus der Slowakischen Republik dauerhaft um die Freilassung bemühen und die internationale Aufmerksamkeit auf das Schicksal der Inhaftierten lenken.«

Man ließ die Bittsteller einfach vor der Botschaftstür stehen und nahm den Brief nicht einmal entgegen. Auf den Bildern der tschechischen Nachrichtenagentur ist deutlich zu sehen, dass Havel das Dokument dann in den Briefkasten der Botschaft gesteckt hat.

Nachdem Liu Xia diesen Brief im Internet gelesen hatte, schrieb sie umgehend an die Autoren:

Sehr geehrter Herr Havel, sehr geehrter Herr Landovský, sehr geehrter Herr Bischof Malý, ich habe im Internet den Text Ihres Briefes an den Staatspräsidenten Hu Jintao gelesen. Ich weiß, dass Sie seit Langem das Schicksal von Liu Xiaobo und anderen Unterzeichnern der »Charta 08« verfolgen und diese Personen unterstützen. Die Freunde meines Mannes leisten auf verschiedene Art und Weise Widerstand. Sie wissen selbst, wie schwierig so etwas in einem Land ohne Freiheit ist. Ich habe keinerlei Hoffnung mehr, dass die chinesische Regierung ein faires und öffentliches Verfahren durchführen und ein gerechtes Urteil zulassen wird. In keiner Zeitung oder irgendeinem Buch ist sein Name noch zu finden. Seit zwanzig Jahren ist sein Name bereits getilgt. Alle Bereiche unseres täglichen Lebens werden überwacht, wir werden ununterbrochen abgehört, belästigt und verfolgt. Mein Mann und ich führen ein geradezu kafkaeskes Leben.

Jetzt schneit es sowohl in Peking wie in Prag. Sie und Ihr Brief sind für mich wie ein Stapel wärmebringendes Brennholz in dieser kalten Jahreszeit. Ich danke Ihnen von ganzem Herzen und liebe Sie.
Unterzeichnet von Liu Xia in Peking am 7. Januar 2009.

Am 20. März 2009 besuchte Liu Xia ihren Mann und brachte ihm ein paar Bücher und andere Dinge mit, die er in der Gefangenschaft brauchen konnte. Später berichtete sie, dass es ihm während des Hausarrests einigermaßen gut ginge – körperlich wie seelisch. Er werde ein- oder zweimal im Monat verhört, er habe einen Fernseher und dürfe sogar Romane lesen.

Am 14. April 2009 schrieb sie einen Artikel für die *Washington Post*. Darin bat sie Präsident Barack Obama, er möge sich bei der chinesischen Regierung für die Freilassung ihres Mannes einsetzen.

Sie schrieb:
Ich fürchte, dass die chinesische Regierung meinen Mann wegen »Volksverhetzung und Untergrabung der Staatsmacht« verurteilen lassen wird. Einem politischen Gefangenen mit dieser Anschuldigung droht eine sehr hohe Freiheitsstrafe. Inzwischen sind fast alle der Unterzeichner der Charta von der Polizei verhört worden. Es ging überwiegend darum, Beweise für die Schuld meines Mannes zu sammeln. Man wird einen Menschen hinrichten wollen, um Hunderte abzuschrecken, wie man bei uns sagt. Die chinesische Regierung wird keine Gegenmeinung dulden.

Am 23. Juni 2009 gaben das Polizeipräsidium Peking und die Volksstaatsanwaltschaft die Verhaftung von Liu Xiaobo offiziell bekannt und erhoben Anklage. Die Anschuldigung lautete wie erwartet auf »Mutmaßliche Volksverhetzung und Untergrabung der Staatsmacht«. Der Angeklagte wurde von dem geheimen Arrestort in das Gefängnis Nr. 1 des Polizeipräsidiums Peking in Dougezhuang im Bezirk Chaoyang verlegt.

Am 26. Juni, nach siebenmonatigem Hausarrest, durfte er zum ersten Mal mit seinen beiden Anwälten, Shang Baojun und Ding Xikui, zusammentreffen. Da sein alter Anwalt, Mo Shaoping, selbst ein Unterzeichner der Charta war, wurde dieser ausgeschlossen. Am Nachmittag gegen 14.30 Uhr erledigten die Anwälte die Eintrittsformalitäten und trafen dann ihren Mandanten. Sie hatten 30 Minuten – in Gegenwart eines Polizisten ...

29

EINE GROSSE LIEBE

Liu Xia begann mit 20 Jahren, Gedichte zu schreiben. Dabei gehörte sie nicht zu den sogenannten Untergrundschriftstellern, sondern konnte ihre Werke in den offiziell anerkannten Magazinen veröffentlichen. Liu Xiaobo und Liu Xia haben einander bei einem Freundestisch in der Kantine der Zentrale der Chinesischen Volks-Nationalbank in Peking zum ersten Mal getroffen und sich über ihre gemeinsame Hingabe für Literatur kennen und lieben gelernt.

Nach ihrem Oberschulabschluss kam Liu Xia durch Beziehungen ihres Vaters in den Nationalen Finanzverlag, der zur Nationalbank gehört. Ihr damaliger Freund Wu Bin, der dann ihr erster Mann wurde, arbeitete im selben Verlag und galt auch als Romanschriftsteller. Zou Jinyue indes, ein Dichterfreund von Liu Xia, war Kommilitone von Liu Xiaobo an der Pädagogischen Universität. Heute ist er Generaldirektor des Beijing Rentian Bookstores, damals arbeitete er noch bei der Nationalen Volksversicherung. Alle diese Arbeitsstätten lagen in enger Nachbarschaft, deshalb ging man zu Mittag in derselben Kantine zusammen essen. Zou Jinyue bat eines Tages Liu Xiaobo dazu und bei diesem Essen sah er Liu Xia zum ersten Mal.

1984 heiratete Liu Xia ihren Freund Wu Bin und 1985 bekam das junge Paar von seiner Arbeitseinheit eine Zweizimmerwohnung im Ulmenpaar-Viertel zugewiesen. Xiaobo und ich gingen bei Wun Bin und Liu Xia ein und aus. Wu Bin kam später zur Literaturzeitschrift *China* und war dort für die Veröffentlichung von Gedichten zuständig. Deshalb hatte ich oft mit ihm Kontakt – außerdem lag meine Wohnung im Lehrerwohngebäude der Industriefachschule Peking sehr nahe bei dem Viertel. Xiaobo und ich hatten über die Literatur und auch privat regen Kontakt mit Wu Bin und Liu Xia, die beiden führten ein gastfreundliches Haus, in dem ständig Freunde auf Besuch kamen.

Damals wurde Liu Xiaobo in Literaturwissenschaftlerkreisen gerade als neu entdecktes »Dark Horse« gefeiert, als zwar noch unbekannter, aber vielversprechender Newcomer. In der erwähnten Zeitschrift *China* veröffentlichte er mehrere Essays, die sich kritisch mit der aktuellen Literatur und Philosophie auseinandersetzten. Xiaobo wurde immer berühmter und war stets von hübschen Mädchen umgeben. Das galt noch mehr für die Zeit der Protestbewegung auf dem Platz des Himmlischen Friedens. Später gab der über 50-jährige Liu Xiaobo seinem großen Schüler, dem oppositionellen Schriftsteller Yu Jie, auf seine neugierige Frage nach seinen früheren amourösen Abenteuern eine etwas gewundene, »ästhetische« Antwort: »Ich hatte damals ein starkes Verlangen, unter tausenden Frauen nach einer ungewöhnlichen Schönheit zu suchen.«

In dem Gedicht »2. Juni 1989 – für Xiaobo« hat Liu Xia geschildert, wie sie damals auf dem Platz lauschte, als Liu Xiaobo das »Hungerstreik-Manifest vom 2. Juni« und seine feurige Rede vortrug:

Ich sah mit den Massen zu dir auf,
das war sehr ermüdend.

Im Januar 1991 wurde Xiaobo aus dem Gefängnis Qincheng entlassen. Genau in dieser Zeit erlebte die Ehekrise zwischen Wu Bin und Liu Xia ihren Höhepunkt und die beiden ließen sich scheiden. Da Xiaobo ein naher alter Freund der beiden war, kamen sich Liu Xia und Xiaobo über Gedichte näher, die sie einander widmeten. Wann das begann, kann ich heute leider nicht mehr genau sagen.

In einem Interview mit Zhang Min von Radio Free Asia sagte Xiaobo:
»Als ich Liu Xia kennenlernte, war sie Redakteurin im Nationalen Finanzverlag. Später kam sie ins Nationale Steuerbemessungsamt. 1993 ließ sie sich scheiden, reiste allein nach Tibet und blieb dort drei Monate.«
Nach ihrer Rückkehr jedenfalls kündigte Liu Xia ihren Job. Sie schrieb weiter Gedichte, außerdem malte und fotografierte sie. Mit den staatlichen Arbeitseinheiten wollte sie nichts mehr zu tun haben.

Liu Xia wurde am 1. April 1961 geboren. Der 1. April ist auch in China als »Narrentag« bekannt – so, wie man mittlerweile weltweit Halloween und den Valentinstag als Brauch begeht. Einmal sagte sie, sie sei zwar am Tag der Dummköpfe geboren, aber Xiaobo sei eigentlich der Schwachsinnige unter ihnen –

weil er sich immer wieder mit der KP anlegen musste, obwohl er genau wusste, wozu das führte. Später wurde »Dummkopf« zu einem Spitznamen für Xiaobo.

Sie war von klein auf ein schwieriges Kind. In den 80er-Jahren versuchten fast alle jungen Leute, endlich an die Universität zu kommen; die Oberschülerin Liu Xia jedoch las den ganzen Tag Romane und Gedichte, gab keine Hausaufgaben ab und erschien nur sporadisch zum Unterricht. Deshalb schloss sie gerade noch die Mittelschule ab und konnte sich nicht für ein Universitätsstudium qualifizieren. Doch sie hatte Glück, denn durch die Beziehungen ihres Vaters bekam sie direkt einen Job beim Nationalen Finanzverlag.

Im Mai 1993 endete Liu Xiaobos fünfmonatiger Gastaufenthalt an der Australian National University. Anfang Juni flog er zurück nach Peking. Nicht lange danach zog er schon bei Liu Xia ein. Ihre Eltern waren sehr aufgeschlossen und mochten Xiaobo vom ersten Moment an. Im Grunde behandelten sie ihn wie ihren eigenen Sohn. Sie kannten das Temperament ihrer Tochter und respektierten ohne Widerworte ihre Entscheidung, eine langfristige Beziehung mit einem derart »gefährlichen Menschen« einzugehen. Auch Liu Xias jüngerer Bruder Liu Hui und Xiaobo verstanden sich wie Brüder – insgesamt fühlte sich Xiaobo in Liu Xias Familie noch besser aufgehoben als in seiner eigenen. Liu Xia sagte einmal lächelnd: »Meine Eltern sagten ihm, ihre beiden Kinder seien beide sehr faul und hätten es deshalb nicht auf die Uni geschafft, aber die Tochter habe dann gleich einen Professor aufgegabelt, und zwar den berühmtesten Literatur- und Philosophieprofessor Chinas – und das sei eine große Ehre!«

Wenn jemand Liu Xia über ihr Zusammenleben mit einem »politischen Verbrecher aus den Unruhen vom 4. Juni« Fragen stellte, antwortete sie: »Wir sind einfach zwei Leute, die sich miteinander sehr wohl fühlen.« Und es galt ja noch die Aussage des weisen Konfuzius: »Mit vierzig hatte ich keine Zweifel mehr.«

Zum Frühlingsfest Anfang 1996 war die Hochzeit des damals 40-jährigen Liu Xiaobo mit der 35-jährigen Liu Xia festgesetzt. Xiaobos Eltern reisten eigens aus dem Nordosten nach Peking, um Liu Xias Eltern kennenzulernen. Aber wie an anderer Stelle bereits erwähnt, gab es ein Problem mit Xiaobos Papieren, weil er nach seinem Gefängnisaufenthalt nirgendwo fest registriert war. Aus diesem Grund konnte den beiden keine Heiratsurkunde ausgestellt werden. Ein halbes Jahr danach wurde Liu Xiaobo ohne Prozess für drei Jahre ins Arbeitslager nach Dalian geschickt – ganz in der Nähe seiner Eltern. Erst 1998 bekamen Liu Xia und Liu Xiaobo endlich eine Heiratsurkunde, indem sie ein weiteres Mal Hochzeit feierten – im Umerziehungslager von Dalian.

Im Sommer 1996 hatte Liu Xiaobo für seine Frau eine einmonatige Reise nach New York und Boston organisiert. Sie fuhr alleine dorthin und wohnte in New York bei Xiaobos Freund Chen Jun. In Boston kam sie bei Gao Xin im Bezirk Cambridge unter. Während dieses Monats besuchte sie zudem mehrere Orte an der Ostküste. Nach dem Rückflug empfing Xiaobo sie am Flughafen mit einem großen Blumenstrauß. Später sagte Liu Xia, sie würde nie vergessen, wie sie aus dem Flugzeug kommend in die Halle trat und Xiaobo mit einem riesigen Blumengebinde erblickte. Er schien lange gewartet zu haben, denn die Blüten waren bereits etwas matt geworden. Sie erinnerte sich auch noch deutlich an die Umarmung. Zu Hause angekommen, wurde ihre Überraschung noch übertroffen, die Wohnung sah aus wie ein Blumengeschäft.

Die beiden Eheleute waren Nachtmenschen. Sie arbeiteten häufig bis in die frühen Morgenstunden und schliefen dafür tagsüber. Zum Abendessen wurden sie meist von Freunden eingeladen – das dauerte dann nicht selten bis nach 22 Uhr. Zu Hause angekommen, bereitete Xiaobo einen Tee, erledigte noch ein paar Anrufe und setzte sich danach erst zur eigentlichen Arbeit an seinen Computer. Liu Xia zog sich zu ihren Malereien oder fotografischen Arbeiten in ihr kleines Arbeitszimmer zurück. Jeder hatte seinen Bereich, sie störten sich gegenseitig nicht. Einen Fernseher gab es zwar, der blieb aber fast immer unbenutzt, außer es wurde ein Fußballspiel übertragen. Dann musste auch die Literatur ruhen, denn Xiaobo ist ein großer Fußballfan.

Seit dem Jahr 1997 hatte sich Liu Xia für Fotografie interessiert. Sie erlernte diese Kunst regelrecht und Xiaobo war sehr von ihren raschen Fortschritten überrascht. Als sie sich kennenlernten, war sie nicht einmal in der Lage gewesen, eine einfache Kamera zu bedienen, und nun entstand da etwas Besonderes. Von ihrer neuen Passion erfuhr er, als er bereits im Gefängnis war. Dort besuchte sie ihn einmal im Monat. Die Fahrt ging über eine Distanz von 1000 Kilometern und sie schrieb einmal darüber:

Der Mondkalender bestimmt den Termin für das Geisterfest.
Der Fluss ist dann bedeckt mit Papierschiffchen, die Lichter tragen.
Sie sollen den Seelen der Toten den Weg zeigen.
Wo aber bist du, wann wirst du zurückkommen?

Auf dem Weg zum Lager rattern die Räder des Zuges.
Sie zermahlen meinen kraftlosen Körper.
Ich versuche, deine Hände zu greifen.
Ich sehe sie vor mir, doch sie weichen zurück.

Eindringliche Zeilen von einer starken Frau, die Liu Xiaobo völlig veränderte. Er war ein anderer Mensch geworden Auch einer, der sich nicht mehr nach jeder Frau umdrehte. Yu Jie, ein Freund, meinte dazu: »Im Freundeskreis sagte Xiaobo einmal, er sei der zweitbeste Ehemann. Keiner wagte, etwas zu entgegnen oder sich selbst vor Liu Xiaobo zu stellen. Denn der erste Rang gebührte natürlich ihm.« Und er war tatsächlich ein guter Partner. Einer, der aus einem Restaurant zu Hause anrief, um seiner Frau zu sagen, dass er ihr eine Portion von der feinen Mahlzeit mitbringen wird.

Im Grunde hielt er Liu Xia für ein kleines, unerfahrenes Kind. Wenn sie über die Straße gingen, ergriff er ihre Hand – von Handy und Internet schirmte er sie völlig ab, weil er glaubte, dass dies alles zu kompliziert für sie sei. Sie lernte den Umgang damit erst in der Zeit, als er im Gefängnis saß. Aber in der Tat war sie im Alltag geradezu phlegmatisch. Beim Essen legte sie stets als Letzte die Stäbchen beiseite. Sie liebte das langsame Leben, war geduldig und ausdauernd.

Liu Xia konnte gut nach westlichen Rezepten kochen und hatte viele ausländische Gewürze in ihrer Küche. Das kam ihm sehr entgegen, denn er gehörte zu den wenigen Chinesen, die die westliche Küche liebten. Auf Reisen aß er sogar häufig bei McDonald's. Zu Hause indes ging es kultivierter zu, wenn sie ihm sogar französische oder italienische Gerichte auftischte.

Am 28. Februar 2010 gab Liu Xia einem Journalisten von Radio France ein Interview. Sie sagte: »Am Anfang entstand unsere Zuneigung durch die gemeinsame Liebe zur Literatur. Wir lasen Kafka und Dostojewski. Er schätzte neben meiner Kochkunst aber auch das, was ich selbst schrieb. Beim Essen bevorzugte er Fleischgerichte, die es im Gefängnis sicher nicht gibt. Seit er dort ist, bin ich als Köchin arbeitslos.«

Am 24. Dezember 2009, am Heiligen Abend, war es in Peking bereits sehr kalt. Die Temperatur lag bei minus sieben Grad. In vier Tagen würde Liu Xiaobo 54 Jahre alt werden. Die tibetische Schriftstellerin Woeser (Wei Se) hatte Liu Xia am 24. besucht und war über Nacht geblieben, da am kommenden Tag das Verfahren gegen Xiaobo vor dem Volksgericht Mittlere Ebene Peking eröffnet werden würde. Woeser erinnerte sich an diese Tage: »Als ich mit Liu Xia am Heiligen Abend zusammen war, machte ich mir noch Illusionen über die Haltung der Regierung.« Liu Xia darauf: »Wenn sie mich zu ihm lassen, dann heißt das doch nur, dass er nicht zurückkommen wird. Ich bin schon damit zufrieden, dass ich ihn sehen kann.«

Vom Tag ihrer Heirat an musste Liu Xia stets damit rechnen, dass sie eine Zeit lang getrennt sein würden. Und so war es auch im Jahr 2008. Xiaobo wurde am 8. Dezember verhaftet. An diesem Tag begann Liu Xia, sich auf einen Zeitraum von zehn Jahren vorzubereiten. Am Ende wurden es jedoch elf Jahre. Den westlichen Medien sagte sie: »Schon ein einziger Tag ist zu viel – elf Jahre sind einfach ungeheuerlich. Das ist ein Skandal.«

Woeser fragte, wie sie diese Zeit verbringen werde, mit der Malerei vielleicht? Konnte man denn tatsächlich elf Jahre lang malen, schreiben und lesen? Obwohl die Frage eigentlich nicht wörtlich gemeint sein konnte, antwortete Liu Xia: »Ja, ich werde malen, ich habe schon Bilderrahmen vorbereitet, jetzt muss ich mich aber erst einmal um das Verfahren kümmern.«

Am 25. Dezember 2009 ging Liu Xia zum Volksgericht, um das Urteil zu hören. An diesem Tag hatte es in Peking minus 7 Grad Celsius. Sie trug eine schwarze Daunenjacke, eine schwarze Wollmütze und ein großes schwarz-weißes Tuch. Vor dem Eingang wurde sie von mehreren ausländischen Journalisten angesprochen. Den Medien gegenüber war sie oft sehr ungeschickt. So erzählte sie immer wieder unwichtige Dinge aus ihrem gemeinsamen Leben, zum Beispiel, wie er sie an der Hand über eine Straße führte. Im Gerichtssaal sah sie ihn nur aus der Ferne. Die beiden blickten sich lächelnd an, um nicht noch mehr Leid aufzutürmen. Erst später brach sie bei ihrer Rückkehr in ihre Wohnung völlig zusammen.

Das sehr harte Urteil von elf Jahren Haft war vom Ständigen Ausschuss des Politbüros der Kommunistischen Partei gebilligt worden. Nach der Verkündigung durften sich die beiden Eheleute, die sich schon neun Monate nicht mehr gesehen hatten, für zehn Minuten treffen. Über diese zehn Minuten berichtet sie: »Er lächelte mich an und ich erwiderte sein Lächeln. Er sprach von einer Berufung. Ich stimmte dem zu. Er sagte, ich solle es mir draußen gut gehen lassen. Er solle ebenso gut auf sich aufpassen und sich keine Sorgen um mich machen. Das war alles, was ich sagen konnte.«

Beim Verlassen des Gebäudes war Liu Xia den Journalisten gegenüber sehr gefasst. Sie war froh, die Haltung im Gerichtssaal nicht verloren zu haben. »Elf Jahre! Wenn er das durchhält, dann schaffe ich das auch.« Ein Polizeiwagen brachte sie nach Hause.

Anderen gegenüber war Liu Xia stets sehr ruhig. Sie hielt ihre Tränen zurück. Ihre Zeit verbrachte sie mit Malerei, dem Schreiben von Gedichten und Briefen. Weiter illustrierte sie Xiaobos Verse und machte Aufnahmen von ihrer gemeinsamen Wohnung. Sie wollte ihm die Möglichkeit geben, sich ein Bild von ihrem jetzigen Dasein zu machen. Wenn er nach der langen Zeit nach Hause kommen würde, sollte er wissen, dass ihr Leben nicht nur aus Gedanken an ihn, sondern auch aus eigener Kreativität bestanden hatte. Als sie jedoch mit ihrer Freundin Woeser darüber sprach, verlor sie die Fassung. Die Tränen schossen ihr aus den Augen. Liu Xia entschuldigte sich mit den Worten: »Ich weine eigentlich selten.« Sie hatte sich immer für sehr zerbrechlich gehalten, ansehen konnte man ihr das aber nicht. Wang Lixiong, dem Ehemann von Woeser, sagte sie einmal nach der Verurteilung, die ständige Kontrolle über ihr Gesicht und die Notwendigkeit, stets einen gefassten Ausdruck zu zeigen, hätten sie sehr müde gemacht.

Liu Xiaobo sagte oft: »Der Widerstand gegen die Kommunistische Partei ist eigentlich ein Geduldsspiel – wer dabei zu hastig ist, verliert.« Am 23. Januar 2010 fand ein langes Interview mit Radio Free Asia statt, Liu Xia sagte der Journalistin Bei Ming: »Im Jahr 2004 sind Polizisten zu uns gekommen, sie durchsuchten unsere Wohnung und nahmen Xiaobo mit. Zwei Beamtinnen blieben zurück, um sich mit mir zu unterhalten. Eine sagte mir:

›Wenn dein Mann schuldig ist, dann bist du es auch.‹

›Wenn das so ist, dann verhaften Sie doch auch mich.‹

›Ja, ja, schon gut, das war falsch, so darf ich das nicht sagen.‹

Ich wurde wütend darüber. Diese Leute kamen mit ihren dreckigen Schuhen in unsere Wohnung. Ich begann, mit einem Lappen den Fußboden zu wischen – ich hörte gar nicht auf und ignorierte die beiden Frauen völlig. Ein Zimmer kam nach dem anderen dran, ich wischte mit dem Lappen auf die Frauen zu und sagte, sie dürften die sauberen Stellen jetzt nicht mehr betreten. Sie zogen sich dann in Richtung Türe zurück und verließen die Wohnung.«

Bei Ming fragte:

»Waren die beiden denn sauer?«

»Nein.«

»Waren sie denn wenigstens verlegen?«

»Ja, vielleicht.«

Eigentlich war Liu Xia in Anbetracht der vielen zurückliegenden Verfahren bereits von einer hohen Strafe ausgegangen und sagte daher zu der Journalistin Bei Ming: »Vor der Verkündigung des Urteils hatte ich ja mit zehn Jahren gerechnet. Als es dann aber auf elf Jahre lautete, dachte ich zunächst, na ja, zehn oder elf Jahre, das ist doch dasselbe. In meiner Einbildung war das, als ob es nur ein Tag mehr wäre, also elf statt zehn Tage. So abgestumpft und ruhig war ich im Gerichtssaal. In den zehn

Minuten, die wir zusammen sein durften, habe ich daher nur gelächelt.«

Als der Anwalt Liu Xiaobo später besuchte, sagte er: »Deine Frau war wirklich sehr tapfer.«

Nach der Bekanntgabe der Nobelpreise fragte der Filmproduzent und Professor Ai Xiaoming, ein früherer Kommilitone aus der Zeit an der Pädagogischen Universität Peking, der an einem Dokumentarfilm über Xiaobos Leben arbeitete, Liu Xia: »Gehen wir mal von den elf Jahren aus, was wirst du in dieser Zeit machen?«

»Ich bin dann 59 Jahre alt. Eigentlich sind das sogar elfeinhalb Jahre, da die Untersuchungshaft nicht angerechnet wird.«

»Wenn er diesen Film nach seiner Freilassung sehen wird, was wirst du dazu sagen?«

»Ich werde ihn wie immer ›Dummkopf‹ nennen!«

»Was wird das Schlimmste für dich in der langen Zeit des Alleinseins sein?«

»Das Schlimmste war bislang die Festnahme. Ich wusste nicht, wo er war, keiner sagte mir etwas, alles musste ich selbst erfragen. Sogar im Polizeipräsidium taten sie so, als ob sie nichts wüssten. Das hat mich am meisten geärgert, sie verhaften jemanden und stehen nicht dazu. Das ist doch absurd.«

Im ersten Halbjahr 2010 sagte Xiaobo ihr während eines Besuches im Jinzhou-Gefängnis: »Hier gibt es zwar Fernsehen, wir dürfen aber nur CCTV und den Liaoning-Sender sehen, Zeitungen haben wir nicht.« China ist ein sauberes Land, in dem es nur zensierte Medien, kein privates Fernsehen und keine freien Zeitungen gibt. Liu Xia sagte später: »Xiaobo sieht zu Hause nie fern. Deshalb kommen ihm diese Fernsehsendungen dort alle sehr seltsam vor, denn sie haben überhaupt nichts mit der Realität zu tun.«

An jenem Abend im Winter sprach Liu Xia lange mit der Journalistin Bei Ming am Telefon:»Ich werde an jedem Besuchstag erscheinen. Ich werde ihm schreiben und Bücher bringen, solange ich laufen und aufstehen kann. Ich werde Monat für Monat keinen Termin auslassen. Nach jedem Besuch muss ich aber erneut den Weg zurück in mein eigenes Leben finden. Es darf nicht nur aus den Besuchen bestehen, ich muss auch für mich da sein.«

Im heutigen China gibt es mehrere 10 000 Menschen, die ihre Angehörigen als politische Gefangene in Gefängnissen besuchen, weil diese wegen ihrer abweichenden Meinung ihre Freiheit verloren haben. Unter den vielen Anfahrtswegen ist der von Liu Xia einer der weitesten. Von Peking nach Jinzhou sind es 500 Kilometer, in zehn Jahren sind das 120 Hin- und Rückfahrten – es sei denn, dass ein Wunder geschieht.

Die Künstlerin Liu Xia lebt zurückgezogen in ihrer Wohnung. Sie lebt ein anderes Leben als Winnie, die frühere Frau von Nelson Mandela, der 1993 den Friedensnobelpreis erhalten hatte.

Am 9. Oktober 2010 wurde Liu Xia von der Polizei in das 500 Kilometer entfernte Gefängnis Jinzhou in der Provinz Liaoning begleitet. Es war der übliche monatliche Besuchstag. Eine Stunde war für das Zusammentreffen vorgesehen. Sie rief ihm zu:»Xiaobo, du hast den Preis erhalten.« Als er das hörte, liefen ihm die Tränen über die Wangen:»Der Preis gehört den Seelen der Toten des Tian'anmen-Platzes.«

Er hoffte, dass Liu Xia die Auszeichnung für ihn in Oslo entgegennehmen könnte. In der Dankesrede sollte sie dann Ausschnitte des Verteidigungsplädoyers verlesen, das er im Gerichtssaal am 25. Dezember 2009 gehalten hatte.

»Ich werde das tun, auch wenn es schwer für mich sein wird.« Doch sie darf das Land wohl nicht verlassen.

Das Plädoyer umfasste 2000 Schriftzeichen, davon bezogen sich etwa 300 auf seine Frau, die an dem Tag nicht einmal hatte erscheinen dürfen:

Meine Liebste, ich bin sicher, deine Liebe zu mir wird immer bestehen. In den vielen Jahren, in denen ich ohne Freiheit war, erfüllten Schmerz und Leid unsere Liebe, doch das kam alles von draußen. Je mehr man daran denkt, umso wichtiger erscheint es.

Ich befinde mich jetzt in einem sehr konkreten Gefängnis, du aber wartest in dem Gefängnis deines Herzens auf mich. Deine Liebe ist höher als jeder Gitterzaun – sie scheint wie die Sonne durch das Fenster und berührt meine Haut, jeden Zentimeter davon. Sie erwärmt jede einzelne meiner Körperzellen. Das gibt mir inneren Frieden, macht mich großmütig und hellt mich auf. Jede Minute gewinnt dadurch eine besondere Bedeutung.

Meine Liebe zu dir wird auch von meinem schlechten Gewissen und von meiner Reue geprägt. Das lastet so schwer auf mir, dass ich manchmal wanke. Diese Liebe ist aber fest und unzerbrechlich, sie durchdringt jedes Hindernis. Selbst, wenn ich zermalmt werde, werde ich dich mit meiner Asche umarmen. Weil ich deine Liebe habe, werde ich ruhig und gelassen auf das kommende Urteil warten. Ich bereue meine Entscheidung nicht. Ich erwarte die Zukunft voller Hoffnung.

Doch Liu Xia durfte nicht nach Oslo.

30

DIE UNTERGRABUNG
DER STAATSMACHT

Am 17. Oktober 2009 um 15 Uhr hatten die Anwälte Shang Baojun und Ding Xikui ihren Mandanten Liu Xiaobo erneut im Gefängnis besuchen können. Auch diese Visite fand in Anwesenheit eines Beamten statt. Xiaobo fragte die Anwälte, ob die USA und europäischen Länder an seinem Schicksal interessiert seien. Anwalt Shang Baojun berichtete, dass der amerikanische Kongress einem Antrag zugestimmt habe, in dem die chinesische Regierung zur sofortigen Freilassung aufgefordert werde. Er hatte den Satz noch nicht zu Ende gesprochen, als er bereits von dem Beamten unterbrochen wurde.

Xiaobo schien sehr gerührt zu sein. Er habe nicht damit gerechnet, dass die »Charta 08« diese Kraft entfalten könne, sagte er. Er wollte auch wissen, ob es noch mehr Verhaftungen in diesem Zusammenhang gegeben habe. Die Antwort beruhigte ihn: »Nein!« Liu Xiaobo teilte seinen Juristen mit, dass er das Urteil ohne Berufung annehmen werde, damit nicht noch mehr Zeit verginge. Er wolle endlich mit seiner Frau wieder zusammen sein. Eines Tages.

Vom Abend des 22. Dezember bis zum Vormittag des kommenden Tages durfte Liu Xia ihre Wohnung nicht verlassen. Sie konnte sich also erst am Nachmittag mit dem Anwalt treffen. Am 29. Juli hatte sie aus Unkenntnis ein verhängnisvolles Formular unterschrieben. Die Polizei sagte damals, dass das alle Angehörigen von Häftlingen ausfüllen müssten. Ohne zu wissen, war sie damit aber zu einer »Zeugin« geworden und daher von der Verfahrenseröffnung ausgeschlossen.

Am Vormittag des 23. Dezember 2009 wurde der Prozess im Ersten Volksgericht Mittlere Ebene Peking eröffnet. Er dauerte nur zwei Stunden. Das Gebäude war schwer bewacht. Etwa 300 Anhänger Xiaobos, die gelbe Bändchen als Erkennungszeichen und Spruchbänder trugen, waren erschienen, während Liu Xia nicht einmal ihre Wohnung verlassen durfte. Xiaobos jüngerer Bruder, Liu Xiaoxuan, ein Professor der Technischen Universität Guangdong, war indes im Gerichtssaal und sagte später dem Hongkonger Kabelfernsehen: »Meinem Bruder geht es psychisch einigermaßen gut, er ist aber sehr blass und sein Gesicht ist aufgedunsen. In seiner Verteidigungsrede wirkte er sehr ruhig und gelassen.«

In seinem Text »Meine Selbstverteidigung« hat Liu Xiaobo Folgendes geschrieben:
Nur, weil man etwas gesagt hat, wird man verurteilt. Das entspricht nicht dem Gesetz über Menschenrechte, das in die chinesische Verfassung aufgenommen wurde. Das widerspricht auch den internationalen Menschenrechtskonventionen. Es ist gegen die allgemeine Moral und den Lauf der

Geschichte. Ich hoffe, das Gericht wird meine Selbstverteidigung akzeptieren und mich freisprechen. Dann wird diese Entscheidung zu einem Präzedenzfall in der chinesischen Rechtsgeschichte werden. Ein solches Urteil wird dem chinesischen Gesetz über die Menschenrechte genügen und die Prüfung durch internationale Menschrechtsgremien bestehen. Alle moralischen Fragen werden erledigt sein und späteren Generationen gegenüber muss nichts korrigiert werden.

Lius Bruder Liu Xiaoxuan berichtete weiter: »Das Verfahren war an vielen Stellen nicht fair. Als mein Bruder seine Verteidigung vortrug, unterbrach ihn der Oberste Richter mit den Worten ›Das Gericht hat keine Zeit mehr‹. Nach dem Gesetz darf aber jeder Angeklagte seine Rede zu Ende führen. Er hatte bei zwei Möglichkeiten zur Verteidigung jeweils nur wenige Minuten Zeit.«

Nach der Aussage des Anwalts gegenüber den Journalisten habe Liu Xiaobo vor Gericht einige Punkte der Anklage eingestanden. Die Beteiligung an der Erstellung der »Charta 08« sowie das Verfassen sechs weiterer Artikel gab er zu, sah darin allerdings kein Verbrechen. Der Anwalt hatte natürlich ebenso für seine Unschuld plädiert. Die sechs inkriminierten Artikel waren nach 2005 geschrieben worden. Insgesamt hat Liu Xiaobo in diesen Jahren 499 schriftliche Beiträge mit zusammen über zwei Millionen Schriftzeichen verfasst. Aus den vielen Artikeln wurden sechs herausgenommen und davon lediglich 350 Schriftzeichen herangezogen. Das, sagte der Anwalt, sei in ungewöhnlichem Maße ein Beispiel dafür, wie man etwas aus dem Zusammenhang herausreißen könne.

In seiner Verteidigungsrede führte der Anwalt aus, dass nach chinesischem Gesetz und nach den entsprechenden, von China ratifizierten internationalen Konventionen jeder Bürger die Freiheit auf Meinungsäußerung und der Staat die Verpflichtung habe, diese Rechte zu schützen. Nur wenn solche Äußerungen zu Gewalt aufriefen und dadurch Staat und Gesellschaft gefährdeten, dürfe es Einschränkungen geben. Liu Xiaobo habe in seinen Artikeln nur seine eigene Meinung geäußert, nicht aber zur Gewalt aufgerufen und das Land nicht geschädigt. Solche Äußerungen könnten kein Verbrechen sein, eine Anklage sei daher gegenstandslos.

Am 25. Dezember hat das Erste Volksgericht Mittlere Ebene Peking Liu Xiaobo dennoch wegen Volksverhetzung und Untergrabung der Staatsmacht zu elf Jahren Freiheitsentzug und zu zwei Jahren Entzug der politischen Rechte verurteilt. Die Anschuldigung umfasste auch die Veröffentlichung von konterrevolutionären Artikeln auf ausländischen Websites mit verleumderischen Äußerungen über die chinesische Regierung. In der »Charta 08« habe Liu Xiaobo zur Abschaffung des Einparteiensystems aufgerufen und eine föderalistische, demokratische Staatsform propagiert. Damit sollte die Regierung gestürzt werden.

Liu Xiaobo war ob der Höhe der Strafe erschrocken. Er hatte ja zunächst keine Berufung einlegen wollen, sah dann aber ein, dass er nichts mehr zu verlieren hatte und entschied sich doch dafür.

Als das Urteil verkündet wurde, durfte Liu Xia endlich in den Gerichtssaal. Es war das erste Wiedersehen mit ihrem Mann nach neun Monaten. Nach dem Urteil durfte sie gerade einmal zehn Minuten mit ihm sprechen.

Am 11. Februar 2010 wurde die Berufung vom Höchsten Volksgericht zurückgewiesen und das vorausgegangene Urteil bestätigt. Vor dem Beginn der Verhandlung war das Gelände um das Gerichtsgebäude weiträumig von der Polizei mit Absperrgittern gesichert worden. Der Gerichtsbeschluss lautete, dass das frühere Urteil zu Recht ergangen und der Einspruch daher gegenstandslos sei. Die Strafe sei zu vollziehen.

Xiaobos Anwalt Shang Baojun berichtete den Journalisten, dass das Einspruchsverfahren nur zehn Minuten gedauert habe. Der Grund für das Urteil sei der gleiche wie im ersten Verfahren. Das Urteil sei lediglich verlesen, der Angeklagte daraufhin abgeführt worden. Beim Hinausgehen habe Liu Xiaobo gesagt, er sei unschuldig.

Nach chinesischem Recht ist die zweite auch gleichzeitig die letzte Instanz. Vor der Eröffnung der Verhandlung waren Diplomaten der englischen, amerikanischen, französischen, deutschen und 17 weiterer europäischer Botschaften erschienen, aber nicht zugelassen worden. Simon J. P. Sharpe, der Vertreter der Europäischen Union, gab eine Erklärung ab, in der er sagte: »Wir sind von diesem Urteil sehr enttäuscht, die Europäische Union ist der Meinung, dass das Urteil gegen Liu Xiaobo, der wegen der ›Charta 08‹ und wegen der Veröffentlichung von Artikeln im Internet verhaftet und verurteilt wurde, dem Recht auf Meinungsfreiheit widerspricht. Wir verlangen eine bedingungslose Freilassung.«

Der amerikanische Botschafter in China, Jon Meade Hunts-
man, gab im Internet eine Erklärung heraus, in der er schrieb:
*Die Verfolgung von Bürgern, die ihre politische Meinung friedlich äußern,
widerspricht dem universellen Menschenrecht. Amerika verlangt die sofortige Freilassung.*

Ironischerweise behauptete die chinesische Nachrichtenagentur Xinhua, das Gericht habe sich strikt an die Verfassung gehalten. Im Fall Liu Xiaobo habe es eine öffentliche
Verhandlung gegeben. Sein Recht auf ein Berufungsverfah-
ren sei geschützt worden. Bei der Verhandlung habe nicht
nur der Angeklagte eine Verteidigungsrede vorgetragen,
auch seine Anwälte hätten ihre Plädoyers gehalten. Nach
der Verkündung des neuen Urteils durfte Liu Xia ihren
Mann für zwanzig Minuten im Gefängnis Nr. 1 des Polizeipräsidiums sehen. Die beiden umarmten sich innig. Das
war der Anfang einer Trennung, die vermutlich elf Jahre
dauern wird.

Am selben Abend schrieb Liu Xia über Twitter:
*Ich wurde nach der Gerichtsverhandlung gleich zum Gefängnis ge-
bracht und nach langem Warten endlich eingelassen. Mein »Dummkopf« saß bereits im Aufenthaltsraum. Das Reden war jetzt nicht mehr
wichtig, wir haben uns nur lächelnd angesehen. Wir waren durch einen großen Tisch getrennt. In der letzten Minute habe ich dann gefragt, ob ich ihn umarmen könnte. Das haben wir sehr innig getan. Ich
strich über seinen Kopf, er nahm den meinen in seine Hände. Ich war
über die körperliche Berührung sehr froh, denn später würden wir vermutlich immer durch eine Glasscheibe getrennt sein. Zu Hause wurde
mir bewusst, dass ich ihn vielleicht elf Jahre lang nicht mehr würde
berühren können. Mein Herz zerbrach.*

Am 26. Mai 2010 wurde Liu Xiaobo zum Strafvollzug in das Gefängnis Jinzhou gebracht. Dort muss er seine Strafe absitzen. Das Gefängnis ist eines der größten in der Provinz Liaoning. Es untersteht dem Verwaltungsamt für Gefängnisse und befindet sich in der Nanshan-Straße 86 im Bezirk Taihe der Stadt Jinzhou. In der Regel werden dort Gefangene untergebracht, die eine Strafe von mehr als zehn Jahren abzuleisten haben.

Nach Liu Xias Aussage müsse er dort nicht körperlich arbeiten. Er dürfe Kleidung und Bücher von seinen Angehörigen empfangen – seine Gesundheit sei gut. Die Bücher dürften keine politischen Inhalte haben und die Gespräche nur private Dinge betreffen. Jedes Treffen sei auf eine Stunde begrenzt. Im Vergleich zu der Situation des sogenannten Hausarrestes an dem geheimen Ort sei seine Situation jedoch viel besser. Er dürfe ins Freie gehen und verbringe seine Zeit gerne in der Sonne.

Liu Xia brachte ihm außer Kleidung, Geschichtsbüchern und Romanen auch Vitamintabletten und andere Aufbaumittel. Er teilt mit fünf anderen Gefangenen eine Zelle, was viel besser ist als Einzelhaft. Zu essen bekommt er nur Reis, gedämpftes Brot und Gemüse. Alles andere wie Eier oder Schinken muss von den Häftlingen selbst gekauft werden.

Seitdem Xiaobo im Gefängnis Jinzhou ist, fährt Liu Xia jeden Monat von Peking aus dorthin. Meistens am Anfang des Monats – begleitet wird sie dabei oft von einem seiner Brüder. Die Fahrtzeit beträgt sechs Stunden – sie darf aber nur eine Stunde mit ihrem Mann verbringen. Bei der Begrüßung dürfen sie sich umarmen, während des Gesprächs halten sie sich an den Händen.

Bei einem Besuch im Juli 2010 wurde Liu Xia auf der Fahrt von den vier befreundeten Schriftstellern Mo Zhixu, Wang Zhongxia, Wang Jinbo und Liu Di begleitet – besuchen durften sie den Gefangenen natürlich nicht.

Am Abend seiner Ankunft in Jinzhou schrieb Wang Zhongxia auf Twitter:

Je mehr man sich Liu Xia nähert, um so mehr entfernt man sich von dem großen Streben nach Demokratie und Freiheit. Man ist nur noch stark beeindruckt von der grenzenlosen Liebe dieser Frau zu ihrem Mann.

Auch Wang Jinbo schilderte seine Eindrücke:

Der Bus erreichte nach 500 Metern eine T-förmige Kreuzung, um den zentralen Platz standen hohe Bürogebäude. Eines trug die Zahl 1984 auf dem Dach, von hier aus kannte Liu Xia den Weg. Sie ließ Wang Zhongxia, der das Auto steuerte, nach rechts abbiegen. Nach wenigen Metern sahen wir das Eingangstor, über dem vier große Schriftzeichen in der klassischen Siegelschrift den Namen »Gefängnis Jinzhou« verkündeten. Links von dem großen Tor war der Besucherbereich. Dort befanden sich bei unserer Ankunft einige Menschen, die man leicht als Angehörige von Gefangenen identifizieren konnte.

Schon vor dem Tor hatte sich Folgendes ereignet. Ich wollte das Gebäude mit der großen Aufschrift »1984« fotografieren. Wir hielten den Wagen an, ich stieg mit meinem Apparat aus, machte zwei Fotos und ging einige Schritte weiter, um auch das Gebäude mit der Aufschrift »Kulturzentrum Jinzhou« zu fotografieren. In dem Moment hörte ich Schritte und erregte Stimmen hinter mir. Ich drehte mich um und sah zwei Uniformierte auf mich zukommen. Einer fragte, was ich fotografiert hätte. »Dieses Gebäude mit den Schriftzeichen 1984«. Mo Zhixu stieg ebenfalls aus und wollte mir helfen, als einer der beiden mir den Apparat wegreißen wollte. »Wir

sind von der Sicherheitsabteilung des Gefängnisses, Sie wurden beim Foto-
grafieren beobachtet, das ist hier verboten.«
»Ist denn hier irgendwo ein Verbotsschild?«

Kurz nach ein Uhr nachmittags fragte ein Gefängnisbeamter Liu Xia
nach ihrem Besucherausweis. Sie hatte keinen – nur ein Schreiben der
Gefängnisverwaltung. Sie wurde dennoch eingelassen. Wir vier warteten
draußen. Um drei Uhr wurde das Gittertor geschlossen. Wir erschraken
und dachten, dass sie jetzt auch eingesperrt worden sei. Kurz vor vier Uhr
jedoch ging das Gitter wieder nach oben und Liu Xia kam uns entgegen.
Wir begrüßten sie mit erhobenen Armen. Wang Zhongxia lief auf sie zu
und umarmte sie. Hinter ihr kamen sechs überraschte Polizisten, die den
Vorgang gar nicht begreifen konnten und einfach weitergingen. Sie war
glücklich – sie sagte, dass das eine schöne Stunde mit ihrem Mann gewe-
sen sei. Zuvor sei sie allerdings eine Stunde belehrt worden und habe eine
schriftliche Erklärung abgeben müssen, nicht zu fotografieren. Alle sollten
unbesorgt sein, es gehe ihm gut.

Seit Liu Xiaobo in Jinzhou inhaftiert ist, schreiben er und
Liu Xia einander regelmäßig. Normalerweise können beide
alle fünf bis acht Tage einen Brief erhalten. Wenn die Zensur
strenger ist, kann es auch mal zehn Tage dauern. Bis heute hat
Liu Xia ungefähr zwanzig Briefe von ihrem Mann erhalten.
In den vierzehn Jahren seit ihrer Heirat waren sie oft getrennt
und auf Briefe angewiesen. Liu Xia erinnert sich: »Einmal, als
wir zusammen waren, haben wir alle Briefe gesammelt. Dann
haben wir gemerkt, dass jedem von uns ein Brief fehlt. Wir haben nachgedacht und sind am Ende draufgekommen – das waren Liebesgedichte. Ich habe ihm in Gedichtform geschrieben
und er mir auch, aber die Briefe sind beide nicht angekommen.« Die Zensur sah alles, verstand aber wohl das wenigste.

Xiaobo nahm über ein Dutzend Bände ausländischer Literatur ins Gefängnis mit, darunter eine chinesische Ausgabe von Nabokovs *Lolita* und eine zweisprachige Ausgabe von J. D. Salingers *Nine Stories*. Sein Lieblingsbuch ist Wolfgang Emmerichs Biografie von Paul Celan. Liu Xia sagte: »Dieses Buch hat er schon viele Male gelesen. Er sagt auch, er möchte etwas darüber schreiben. Er liest sonst nur ausländische Romane, keine chinesischen.«

In einem Interview sagte Liu Xia: »Ich habe kein besonderes Interesse an Politik und habe auch keine Hoffnung auf eine bessere Gesellschaft. Seine Sachen lese ich nur selten. Aber wenn du mit einem solchen Menschen zusammenlebst, auch wenn du dich nicht um Politik kümmerst, dann wird die Politik dich nicht in Ruhe lassen.«

Einmal erklärte Liu Xiaobo seiner Frau Liu Xia, dass der Druck eines Tages zu groß werden könnte und sie vielleicht ins Ausland fliehen müssten. Aber sie konnten es beide nicht ertragen, ihre alten Eltern zurückzulassen. Und es sind in diesen Tagen auch immer noch die Eltern, die sich um Liu Xia kümmern.

Liu Xia darf seit einiger Zeit Geld und Bücher an Liu Xiaobo schicken. Von hundert Büchern darf er nur zehn behalten, aber davon sind immerhin vier von Kafka. Liu Xia sagte: »Kafka schrieb über unser Leben. Durch die Lektüre kann ich viel über das Leben anderer Menschen erfahren – auch über Extremes. Zum Beispiel, was den Juden in Europa widerfuhr. Ich lese über Verlust, Kummer und Schmerz. Und wenn mir dann etwas davon selbst passiert, bilde ich mir ein, ich würde gerade wieder ein Buch lesen.«

31

DER FRIEDENSNOBELPREIS
FÜR EINEN GEFANGENEN

Am 4. Januar 2010 sagte Liu Xiaobo im Gefängnis zu seinem Anwalt: »Ich bin fest davon überzeugt, dass das, was ich unternehme, eine gerechte Sache ist. Eines Tages wird China ein freies und demokratisches Land werden, und niemand braucht sich mehr vor der Sonne zu fürchten. Dafür zahle ich einen Preis, aber ich bereue es nicht. In einem despotischen Land ist für einen Intellektuellen, der nach Freiheit strebt, das Gefängnis die Türschwelle auf dem Weg zur Freiheit. Ich bin bereits über diese Schwelle getreten, die Freiheit kann daher nicht allzu weit sein.«

Am Freitag, dem 8. Oktober 2010, um fünf Uhr nachmittags nach Pekinger Zeit, verkündete das Nobelpreiskomitee in Oslo: »Liu Xiaobo erhält den Friedensnobelpreis 2010.«

Schon um drei Uhr nachmittags hatten sich die ersten Reporter außerhalb der Wohnung von Liu Xia und Liu Xiaobo eingefunden. Nach fünf Uhr waren es bereits über hundert. Die Polizei sagte, sie behinderten den Verkehr, und legte ihnen nahe, den Ort zu verlassen. Dann errichtete man eine Absperrung.

Bereits im Dezember 1989 war Liu Xiaobo für den Nobelpreis 1990 vorgeschlagen worden. Damals hatte seine Verhaftung ebenfalls internationale Aufmerksamkeit erfahren. In Norwegen formten chinesische und europäische Freunde eine »Liu-Xiaobo-Aktionsgruppe« und berieten, wie sie ihm helfen könnten. Einige bekannte Norweger, wie der Museumsdirektor Per Hovdenakk, der Schriftsteller Finn Carling und der Künstler Inger Sitter präsentierten am 8. Juli 1989 dem Friedensnobelpreiskomitee eine Nominierung für Liu Xiaobo. Der Vorschlag wurde von Mi Qiu redigiert, einem Bildhauer und Freund Liu Xiaobos, der damals in Norwegen geblieben war.

Der Inhalt des Schreibens an das Komitee war wie folgt:
In den letzten Jahren hat sich Dr. Liu Xiaobo mit großem Fleiß für Frieden, Demokratie und Freiheit in China eingesetzt. In seinen Artikeln und Büchern und in seinen vielen Redeauftritten vertritt er die Gleichberechtigung aller Menschen, ihre individuelle Befreiung, ihre Menschenrechte. Er kämpft für die Demokratisierung Chinas, für die Abschaffung feudaler, autokratischer und despotischer Gesellschaftssysteme. Die Nominierenden meinen, dass der Geist der Toleranz, den Liu Xiaobo in seinem »Hungerstreik-Manifest« ausgedrückt hat, in der chinesischen Geschichte von revolutionärer Bedeutung ist. Am frühen Morgen des 4. Juni 1989 hat er die verbliebenen Studenten auf dem Platz des Himmlischen Friedens zum Rückzug bewegt und damit das Blutvergießen deutlich reduziert. Deswegen schlagen wir vor, Dr. Liu Xiaobo den Friedensnobelpreis zu verleihen,

*um ihn für seinen wichtigen Beitrag in dieser friedlichen Demokratiebewe-
gung in China zu ehren. Eine solche Ehrung stellt auch die beste Ermuti-
gung und Unterstützung nicht nur der jungen chinesischen Menschen und
Studenten, sondern aller friedliebenden Menschen in China und auf der
ganzen Welt dar, die nach Demokratie und Freiheit streben.*

Seit dem Ende des Zweiten Weltkriegs ist Liu Xiaobo der Einzige, der im Gefängnis mit dem Friedensnobelpreis ausgezeichnet wurde. Als Aung San Suu Kyi 1991 geehrt wurde, befand
sie sich in Hausarrest. Als Nelson Mandela 1993 den Preis bekam, war er bereits drei Jahre davor freigelassen worden.

Liu Xia wollte ursprünglich nach der Bekanntgabe der Verleihung hinaustreten und mit den Reportern sprechen. Um
vier Uhr funktionierte ihr Telefon noch, aber schon bald kamen Polizisten an ihre Tür, um sie zu überwachen. Sie musste
in ein anderes Zimmer ausweichen, um überhaupt mit Reportern telefonieren zu können. Zur Nachricht von der Nobel-
preisverleihung an ihren Mann sagte sie: »Dieser Preis ist nicht
nur für Liu Xiaobo, sondern für alle, die in China friedlich auf
Demokratie bestehen. Und vor allem für alle Gewissensge-
fangenen.« Weiter sagte sie: »Dieser Preis bedeutet auch eine
noch größere Verantwortung für Liu Xiaobo – er wird deshalb auch innerlich beunruhigt sein.«

In einem anderen Interview sagte Liu Xia: »Wir haben schon
vor längerer Zeit ausgemacht, dass er keineswegs irgendeine
Schuld eingestehen wird, um freizukommen. Auch nicht, um
irgendeinen Preis entgegennehmen zu können. Wir verlangen
eine bedingungslose Freilassung, andernfalls ist Xiaobo lieber
bereit, im Gefängnis zu bleiben.«

Ein Reporter fragte sie, ob Liu Xiaobo zustimmen würde, falls das Regime dazu bereit sein sollte, ihn auf Kaution freizulassen, damit er ausreisen und den Preis entgegennehmen könne. Liu Xia dachte nach und sagte dann: »Xiaobo hat immer darauf bestanden, dass er nicht schuldig ist. Wenn das Regime auf einem Geständnis besteht, bevor sie ihn freilassen, wird er sicher nicht zustimmen.«

»Und wenn die Regierung ohne Bedingungen einer Ausreise zustimmt, damit er den Preis entgegennehmen oder damit er anderswo medizinische Behandlung erhalten kann?«

Liu Xia antwortete: »Wir möchten auf jeden Fall wieder nach China zurückkehren können.«

Am nächsten Tag stand Liu Xia bereits unter Hausarrest. Am Telefon berichtete sie den Reportern, dass sie seit dem 8. Oktober »diesen besonderen Schutz genieße« und ständig Sicherheitsbeamte über sie wachten. Sie dürfe auch nicht einkaufen gehen oder ihre Mutter besuchen, ohne in einem Polizeiwagen dorthin gebracht zu werden.

Am Nachmittag des 9. Oktober ging sie zum ersten Mal mit den Polizisten einkaufen. »Die sind so schnell mit mir herumgefahren, dass mir schwindlig wurde. Dann hielten sie bei einem Supermarkt, den ich überhaupt nicht kannte. Sie gingen mit hinein und hielten meinen Einkaufskorb. Ich kaufte Wildreisstängel, ein Hühnerbein, Pilze und Chinakohl, abends wollte ich daraus ein Gemüsegericht mit Fleisch kochen.« Die Beamten gaben ihr im Geschäft keine Anweisungen. »Ich war ja nicht bekannt dort und es waren nicht viele Menschen im Supermarkt. Alle waren mit ihrem Einkauf beschäftigt und niemandem fiel es besonders auf, dass ich vier Leibwächter dabeihatte.«

Sobald sie die Wohnungstür öffnet und die Treppe hinunter-
geht, tritt die Polizei in Aktion und geleitet sie zu einem wartenden Wagen. »Dann muss ich einsteigen und ihnen sagen,
was ich vorhabe.«

Am selben Abend schrieb Liu Xia eine Twitter-Nachricht:
*Mein neues Handy hat nicht einmal einen Tag funktioniert und ist schon
wieder von diesem Gesindel abgedreht worden.*

Am 10. Oktober besuchte sie Liu Xiaobo. Er sagte ihr, er dürfe vormittags und nachmittags je eine Stunde in den Hof. Dort
könne er laufen und die Sonne genießen. Im Gefängnis gebe
es Fernsehen, einen Regionalsender und eine Zusammenfas-
sung der staatlichen überregionalen Programme, aber keine
Zeitungen. Nach dem Besuch erzählte sie, dass sie sich einmal
bei einem Besuch »über den Tisch gelehnt und ihn ein bisschen gedrückt« habe, da sei es ihr so vorgekommen, als hinge
ihm die Kleidung lose herunter, weil er abgenommen habe.
Diesmal habe sie ihn einfach »ganz groß umarmt«.

Sie erkundigte sich nach seiner Gesundheit. Xiaobo sagte, er habe immer noch einen schlechten Magen. Der mit-
lauschende Gefängnisoffizier unterbrach sofort und erklärte, man werde die Verpflegung noch am selben Nachmittag
verbessern. Außerdem werde man ihm eine Kochplatte zur
Verfügung stellen, damit er sich jederzeit etwas aufwärmen
könne. Liu Xia berichtete dann, sie habe von Xiaobos äl-
terem Bruder erfahren, dass Xiaobos Verpflegung vom 10.
Oktober an tatsächlich verbessert wurde. »Er durfte ab jetzt
Essen von außerhalb bestellen, also fertige Menüs von etwas
besserer Qualität – ich weiß nicht genau, was, jedenfalls war

es besser als das in Wasser gekochte Gemüse, das er zuvor bekommen hatte.«

Liu Xia glaubt, dass die Verbesserungen auf den Nobelpreis zurückzuführen sind. »Ich denke, sie wollen es jetzt nicht noch schlimmer machen. Seine Magenkrankheit bricht in der Übergangszeit immer wieder aus. Wenn er eine Kochplatte hat, kann er sich etwas warm machen. Aber das Essen im Gefängnis wird auch nicht viel besser, wenn sie sich bemühen.«

32

DAS LEBEN ZWEIER LIEBENDEN

Am 29. September 2010 um 19 Uhr abends gedachte der Internationale PEN-Club bei seinem Jahreskongress in Tokio des 50. Jahrestags der Gründung des »Komitees für Schriftsteller im Gefängnis«. In der Ono Azusa Hall der Universität Waseda gab es eine Veranstaltung für Liu Xiaobo. Dabei wurde eine Videoaufnahme von seiner Frau gezeigt. Auf der großen Projektionswand sah man Liu Xia sprechen. Sie rührte die Anwesenden zu Tränen. »Diesen Brief hat Liu Xiaobo im Januar 1997 an mich geschrieben. Es waren mehrere Hundert Briefe, aber dieser ist einer der wenigen, die ich noch habe«, erzählte sie – und dann las sie ihn vor:

Meine Liebe,

die Hauptsache und die letzte Grundlage unserer Liebe sind ein fester Glaube, gegenseitiges Vertrauen und eine unerschütterliche Hoffnung auf unsere Zukunft. Man könnte auch sagen, das Wichtigste in unserem Leben und auch sein letztgültiger Sinn kommt aus unserer Liebe. In der Liebe können wir gelassen alle Prüfungen ertragen: Wenn wir zweifeln, gibt uns die Liebe das Vertrauen. Fürchten wir uns, gibt uns die Liebe Mut. Wenn wir niedergeschlagen sind, gibt uns die Liebe wieder Freude. Wenn wir unter Unrast leiden, macht uns die Liebe wieder ruhig. Und wenn uns langweilig ist, macht uns die Liebe aktiv. Sind wir enttäuscht, gibt uns die Liebe Hoffnung. Liebe erfüllt uns mit Wärme und schenkt uns ein reiches Seelenleben. Sie macht uns mutig und entschlossen, für die Gerechtigkeit einzutreten, ja sogar die totalitäre Macht herauszufordern, um die Würde, die Freiheit und die Aufrichtigkeit des Menschen zu bewahren.

Deine Briefe, deine Gedanken aus der Ferne spornen mich an, mich einer besseren Welt zu nähern und von einer anderen Warte her zur allerletzten Existenz vorzudringen. Ich werde bei gründlicher Selbstbetrachtung kritisch der Welt gegenüberstehen, ebenso wie mir selbst. Ich treffe mit Vorsicht und doch fest entschlossen meine Wahl und bewahre mir ein grundlegendes Vertrauen, dass das Schicksal vom Anfang bis zum Ende etwas Freundliches mit mir vorhat.

Unsere Ablehnung gegenüber dieser Gesellschaft entspringt nicht aus Feindschaft und Zorn, sondern aus Toleranz und Liebe. Wir können diese gegenwärtige Ordnung nie akzeptieren und verteidigen. Unsere Liebe bringt uns dazu, sie abzulehnen.

Das Licht konzentriert sich auf Liu Xias bleiches, ausdrucksloses Gesicht. Sie spricht sehr leise und langsam. Es herrscht eine erdrückende Stille. Als Letztes sagt Liu Xia:

»In den drei Jahren vom 8. Oktober 1996 bis zum 8. Oktober 1999, als Xiaobo drei Jahre im Arbeitslager ›umerzogen‹ wurde, habe ich ihm über 300 Briefe geschrieben. Er schrieb mir insgesamt zwischen 20 000 und 30 000 Zeichen, aber unsere Wohnung wurde mehrmals durchsucht und seine Briefe sind dabei fast alle verloren gegangen. Das ist unser Leben.«

Das ist sein Leben.

EPILOG

Stellen wir uns einmal vor, wie ein politischer Gefangener mittleren Alters bei jedem Freigang auf einer kleinen Hoffläche seine Runden dreht. Winter wie Sommer, Jahr für Jahr, Tag für Tag. Nach elf Jahren Haft wird er 65 Jahre alt sein. Allein schon die Vorstellung ist grausam, dass er in diesem großen Zeitraum seines Lebens ständig nur einen Fuß vor den anderen gesetzt haben wird. Das aber ist Liu Xiaobos Leben.

In der mehr als 60 Jahre andauernden Herrschaft der Kommunistischen Partei über China hat es auch noch andere schlimme Geschehnisse gegeben. Am 29. April 1968 wurde Lin Zhao als Konterrevolutionär und wegen des Verdachts, die demokratische Diktatur des Volkes stürzen zu wollen, in Schanghai zum Tode verurteilt. Am 5. März 1970 erhielt Yu Luoke in Peking die gleiche Strafe. Er hatte der offiziellen Theorie der Partei über die »familiäre Abstammung« widersprochen. Am 4. April 1975 starb Zhang Zhixin, weil sie sich gegen den Personenkult ausgesprochen hatte. Um zu verhindern, dass sie ihre Unschuld herausschreien konnte, hatte man ihr vor der Hinrichtung die Kehle durchgeschnitten.

Am 27. April 1977 wurde ein junger Gelehrter namens Wang Shenyou in Schanghai zum Tode verurteilt, weil er seine Abneigung gegen den roten Terror in seinem Tagebuch, das bei einer Hausdurchsuchung gefunden worden war, niedergeschrieben hatte.

Der Dissident Wei Jingsheng saß achtzehn Jahre im Gefängnis. Xu Wenli verbrachte sechzehn Jahre in Haft. Qin Yongmin bekam zweiundzwanzig Jahre. Der Anwalt Gao Zhisheng, der sich für Menschenrechte einsetzt, wurde brutal gefoltert und ist noch immer im Gefängnis.

Das sind nur einige der Opfer auf Chinas Leidensweg. An ihre Namen kann man sich noch erinnern, die meisten jedoch sind längst vergessen. Wir sollten auch an all die namenlosen einfachen Menschen denken, die sich zum Beispiel zu Leibesübungen in kleinen Gruppen zusammengefunden hatten. Gruppenbildung war verboten und wurde mit Gefängnis bestraft. So verfolgte man zehntausende Anhänger von Falun Gong.

Durch die Verleihung des Friedensnobelpreises 2010 erhielt Liu Xiaobo weltweit die höchste Aufmerksamkeit. Egal, ob er im Gefängnis sitzt oder nicht – er wird in der Zukunft eine große Rolle in Chinas politischem Leben spielen. Es gibt nichts Dringenderes als die Forderung, ihn endlich freizulassen!

Aber er ist noch immer eingesperrt. Seine Zukunft bleibt weiter ungewiss. In China glaubt man daran, dass jemand mit großen politischen Idealen keine Angst vor dem Gefängnis hat. Er werde dort sogar so lange ausharren, bis durch das bloße Sitzen ein Loch im Fußboden entstanden ist.

Aber muss Liu Xiaobo wirklich so lange sitzen?

DANKSAGUNG

Dieses Buch wurde mit der unermüdlichen Unterstützung von Frau Li Yunyi vollendet. Sie hat recherchiert, Informationen zusammengetragen und bearbeitet sowie die ersten Entwürfe Korrektur gelesen. In gewissem Sinne ist sie eine Koautorin. Ohne ihre kompetente Mitarbeit hätte das Buch nicht in der kurzen Zeitspanne zwischen der Bekanntgabe der Entscheidung des Preiskomitees und der offiziellen Verleihung des Friedensnobelpreises 2010 an Dr. Liu Xiaobo erscheinen können.

Ich danke Herrn Martin Winter, dem Ehepaar Yan Yin und Prof. Dr. Günther Klotz für die engagierte Übersetzung und die vielen wertvollen Ratschläge.

Ich bedanke mich auch herzlich für Informationen und Vorschläge bei folgenden Freunden: Zhou Duo, Kang Zhengguo, James Du, Hu Ping, Meng Lang, Peter Chen, A Hai, Felicitas und Hans Münning, Ewa Pasnik, Pan Jing, Thomas Zimmer und Zou Jin.

Und ich möchte meinen Mitarbeitern beim riva Verlag danken: Jennifer Grünwald, Pascale Breitenstein, Birgit Sander, Melanie Wolter, Daniel Förster und Rainer Weber für ihren tollen Einsatz – und Michael Gösele sowie Oliver Kuhn für ihren Ansporn und ihre Geduld.

Bei Ling
Taipeh, 29. November 2010

BIOGRAFISCHE DATEN
ZU LIU XIAOBO

28. Dezember 1955:	Liu Xiaobo wird in Changchun in der Provinz Jilin geboren.
1. April 1963:	Liu Xia, seine zweite Frau, wird in Peking geboren.
1966:	Beginn der Kulturrevolution. Schulen setzten den Unterricht aus. Liu Xiaobo geht in die vierte Klasse der Grundschule im Verband der Pädagogischen Universität Nordostchina.
1969 bis 1973:	Verschickung mit den Eltern in die Volkskommune Dashizhai, Youyiqianqi, Ke'ermi, Xing'anmeng, Innere Mongolei. Dort lernt er seine erste Frau Tao Li kennen.
Juli 1974:	Verschickung als Jugendlicher mit Schulausbildung in die Volkskommune Sangang (Siegesgruppe, Untergruppe »Laden der Familie Lin«), Kreisstadt Nong'an, Provinz Jilin.
Ab November 1976:	Arbeiter in einer Baufirma in Changchun, Provinz Jilin.
Februar 1977:	Aufnahmeprüfung an der Provinz-Universität Jilin in Changchun, Beginn des Studiums im Fachbereich chinesische Philologie; im folgenden Jahr Gründung des Poesieclubs »Treuherzigkeit« mit sechs Kommilitonen.
Februar 1982:	Studienabschluss mit dem Titel Bachelor of Arts.

September 1982:	Aufnahmeprüfung an der Pädagogischen Universität Peking, Beginn des Magisterstudiums im Fachbereich Chinesische Sprache und Literatur.
Herbst 1983:	Begegnung mit der Dichterin Liu Xia.
Juli 1984:	Magisterabschluss, Heirat mit Tao Li.
August 1984 bis August 1988:	Dozent am Fachbereich Chinesische Sprache und Literatur der Pädagogischen Universität Peking.
18. Juni 1985:	Geburt des Sohnes Liu Tao.
September 1986:	Aufnahmeprüfung für das Doktoratsstudium in Chinesischer Philologie an der Pädagogischen Universität Peking. Präsentation des Beitrags »Die Krise der Literatur der Neuen Epoche« auf der Tagung »Die ersten zehn Jahre in der Literatur der Neuen Epoche« der Chinesischen Akademie der Wissenschaften – mit großem Erfolg.
Oktober 1986:	Erstes Buch mit dem Titel: *Die Wahl der Kritik – Im Dialog mit Li Zehou*.
25. Juni 1988:	Verteidigung der Dissertation, Promotion zum Doktor der Literaturwissenschaften. Titel der Arbeit: »Ästhetik und Freiheit«, veröffentlicht im Verlag der Pädagogischen Universität Peking.
August bis November 1988:	Gastaufenthalt an der Universität Oslo, Norwegen. Vorlesungen über zeitgenössische chinesische Literatur.
Oktober 1988:	Beitrag in der Hongkonger Monatszeitschrift *Befreiung* mit dem Titel »Der Dämon Mao Zedong«.
Dezember 1988 bis Februar 1989:	Gastdozentur und Forschungsaufenthalt an der Universität Hawaii, Vorlesungen über chinesische Philosophie, Gegenwartspolitik und Kulturszene.
März bis April 1989:	Gastaufenthalt an der Columbia-Universität, New York. Tätigkeit als Vize-Chefredakteur der Exil-Zeitschrift *Beijing Spring*, abgebrochen wegen der Rückkehr nach China zur Teilnahme an der Protestbewegung.

20. April 1989:	Liu Xiaobo, Hu Ping, Chen Jun, Bei Ling und sechs weitere Personen veröffentlichen die Schrift »Vorschlag für Reformen«, in der die KPCh zur Korrektur von Fehlern aufgefordert wird.
22. April 1989:	Umfangreicher Artikel von Liu Xiaobo in der überseechinesischen Zeitung *World Journal* mit dem Titel »Kritische Aufarbeitung der Ereignisse nach dem Tod von Hu Yaobang«. Entwurf eines »offenen Briefs an die chinesischen Studenten« mit sieben Vorschlägen an die Studentenbewegung.
27. April 1989:	Abbruch des USA-Aufenthaltes und Rückkehr nach China zur Teilnahme an der Demokratiebewegung in Peking.
2. Juni 1989:	Veröffentlichung des »Hungerstreik-Manifests vom 2. Juni«, Verkündung des Hungerstreiks von Liu Xiaobo, Zhou Duo, Hou Dejian und Gao Xin für demokratische Reformen. Damit wurde auch das Vertrauen der Studenten erworben. Verhandlungen am frühen Morgen des 4. Juni mit der Armeeführung und Einwirkung auf die verbliebenen Studenten, den Platz zu verlassen. Entstehung des Begriffs »Die vier Ehrenmänner des Tian'anmen-Platzes«.
6. Juni 1989:	Erste Verhaftung wegen Teilnahme an der demokratischen Bewegung und konterrevolutionärer Hetze – Inhaftierung im Gefängnis Qincheng.
September 1989:	Unehrenhafte Entlassung aus dem öffentlichen Dienst.
Mitte September 1989:	Veröffentlichung des Buches *Liu Xiaobo: Der Mann und seine Taten* von Zheng Wang und Ji Kuai im Verlag der Chinesischen Jugend. In der offiziellen Presse wurde er danach als Drahtzieher der Studentenbewegung bezeichnet (»Schwarze Hand«).
1989:	Veröffentlichung und sofortiges Verbot seiner Bücher: *Im metaphysischen Nebel* und *Nackt vor Gott* sowie weiterer Schriften.
1989 bis 1990:	Veröffentlichung dreier Bücher in Taiwan: *Die Wahl der Kritik – Im Dialog mit Li Zehou*, *Rätsel des Denkens und Träume der Menschheit* und *Aktuelle Politik und Intellektuelle in China* (Tangshan Verlag).

August 1990:	Eintreffen der Scheidungspapiere im Gefängnis Qincheng, Scheidung von seiner ersten Frau Tao Li.
1990:	Liu Xiaobo erhält den »Hellman/Hammett grant« der Organisation Human Rights Watch.
Januar 1991:	Gerichtsverhandlung vor dem Volksgericht Mittlere Ebene Peking wegen konterrevolutionärer Hetze; Verurteilung. Unter Berücksichtigung seines »verdienstvollen Einwirkens« auf die Studenten, den Tian'anmen-Platz zu verlassen, wird er vorzeitig entlassen.
Januar bis März 1991:	Aufenthalt bei den Eltern in Dalian.
März 1991 bis Mai 1995:	Schriftstellerische und politische Tätigkeit in Peking.
Juni 1991:	Erste Arbeit an dem Buch *Monolog eines Menschen, der den Untergang überlebte*.
September 1992:	Veröffentlichung des Buches *Monolog eines Menschen, der den Untergang überlebte – Über mich und den 4. Juni* im Verlag Shibao Wenhua in Taiwan. (Engl. Titel *Monologue: Survivors of Doomsday*, Taiwan Times Publishing) In Exilkreisen erregt das Buch großes Aufsehen.
Januar 1993:	Fünfmonatiger Gastaufenthalt an der Australian National University.
März 1993:	Reise in die USA, Vorträge an den Universitäten Harvard, Wellesley und UC Berkeley; Interview mit Carma Hinton, Produzentin des Dokumentarfilms *The Gate of Heavenly Peace*.
Dezember 1993 bis Januar 1994:	Bei Ling kehrt nach China zurück und trifft Liu Xiaobo in Peking. Die beiden besprechen die Übersetzung und Herausgabe der Werke von Václav Havel in China. Liu Xiaobo lernt die Übersetzer Havels kennen.
20. Februar 1995:	Liu Xiaobo entwirft einen »Offenen Brief gegen Korruption« an das dritte Plenum des VIII. Nationalen Volkskongresses, der von zwölf Personen unterschrieben wird, darunter Bao Zunxin, Wang Ruoshui, Chen Ziming und Xu Wenli.

Erstes Halbjahr 1995:	Teilnahme an Entwurf und Verbreitung des Appells »Die Lehre aus dem blutigen Ereignis – Vorantreiben des demokratischen und rechtsstaatlichen Aufbaus« zum sechsten Jahrestag der Proteste von 1989.
18. Mai 1995:	Hausarrest in einem Pekinger Vorort wegen des offenen Briefes und des Appells.
Februar 1996:	Nach der Aufhebung des Hausarrestes weitere schriftstellerische und politische Aktivitäten.
Frühlingsfest 1996:	Heirat mit Liu Xia; weil jedoch Liu Xiaobo in Peking nicht registriert ist, wird keine Heiratsurkunde ausgestellt.
August 1996:	Zusammentreffen mit Wang Xizhe in Kanton. Die beiden verfassen das »Manifest vom 10. Oktober«, in dem sie sich in der Taiwanfrage gegen Gewaltanwendung und für eine friedliche Vereinigung aussprechen. Verhaftung durch die Polizei wegen »Störung der öffentlichen Ordnung«, Unterbringung für drei Jahre im Arbeitslager in Dalian.
Sepember 1996:	Anklage wegen »Störung der öffentlichen Ordnung« und Verurteilung zu drei Jahren Haft und Arbeitslager.
8. April 1998:	Offizielle Heirat mit Liu Xia im Arbeitslager.
7. Oktober 1999:	Entlassung, Rückkehr nach Peking, dort literarische Tätigkeit.
September 2000:	*Ausgewählte Gedichte von Liu Xiaobo und Liu Xia* erscheint im Xiafei'er-Verlag in Hongkong. *Eine Schöne reicht mir einen Betäubungstrank* erscheint in der VR China (Changjiang Literature and Arts Publishing) unter Liu Xiaobos Pseudonym Lao Xia, mit Koautor Wang Shuo.
2001:	Unterstützung für Bei Ling bei der Gründung des unabhängigen chinesischen Schriftstellerverbandes, heute »Unabhängiger chinesischer PEN-Club«.
2002:	*Eine Nation, die ihr eigenes Gewissen belügt* erscheint im Jieyou-Verlag in Taiwan.

Ende März 2003:	Liu Xiaobo und Liu Xia begleiten das Ehepaar Ding Zilin (Gründerin der Vereinigung der Tian'anmen-Mütter) und Jiang Peikun im Urlaub nach Wuxi und auf die Insel Sanshandao im Taihu-See.
2003:	Auszeichnung mit dem »Preis für hervorragende Demokraten« durch die »Stiftung für chinesische demokratische Erziehung«.
November 2003:	Wahl zum Vorsitzenden des »Unabhängigen chinesischen PEN-Clubs«.
2004:	Excellence Award im Rahmen der Medienpreise für Menschenrechte in Hongkong, für den Artikel »Korrupte Presse ist nichts Neues«, erschienen in der Zeitschrift *Open Magazine*, Januar 2004.
21. Dezember 2004:	»Preis für die Verteidigung der Redefreiheit« durch »Reporters sans frontiers« (Reporter ohne Grenzen).
3. Oktober 2005:	Artikel »Der diktatorische Patriotismus der KPCh«.
2. November 2005:	Wiederwahl zum Vorsitzenden des »Unabhängigen chinesischen PEN-Clubs«.
2005:	Veröffentlichung in den USA: *Das künftige freie China wird durch das Volk repräsentiert* (The Future of Free China in Our Life), Verlag der Labor Reform Foundation.
2005:	Großer Preis bei der zehnten Verleihung der Medienpreise für Menschenrechte in Hongkong für den Artikel »Paradies der Mächtigen, Hölle der Schwachen«, erschienen in *Open Magazine*, Sept. 2004.
2006:	Veröffentlichung des Buches *Das einschneidige Giftschwert – eine Kritik des modernen chinesischen Nationalismus* im Boda-Verlag.
2006:	Excellence Award im Rahmen der Medienpreise für Menschenrechte in Hongkong, für den Artikel »Hintergründe, Anfang und Ende des blutigen Zwischenfalls in Shanwei«, erschienen in der Zeitschrift *Open Magazine*, Januar 2006.
November 2007:	Rücktritt vom Vorsitz des »Unabhängigen chinesischen PEN-Clubs«, aber weiterhin Vorstandsmitglied.

2. Juni 2008:	Erhält den »Preis für Verdienste an der chinesischen Sprache« des Forschungsinstituts für aktuelles Chinesisch in Peking.
2008:	Initiator der Charta 08, Veröffentlichung am 10. Dezember 2008, dem Tag der Menschenrechte.
8. Dezember 2008:	Hausdurchsuchung und Festnahme durch die Polizei wegen des Verdachts der Volksverhetzung und des versuchten Umsturzes. »Hausarrest« an einem unbekannten Ort ohne Prozess.
11. Dezember 2008:	Chinesische Menschenrechtler zeigen sich besorgt und erwarten eine lange Gefängnisstrafe für den Mann, der für demokratische Reformen gekämpft hatte.
März 2009:	Erhält den Preis Homo Homini der tschechischen Stiftung People in Need für die Förderung von Redefreiheit, Menschenrechten und Demokratie.
April 2009:	Der amerikanische PEN-Club verleiht Liu Xiaobo den Barbara-Goldschmidt-Preis für freies Schreiben.
23. Juni 2009:	Von der Volksstaatsanwaltschaft Peking wegen »Volksverhetzung zum Umsturz der Staatsgewalt« formell verhaftet, festgehalten im »Beijing Detention Center No. 1«.
1. Oktober 2009:	Die von Yu Jie herausgegebene Auswahl der Werke Liu Xiaobos erscheint in Taiwan unter dem Titel *Heruntergekommene Großmacht: Memorandum an China.*
7. Dezember 2009:	Die von der Übersetzerin Liu Yanzi herausgegebene Auswahl der Werke Liu Xiaobos wird unter dem Titel *Vom Tian'anmen-Protest zur Charta 08* in Japan publiziert.
23. Dezember 2009:	Liu Xiaobo präsentiert vor dem Ersten Volksgerichtshof Mittlere Ebene in Peking seine Verteidigung: »Ich habe keine Feinde – meine letzte Aussage.«
25. Dezember 2009:	Der Erste Volksgerichtshof Mittlere Ebene in Peking verurteilt Liu Xiaobo wegen »Volksverhetzung zum Umsturz der Staatsgewalt« zu elf Jahren Haft und zwei Jahren Verlust der bürgerlichen Rechte.

Januar 2010:	Mehrere Friedensnobelpreisträger, darunter Václav Havel, Desmond Tutu und Ex-WTO-Vorstand Mike Moor, schlagen Liu Xiaobo für den Friedensnobelpreis 2010 vor. Der amerikanische PEN (P.E.N. American Center) nominiert Liu Xiaobo als Kandidat für den Friedensnobelpreis.
22. Januar 2010:	Die European Association of Chinese Scholars (EACS), eine Organisation von mehr als 800 Sinologen aus 36 Ländern, ruft in einem offenen Brief Präsident Hu Jintao dazu auf, Liu Xiaobo unverzüglich freizulassen.
1. Februar 2010:	Sieben Abgeordnete des US-amerikanischen Repräsentantenhauses, nämlich der Vorsitzende der Strategiekommission der Republikanischen Partei Thaddeus McCotter, die Mitglieder des republikanischen außenpolitischen Ausschusses Chris Smith, Bob Inglis und Gus Bilirakis, Lincoln Diaz-Balart, stellvertretender Vorsitzender der republikanischen Partei und des Parlamentsausschusses für Beziehungen mit Taiwan, Joseph Pitts, Mitglied der Komitees für Atomenergie und Handel, sowie David Wu von der Demokratischen Partei nominieren drei chinesische Menschenrechtsaktivisten für den Friedensnobelpreis 2010: Chen Guangcheng, Gao Zhisheng und Liu Xiaobo.
11. Februar 2010:	Berufungsverhandlung vor dem Volksgerichtshof Höhere Ebene in Peking, Bestätigung des Urteils.
26. Mai 2010:	Haftantritt im Gefängnis von Jinzhou, Provinz Liaoning.
4. Oktober 2010:	Alison Des Forges Award for Extraordinary Activism, verliehen von Human Rights Watch.
7. Oktober 2010:	Liu Xiaobo erhält die Hermann-Kesten-Medaille des deutschen PEN-Zentrums für die Förderung von Literatur, Redefreiheit und Menschenrechten.
8. Oktober 2010:	Das norwegische Nobelpreiskomitee in Oslo verkündet die Verleihung des Friedensnobelpreises 2010 an Liu Xiaobo, um ihn für seinen »langjährigen gewaltlosen Kampf für grundlegende Menschenrechte in China« zu ehren.

WICHTIGE WERKE

Die Wahl der Kritik – Im Dialog mit Li Zehou, Volksverlag Schanghai 1987.

Ästhetik und Freiheit, Verlag der Pädagogischen Universität Peking 1988.

Im metaphysischen Nebel, Volksverlag Schanghai 1989 (dieses Buch wurde sofort nach Erscheinen verboten).

Nackt vor Gott, Verlag Shidai Wenyi 1989 (China; ebenfalls sofort verboten).

Monolog eines Menschen, der den Untergang überlebte, Taiwan: Verlag Zhongguo Shibao 1992. Teile dieses Buches wurden ins Japanische übersetzt.

Aktuelle Politik und Intellektuelle in China, Taiwan: Verlag Tongsan (Tangshan) 1990. Übersetzt ins Englische und ins Japanische.

Ausgewählte Gedichte von Liu Xiaobo und Liu Xia, Hongkong: Xiafei'er-Verlag 2000.

Eine Schöne reicht mir einen Betäubungstrank (Pseudonym Lao Xia, Coautor Wang Shuo), China: Verlag Changjiang Wenyi 2000.

Eine Nation, die ihr eigenes Gewissen belügt, Taiwan: Jieyou-Verlag 2002.

Das künftige freie China wird durch das Volk repräsentiert, USA: Verlag der Stiftung Laogai 2005.

Das einschneidige Giftschwert – eine Kritik des zeitgenössischen chinesischen Nationalismus, USA, Hongkong, Taiwan: Boda-Verlag Juni 2006.

Gedenken an den 4. Juni 1989: Gedichte von Liu Xiaobo, Hongkong 2009.

Heruntergekommene Großmacht: Memorandum an China, Taiwan: Yunchen-Verlag Okt. 2009.

Vom Tian'anmen-Protest zur Charta 08, Werkauswahl, Hg. Liu Yanzi. Japan: Dez. 2009.

QUELLENVERZEICHNIS

BÜCHER:

Liu Xiaobo (1989): *Die Wahl der Kritik – Im Dialog mit Li Zehou,*
Taipei: Verlag Fengyun Shidai.

Zheng Wang, Li Kuai (1989): *Liu Xiaobo: Der Mann und seine Taten,*
Peking: China Youth Publishing.
Enthalten in: http://boxun.com/hero/201011/zahuazhongguo1/1_1.shtml

Liu Xiaobo (1990): *Aktuelle Politik und Intellektuelle in China,*
Taipei: Tangshan-Verlag.

Liu Xiaobo (1992): *Monolog eines Menschen, der den Untergang überlebte,*
Taipei: Shibao-Verlag.

Liu Xiaobo, Liu Xia (2000): *Gedichte von Liu Xiaobo und Liu Xia,*
Hongkong: Xiafei'er-Verlag.

Zhang Liang (2001): *Was 1989 wirklich geschah,*
Hongkong: Verlag Ming Jing (Spiegel).

Liu Xiaobo (2005): *Das freie China der Zukunft kommt aus dem Volk,*
USA: Labor Reform (Laogai) Foundation.

Ya Yi (2005): *Interviews mit Exil-Chinesen,* Hongkong: Xiafei'er-Verlag.

Liu Xiaobo (2009): *Gedenken an den 4. Juni. Gedichte,* Hongkong.

Liu Xiaobo (2006): *Das einschneidige Giftschwert – eine Kritik des chinesischen Nationalismus*, Hongkong, Taiwan, USA: Boda-Verlag.

Liu Xiaobo (2009): *Heruntergekommene Großmacht: Memorandum an China*, Taipei: Verlag Yun Chen Wenhua.

Feng Congde (2009): *Die Republik auf dem Platz des Volkes – Tagebuch Mai/ Juni 1989*, Hongkong: Verlag Chen Zhong; Taiwan: Verlag Ziyou Wenhua (Free Culture).

Hong Bin (Hg. 2010): *Über Liu Xiaobo: Unterschiedliche Stimmen*, Hongkong: Posi-Verlag.

ESSAYS UND AUFSÄTZE VON UND ÜBER LIU XIAOBO:

Liu Xiaobo (1. Dezember 2004): »Machtverteilung – Keine Gleichheit unter Mao« (Teil 1) *Epoch Times*; http://www.epochtimes.com/b5/4/1/12/n446940.htm

Liu Xiaobo (14. Januar 2004): »Machtverteilung – Keine Gleichheit unter Mao« (Teil 2) *Epoch Times*; http://www.epochtimes.com/b5/4/1/14/n448307.htm

Liu Xiaobo (16. Januar 2004): »Machtverteilung – Keine Gleichheit unter Mao« (Teil 3) *Epoch Times*; http://www.epochtimes.com/b5/4/1/16/n449713.htm

Yu Jie (26. Oktober 2010): »Schaut euch diesen stammelnden Bücherwurm an – ritterlich und weiches Herz«, *China Times*; http://news.chinatimes.com/reading/0,5251,11051301x112010102600219,00.html

Wu Yunpu (8. Dezember 2008): »»Obskure Gedichte«« aus den Achtziger-Jahren wieder ›in‹?« *The Beijing News;* http://www.thebeijingnews.com/news/reform30/2008/12-08/039@093701.htm

Xu Jingya (9. Juli 2007): »Achtziger-Jahre: Sturm und Drang«, urspr. in: *Economic Observer – Trends der letzten 30 Jahre;* http://www.xshdai.com/2010/1023/1629.shtml

Bei Ling (17. Juni 2010): »Keine andere Wahl – Liu Xiaobo vor und nach 1989«, *Lianhe Bao (United Daily News);* http://mag.udn.com/mag/world/

storypage.jsp?f_MAIN_ID=409&f_SUB_ID=4595&f_ART_ID=255134;
deutsch, englisch und spanisch: http://blogs.yahoo.co.jp/
dujuan99nihon/33279856.html

Cheng Yinghong (7. Oktober 2010): »Liu Xiaobos zwei Gesichter –
gedankliche Entwicklung chinesischer Intellektueller«, *China in Perspective;*
http://www.chinainperspective.com/ArtShow.aspx?AID=8431

Lin Baohua (Oktober 2010): »Mein Treffen mit Liu Xiaobo am 30. Nov.
1988«, urspr. in: *Oriental Daily News,* Hongkong; http://lingfengcomment.
pixnet.net/blog/post/27317114

Bei Ming (November 2010): »Interview mit Liu Xia«;
http://www.boxun.com/hero/201011/beiming/2_1.shtml

Bei Ming, Chang Dalin, Wang Jinbo (November 2010): »Gespräche mit
Liu Xia«, urspr. in: *Ming Pao Monthly,* Hongkong; https://wangjinbo.org/
archives/3557

WEITERE MEDIENBERICHTE:

»Tian'anmen-Mutter Ding Zilin verhaftet«, *Epoch Times* (28. März 2004);
http://www.epochtimes.com/b5/4/3/28/n494422.htm

Liu Xiaobo (28. März 2004): »Protestiert gegen die Verhaftung der
Tian'anmen-Mütter!« *Epoch Times;*
http://www.epochtimes.com/b5/4/3/28/n494425.htm

Liu Xiaobo (31. März 2004): »Für die verhafteten Tian'anmen-Mütter«,
Epoch Times; http://www.epochtimes.com/b5/4/3/31/n497378.htm

»Juristische Hilfe für die Tian'anmen-Mütter«, *Epoch Times* (2. April 2004);
http://www.epochtimes.com/b5/4/4/2/n499224.htm

Qiao Long (2009): »Liu Xiaobo vor Gericht, Ehefrau ausgesperrt«,
Radio Free Asia;
http://www.boxun.com/hero/200912/xianzhang/202_1.shtml

»Liu Xiaobo und Ehefrau ohne Reue angesichts des Urteils«,
Ming Pao (25. Dezember 2009), Hongkong;

http://specials.mingpao.com/cfm/News.cfm?SpecialsID=230&News=8a
35c5d6a0bc43939abc55c5a63b1089ab075dd422b711803b85c8ccee37

»Ein Dichterehepaar vor Gericht«, *Ming Pao* (25. Dezember 2009),
Hongkong; http://specials.mingpao.com/cfm/News.cfm?SpecialsID=23
0&Page=1&News=c19b724ac68979ec0c93d3ce881361a4c81fd48e4a536
fe4a51394e8da

Wang Huaiyi (28. Februar 2010): »Liu Xia: Mein Mann Liu Xiaobo
hinter Gittern«, Radio France International;
http://www.rfi.fr/actucn/articles/122/article_19739.asp

»Ehefrauen chinesischer Aktivisten: Liu Xia, verheiratet mit Liu Xiaobo«,
Radio Free Asia;
http://www.rfa.org/mandarin/zhuanlan/huashengdunshouji/
m0216wdbm-02192010111230.html

Zhang Peiyuan (9. Oktober 2010): »Liu Xiaobo, seit 1989 Nagel im Fleisch
des Regimes«, *Liberty Times*, Taiwan;
http://www.libertytimes.com.tw/2010/new/oct/9/today-fo3-2.htm

»Diese Frau ist wirklich ein Schatz«, *Ming Pao* (8. November 2010),
Hongkong; http://specials.mingpao.com/cfm/News.cfm?SpecialsID=23
0&News=c193724ac68979ec0c93d3ce880371acc81fd4ae4a4367e4851b9
4d8ca

»Bruder: Liu Xiaobo sagte, falls er den Preis gewinnt, soll das Geld
karitativ verwendet werden«, *Ming Pao* (8. November 2010), Hongkong;
http://hk.news.yahoo.com/article/101107/4/l4q7.html

»Liu Xiaobo aussichtsreichster Kandidat«, *Sin Chew Daily* (3. Oktober 2010);
http://www.sinchew.com.my/node/177911?tid=2

»Havel schlägt Liu Xiaobo für den Friedensnobelpreis vor«,
Radio France International (21. Januar 2010);
http://www.rfi.fr/actucn/articles/121/article_18935.asp

»Liu Xia über Liu Xiaobo«, Deutsche Welle (6. Oktober 2010);
http://www.dw-world.de/dw/article/0,,6085093,00.html

WEITERE ESSAYS UND AUFSÄTZE VON UND IM ZUSAMMENHANG MIT LIU XIAOBO:

»Von und über Liu Xiaobo: 1988–1989«;
http://zyzg.us/thread-149360-1-1.html

Jin Zhong (1988): »Interviews mit Liu Xiaobo«, *Open Magazine*, Hongkong;
http://www.haixiainfo.com.tw/121367.html

Zheng Yi (1993): »Was ist das für eine Beichte? Zu Liu Xiaobos ›Monolog eines Überlebenden‹«;
http://www.peacehall.com/forum/201003/boxun2010/122577.shtml

Ya Yi (1993): »In der Hölle beschwert man sicht nicht über Dunkelheit – Interviews mit Liu Xiaobo«;
http://2newcenturynet.blogspot.com/2010/10/blog-post_8059.html

Liu Xiaobo (Mai 1996): »Ich rauche, seit ich 11 bin – 30 Jahre Kulturrevolution«, *Cheng Ming Monthly;*
http://www.cnd.org/cr/ZK98/zk143.hz8.html#2a

Liu Xiaobo (April 2001): »Kinder schnappen – 35 Jahre Kulturrevolution«;
http://www.cnd.org/cr/ZK01/cr97.hz8.html#2 Democratic China 2001/4

Liu Xiaobo (1. Juni 2004): »Hört auf die Tian'anmen-Mütter – Interviews«, *Democratic China;* http://www.peacehall.com/news/gb/pubvp/2004/06/200406021029.shtml

Liu Xiaobo (2006): »Alle trinken Wolfsmilch, sie ist am besten verdaulich«, *Humanity and Human Rights* 2006/3;
http://www.boxun.com/hero/liuxb/531_1.shtml

Liu Xiaobo (2007): »Seit 19 Jahren publiziere ich im Open Magazine«, *Open Magazine* (HK) 2007/1;
http://www.boxun.com/hero/2007/liuxb/3_1.shtml

Li Qingxi (2009): »Literaturkongresse«, *Shucheng* (Read) 2009/10;
http://www.douban.com/group/topic/13950088

Wan Runnan (2010): »Erinnerungen im Zusammenhang mit Liu Xiaobo«,
Open Magazine (HK) 2010/11;
http://www.open.com.hk/1011p36.html

Liang Muxian (2010): »Liu Xiaobos seelische Entwicklung«,
Open Magazine (HK) 2010/11;
http://www.open.com.hk/1011p57.html

Liu Xiaobo (2007): »Schafft die Umerziehungslager ab! Zur
Unterstützung der Anstrengungen von He Weifang, Mao Yushi und
anderen Rechtswissenschaftlern«, *China Observer* 2007/12/07;
http://www.boxun.com/hero/2007/liuxb/83_1.shtml

Liu Xiaobo (2006): »Minutenschnell ins Arbeitslager – für das Symposium
über den sowjetischen GULAG und ›Umerziehung durch Arbeit‹ in
China«, *China Observer* 2006/04/29;
http://news.boxun.com/news/gb/pubvp/2006/05/200605012226.shtml

Jiang Weiping (2009): »Was ich über Liu Xiaobo weiß«, *Open Magazine* 2009/7;
http://beijingspring.com/c7/xw/wlwz/20090804200140.htm

Chen Ziming (13. August 2009): »Notizen aus dem Gefängnis Qincheng«,
2. Teil, *Human Rights in China: Biweekly Magazine;*
http://shuangzhoukan.hrichina.org/article/96

Hao Jian (2010): »Dark Horse, Dark Hand: My Friend Liu Xiaobo«, *Asiaweek;*
http://wexiaobo.org/?p=50

Yu Jie (2010): »Die Liebe zwischen Liu Xiaobo und Liu Xia«,
Open Magazine (HK), 2010/11;
http://www.open.com.hk/1011p27.html

WEITERE INTERNETQUELLEN:

Essays und Gedichte von Liu Xiaobo (Umfassende Sammlung), Unabhängiger
Chinesischer PEN-Club;
http://www.boxun.com/hero/liuxb

Zhou Duo: *Die letzte Geschichte vom Platz des Himmlischen Friedens;*
http://www.boxun.com/hero/zhouduo/4_1.shtml

Zhou Duo: *Morgengrauen inmitten des Massakers;*
http://boxun.com/hero/200903/zhouduo/1_5.shtml

Liu Binyan: *Gegen Liu Xiaobo, für die genaue Aufarbeitung der Zeitgeschichte;*
http://www.fireofliberty.org/article/13294.asp

Liao Yiwu (2000): *Über Gedichte von Liu Xiaobo und Liu Xia;*
http://www.boxun.com/hero/liaoyw/38_1.shtml

Liu Xiaobo (1. November 2002): *Die Ehre der Tian'anmen-Mütter;*
http://www.boxun.com/hero/liuxb/26_1.shtml

Liu Xiaobo (4. Juni 2004): *Fünfzehn Jahre nach 1989;*
http://www.boxun.com/hero/liuxb/416_1.shtml

Liu Xiaobo (25. November 2007): *Baobao, wir lieben dich! – Ehrengeleit für Professor Bao Zunxin;*
http://boxun.com/hero/2007/liuxb/80_3.shtml

Li Jie (8. September 2004): *Erinnerungen an Liu Xiaobo;*
http://www.boxun.com/hero/201001/lijie/7_1.shtml

Liu Lu (25. Dezember 2008): *Morgenröte durchbricht das Dunkel – für meinen Lehrer Liu Xiaobo zum 53. Geburtstag;*
http://www.inmediahk.net/node/1001866#comment-1003046;
http://www.inmediahk.net/node/1001866

Liu Xiaobo (23. Dezember 2009): *Ich habe keine Feinde – meine letzte Aussage;*
http://boxun.com/hero/201001/liuxb/1_1.shtml

Liu Xiaobo (23. Dezember 2009): *Ich verteidige mich selbst;*
http://boxun.com/hero/201001/liuxb/2_1.shtml

Ding Zilin, Jiang Peikun (2010): *Unsere Freundschaft mit Liu Xiaobo* (Teil 1);
http://www.tiananmenmother.org/tiananmenmother/m100116001.htm

Ding Zilin, Jiang Peikun (2010): *Unsere Freundschaft mit Liu Xiaobo* (Teil 2);
http://www.tiananmenmother.org/tiananmenmother/m100116002.htm

Ding Zilin, Jiang Peikun (2010): *Unsere Freundschaft mit Liu Xiaobo* (Teil 3);
http://www.tiananmenmother.org/tiananmenmother/m100124001.htm

Ai Xiaoming (2. April 2009): *»Lasst ihn nach Hause!« Interview mit Liu Xia;* http://www.peacehall.com/news/gb/china/2010/10/201010082129.shtml

Das Urteil gegen Liu Xiaobo (Volltext), Deutsche Welle (25. Dezember 2009); http://www.dw-world.de/dw/article/0,,5065283,00.html

(Für alle Internetseiten gilt der Stand von November 2010)

Dieses Verbrechen schockierte die Welt

256 Seiten
Preis: 19,95 € (D) | 20,60 € (A)
ISBN 978-3-86882-155-0

Ameneh Bahrami

Auge um Auge

Ein Verehrer schüttete mir Säure ins Gesicht. Jetzt liegt sein Schicksal in meiner Hand.

Ameneh Bahrami ist eine junge, hübsche Frau, die die Universität in Teheran besucht, um Elektrotechnikerin zu werden. Ein Kommilitone verliebt sich in sie, stellt ihr nach, bedrängt sie. Nachdem sie ihm klargemacht hat, dass seine Avancen sinnlos sind, sinnt er auf Rache. Er beschafft sich ein Fläschchen mit Säure, lauert Ameneh auf und schüttet ihr die Flüssigkeit ins Gesicht. Die junge Frau erleidet schlimmste Verletzungen und erblindet. Das Einzigartige an Amenehs Schicksal ist, dass sie kämpft, um ihren Peiniger vor Gericht zu bringen und die Strafe zu erwirken, die die Scharia für solch ein Verbrechen vorsieht: Sie darf dem Mann, der ihr das angetan hat, ebenfalls Säure in die Augen träufeln – Auge um Auge.

Ameneh Bahrami erzählt erstmals ihre ganze Leidensgeschichte. Ihr Buch gibt allen Frauen Kraft, für ihr Leben und ihre Freiheit einzustehen. Es ist die Geschichte einer unglaublich starken Frau.

Exklusive Enthüllungen aus dem Weißen Haus

352 Seiten
Preis: 19,90 € (D) | 20,50 € (A)
ISBN 978-3-86883-058-3

Ronald Kessler

Im Secret Service

Die Leibwächter des US-Präsidenten packen aus

Nie zuvor wurde das Schweigen gebrochen, das den Secret Service bislang umgab – diese Einheit von Eliteagenten, die den US-Präsidenten und seine Familie unter Einsatz des eigenen Lebens beschützen. Der mehrfach preisgekrönte Journalist und Bestsellerautor Ronald Kessler hat exklusive Interviews mit über hundert ehemaligen und jetzigen Agenten des Secret Service geführt und enthüllt in diesem Buch zum ersten Mal ihre Geheimnisse.

Die japanische Mafia bot ihm 500 000 Dollar dafür, dass er dieses Buch nicht veröffentlicht – doch Jake Adelstein lehnte ab

»Eindrucksvoll, brutal und nüchtern. Adelstein beschreibt die japanische Mafia wie kein anderer.«
Roberto Saviano, Autor von *Gomorrha*

384 Seiten
Preis: 19,95 € (D) | 20,60 € (A)
ISBN 978-3-86883-083-5

Jake Adelstein

Tokio Vice

Eine gefährliche Reise durch die japanische Unterwelt

Mit 19 Jahren reiste Jake Adelstein nach Japan, um Ruhe und Frieden zu suchen. Was er fand, war ein Leben inmitten von Sex und Verbrechen. Als Polizeireporter für die größte japanische Zeitung *Yomiuri Shimbun* arbeitete er rund um die Uhr, um über Erpressung, Mord, Menschenhandel und Korruption zu berichten. Doch als er seinen letzten Knüller landen wollte, stand er Japans berüchtigtstem Yakuza-Boss plötzlich persönlich gegenüber. Da ihm und seiner Familie der Tod drohte, gab er auf ... vorübergehend. Dann schlug er zurück.

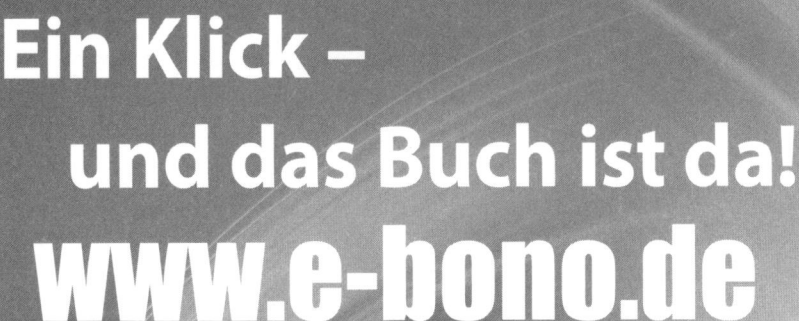